Panoramawege Bayerischer Wald

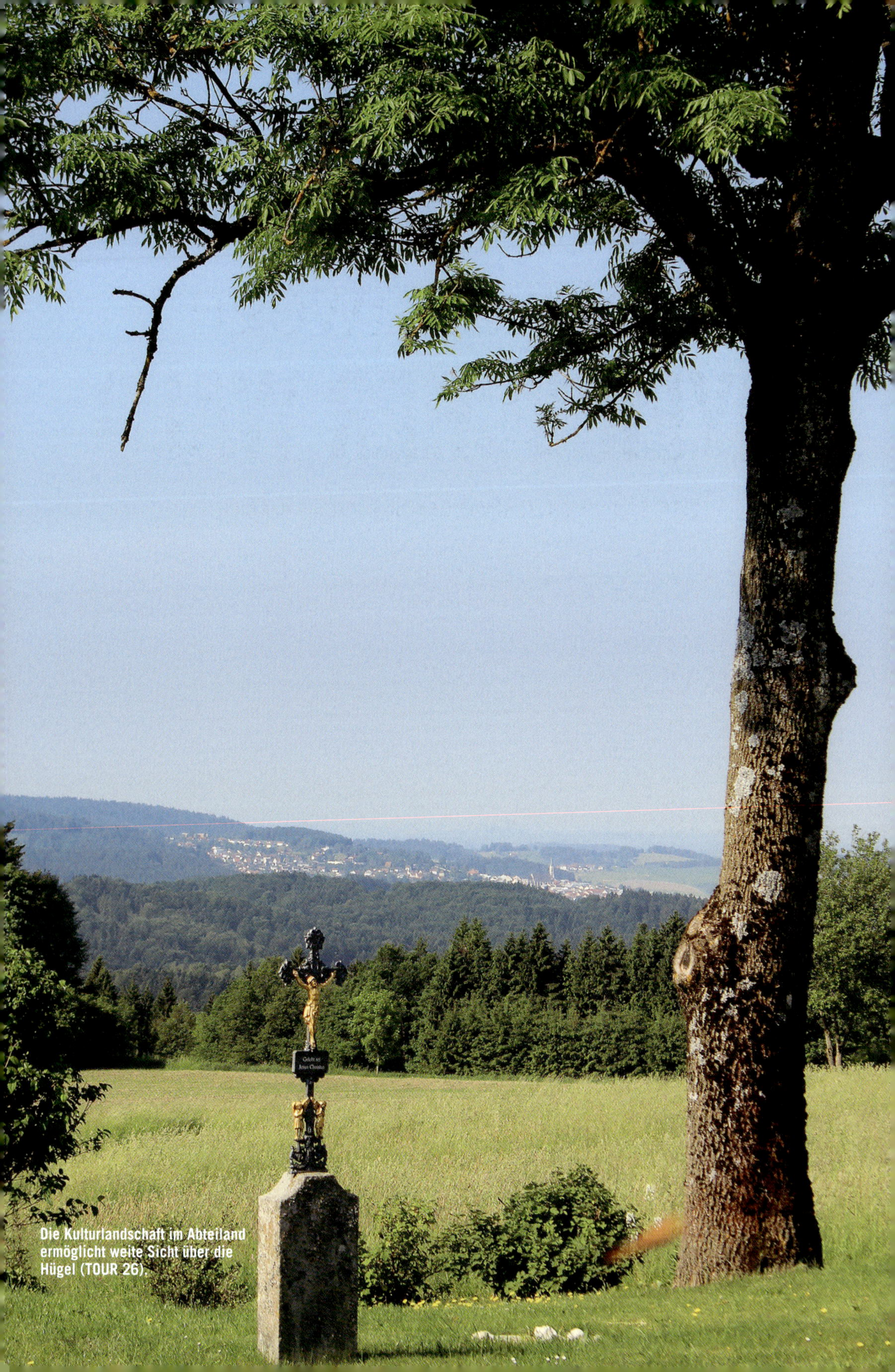

Die Kulturlandschaft im Abteiland ermöglicht weite Sicht über die Hügel (TOUR 26).

Rainer D. Kröll

Panoramawege
BAYERISCHER WALD

Die 33 schönsten Aussichtstouren

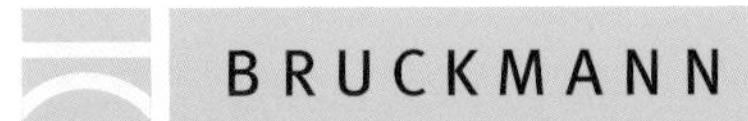

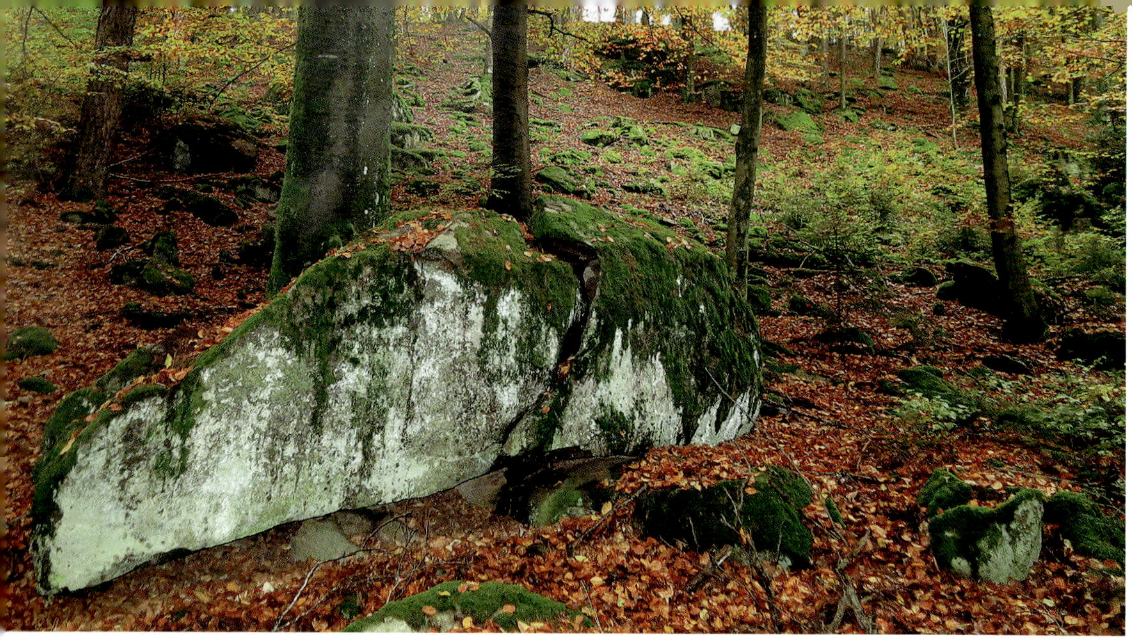

Viele Wälder im Bayerischen Wald sind romantisch mit Granitblöcken durchsetzt (TOUR 3).

Inhalt

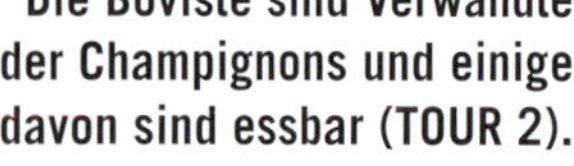

Die Boviste sind Verwandte der Champignons und einige davon sind essbar (TOUR 2).

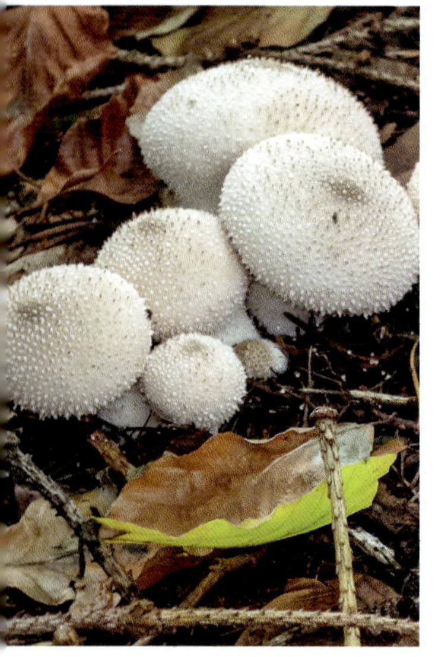

DIE TOUREN

Die Wälder über Bernried sind schon »angezuckert«, aber das Wetter ist herrlich (TOUR 7).

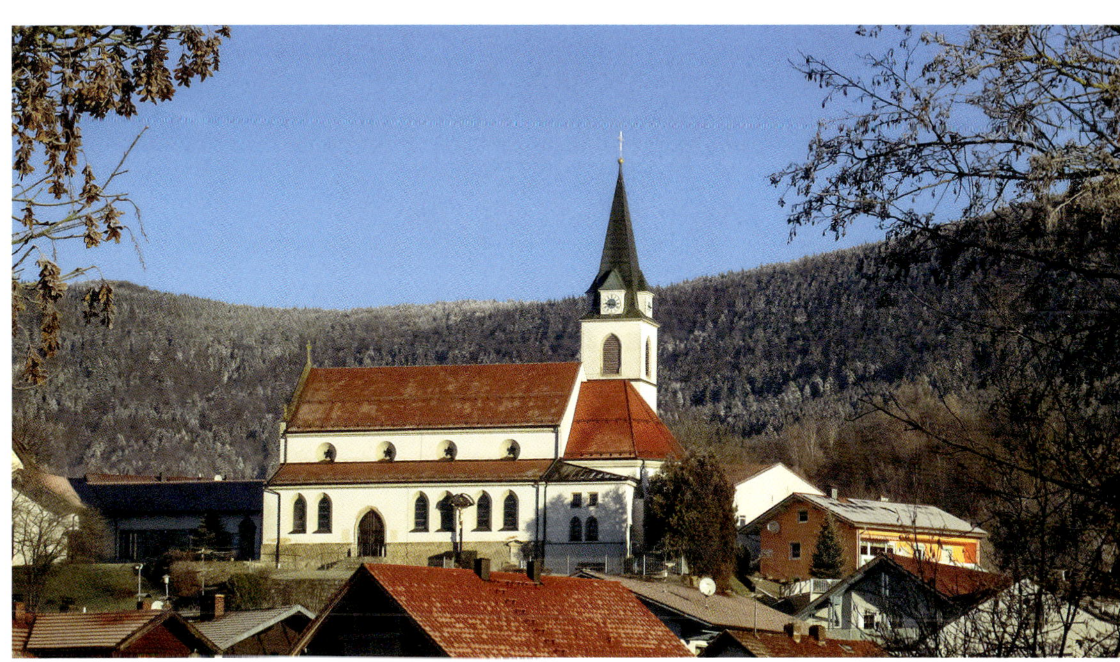

Der 150 km lange Pfahl ist eine einzigartige geologische Erscheinung (TOUR 4).

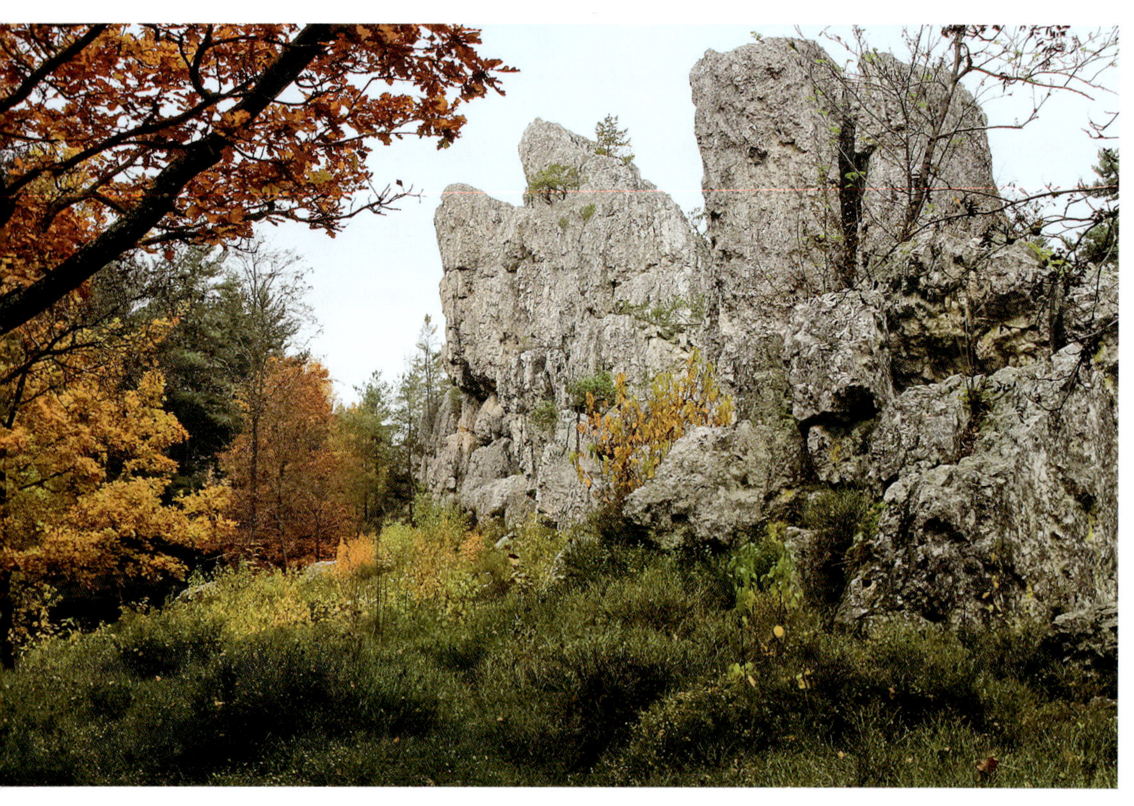

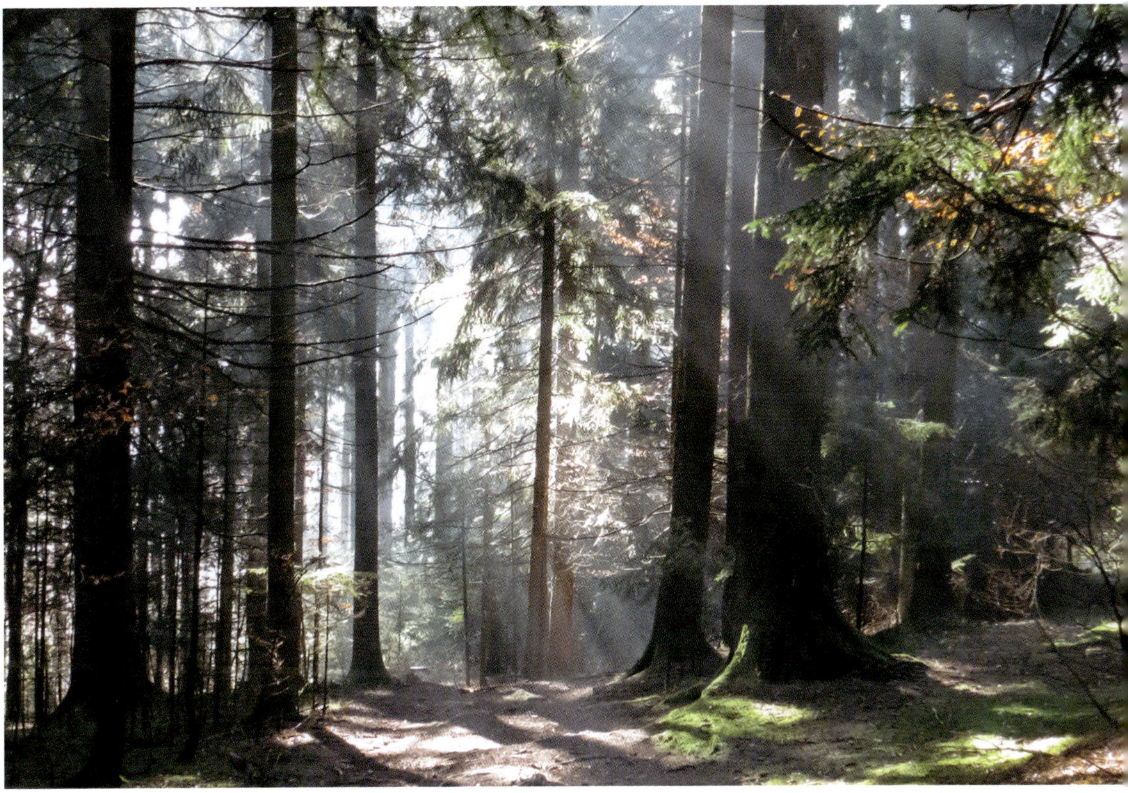

Licht und Schatten zaubern in den Wäldern immer wieder neue Ansichten und Erlebnisse (TOUR 7).

Der Korbblütler Wilde Möhre setzt in die Wiesen helle Akzente (TOUR 19).

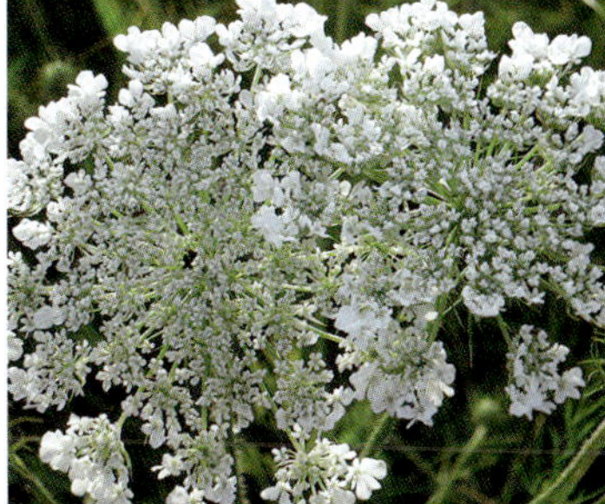

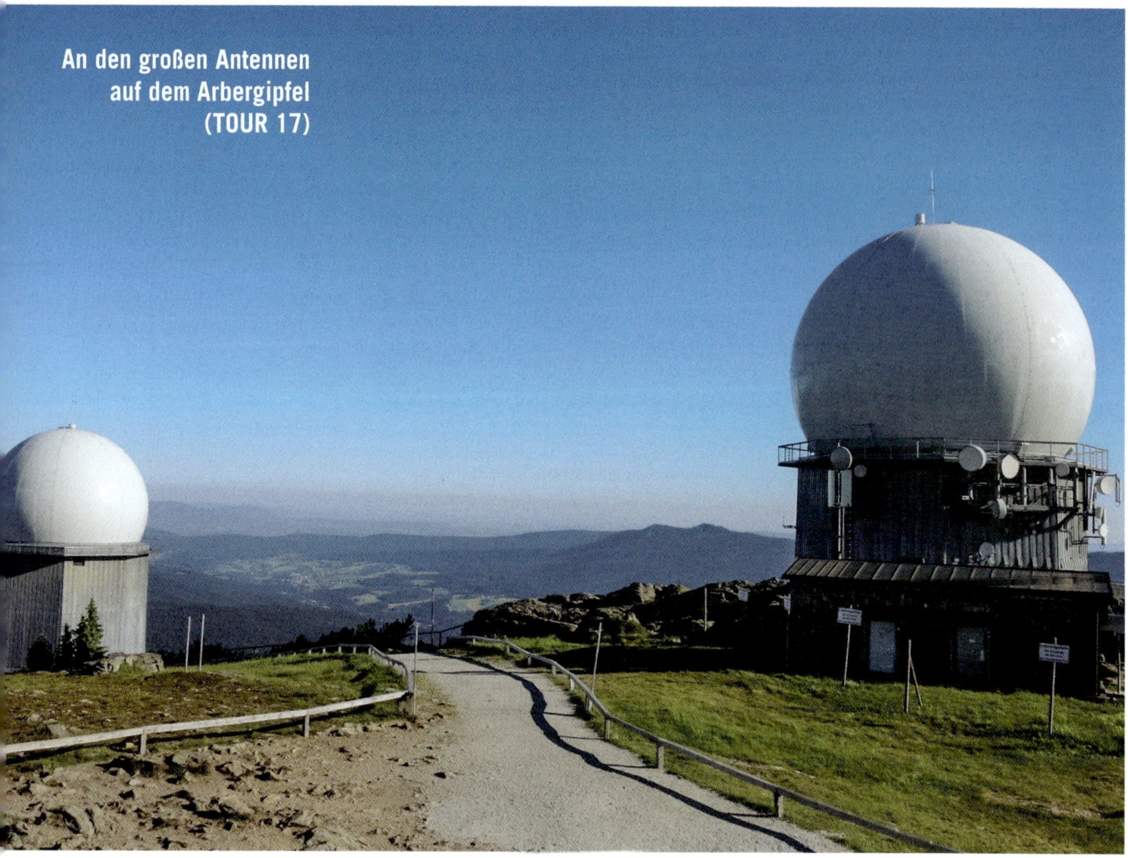

An den großen Antennen auf dem Arbergipfel (TOUR 17)

Weite Sicht am Gipfelkreuz des Großen Osser (TOUR 15)

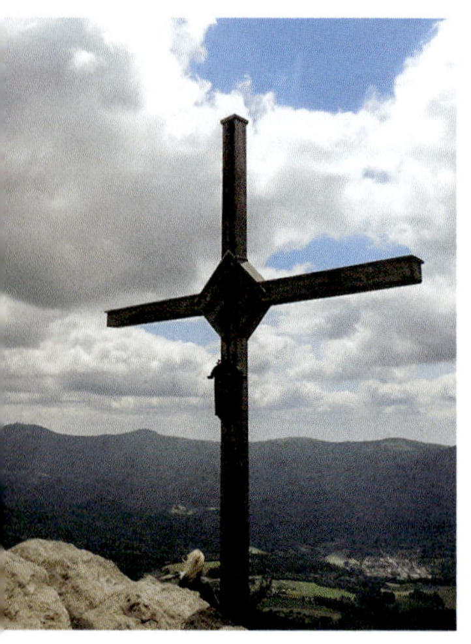

Die künstlerische Brückenskulptur dominiert das Westufer des Drachensees (TOUR 12).

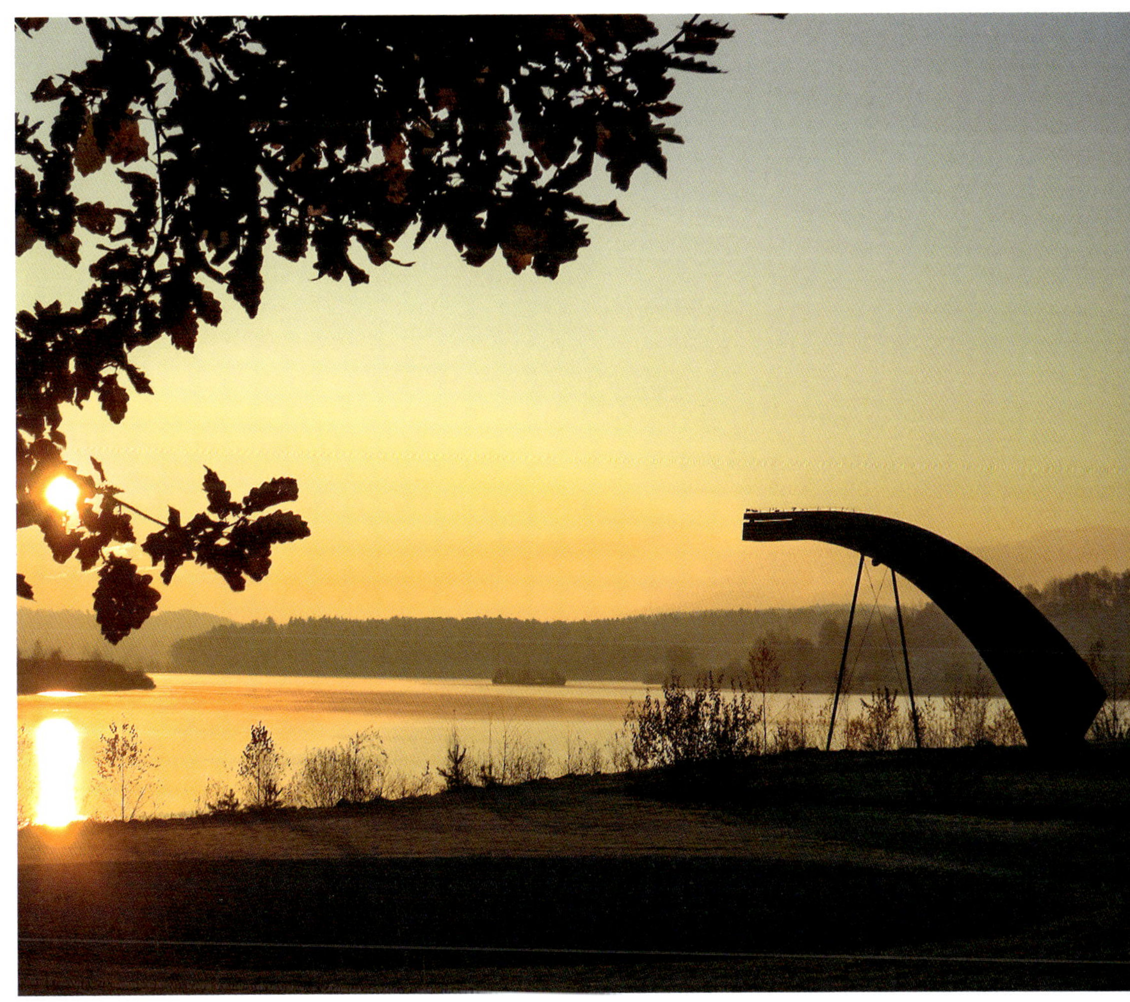

Vorwort

Vielleicht dachte Adalbert Stifter nur in einem kleinräumigen Sinn an das Rosenberger Gut in Lackenhäuser im Landkreis Freyung-Grafenau, als er schrieb: »Meine ganze Seele hängt an dieser Gegend. Wenn ich irgendwo völlig genese, so ist es dort ... Wie durch ein Wunder fangen alle üblen Erscheinungen zu verschwinden an, ich trinke das Wasser, das hier aus den ungeheuren Granitlagern kommt, ich wasche mich mit diesem Wasser und gehe in dem noch stilleren Walde umher.«

Das Rosenberger Gut am Dreisesselberg im Bayerischen Wald ist umgeben von endlosen Wäldern, überragenden Bergrücken und kleinen Bergseen. Sanfte Kuppen, Flüsse, Bäche und nette Städtchen sind jedoch im Bayerischen Wald auch zu finden. Die größte Waldlandschaft Mitteleuropas zeigt sich sehr vielfältig. Der sanftere Vordere Bayerische Wald ist das überwiegend auf Gneis gründende »Donaugebirge«. Der raue Hintere Bayerische Wald, durch die mit Quarz verfüllte Verwerfung des Pfahls vom Vorderen Bayerischen Wald getrennt, ist aus Graniten, Glimmerschiefern und Gneisen aufgebaut. Zwischen Donau, Böhmerwald und Österreich erlebt der Wanderer intakte Natur und sauberste Atemluft. Die einsamen Grenzkammwälder, Felsgebiete und Schachten sind die letzten Rückzugsgebiete im Bayerischen Wald für Auerhuhn, Birkhuhn und Luchs.

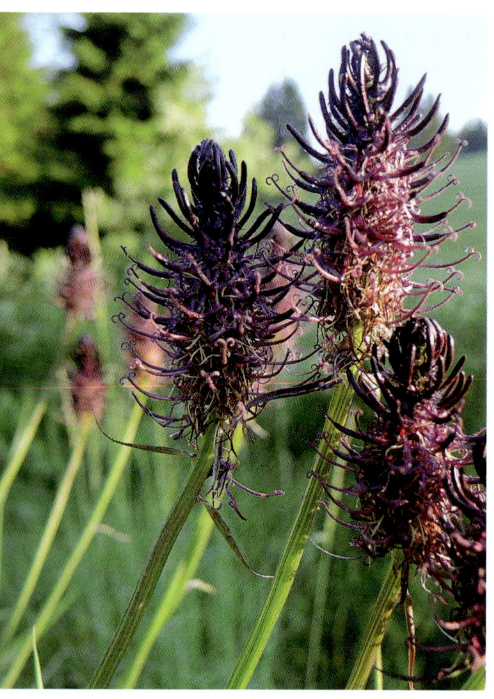

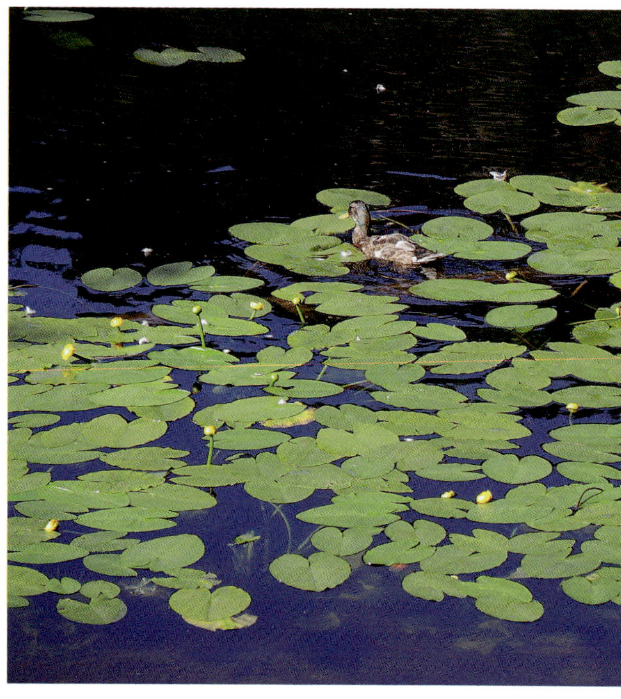

Im Frühsommer stehen in feuchten Wiesen die seltenen Schwarzen Teufelskrallen (TOUR 26).

Glück hat, wer in dieser oft wilden Waldlandschaft leben oder Urlaub machen darf. Ein noch größeres Glück fällt dem zu, der über den Bayerischen Wald ein Buch schreiben darf – dachte ich mir, unter einigen uralten Riesenfichten stehend. So meinte ich es auch auf den schönen Panoramabergen wie Arber, Lusen oder Pröller und ebenso am herrlichen Wildfluss Ilz. Ich war nicht das erste Mal hier. Als Wanderführer habe ich im Bayerwald schon einige Touren erkundet und für Gruppen geführt. Mit der Recherche zu diesem Buch *Panoramawege Bayerischer Wald* konnte ich mich oft glücklich schätzen, drei Monate im »Woid« unterwegs sein zu dürfen. So konnte ich Neues entdecken oder Bekanntes aus einem anderen Blickwinkel sehen. Auch im Bayerischen Wald gibt es die in der Hauptsaison überlaufenen Hotspots des Tourismus. Es sind vor allen Dingen die animierten Vergnügungsbereiche und die bekanntesten Berge wie der Arber mit seinem fast ungeregelten Bergtourismus. Jeder möchte doch gerne die schönsten Aussichten erleben und sich vergnügen. Die bekanntesten Panorama-Highlights können in diesem Buch nicht ausgeklammert werden. Aber wo immer möglich habe ich bei der Auswahl der Touren ruhige Gebiete ausgesucht, die vergleichbare Panoramen zeigen. Es war mir wichtig, Wege zu entdecken und Ihnen vorzustellen, die nicht unter Menschenmassen leiden und so mehr Freude bringen. Das bezieht sich nicht nur auf die Berge, sondern auch auf Wirtshäuser und Naturbeobachtungen am Wegesrand. Einblicke in die Natur, Kultur, Geschichte und regionale Küche gehören zum bewussten Erfassen einer jeden Urlaubsregion, in der sich der Wanderer bewegt.

Rainer D. Kröll

Windischeschenbach, im Herbst 2017

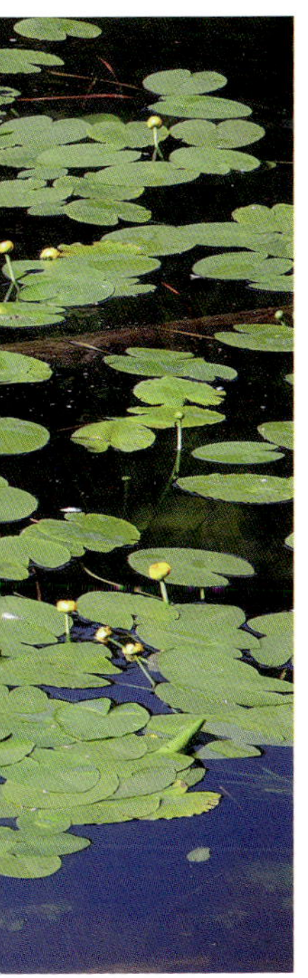

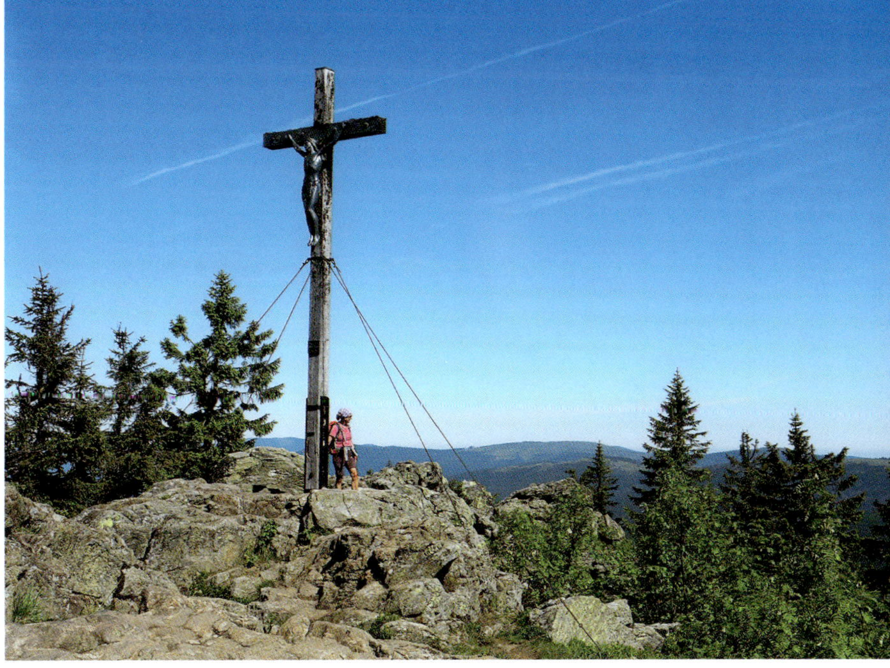

Nach der Sage hat der Teufel unter den Felsen am Gipfel des Lusen einen Goldschatz versteckt (TOUR 21).

Mitte: Teichrosen im großen Arbersee (TOUR 17)

Im Bayerischen Wald

Lassen Sie sich ein auf die herrlichen Panoramawege über die Aussichtsgipfel des Bayerischen Waldes und genießen Sie den Blick über die Grenze in den Böhmerwald. Sie werden entlang von Quellen, Bächen und Flüssen die Lebensräume der natürlichen Wälder, Hoch- und Niedermoore und Felsgebiete der Gipfel durchwandern. Erfassen Sie die entzückenden Flusspanoramen an Ilz und Donau. Erkunden Sie den einzigen Urwald Deutschlands, den Nationalpark Bayerischer Wald mit seinen Tiergehegen. Bestaunen Sie die meterhoch übereinanderliegenden Steinblöcke aus Granit, die durch die sogenannte Wollsackverwitterung bizarre Gebilde darstellen, und das Quarz-Felsenriff des Hunderte Kilometer langen Naturdenkmals Pfahl. Fühlen Sie der in diesem Buch beschriebenen Natur nach und finden Sie dabei Ruhe, Stille und Erquickung. Genießen Sie die Einkehr in urigen Wirtshäusern und Berghütten. Dabei lassen sich neben den Brotzeiten die hochprozentigen Spezialitäten »Bärwurz« und »Blutwurz« verkosten. Was gibt es Schöneres als eine gemütliche Rast nach einer erlebnisreichen Wanderung?

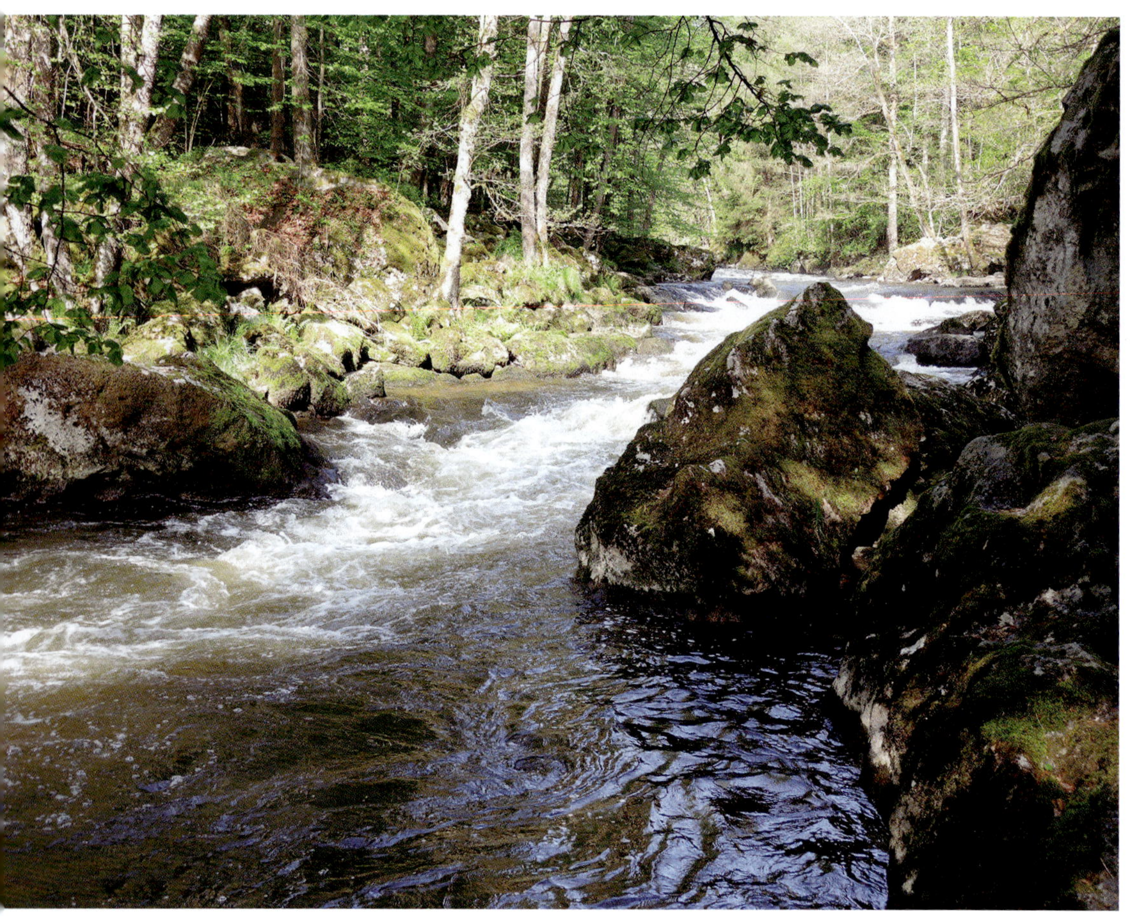

An der Ilz geht es auch mal mit Rauschen durch enge Passagen (TOUR 24).

Praktische Informationen

Reisen im Bayerischen Wald

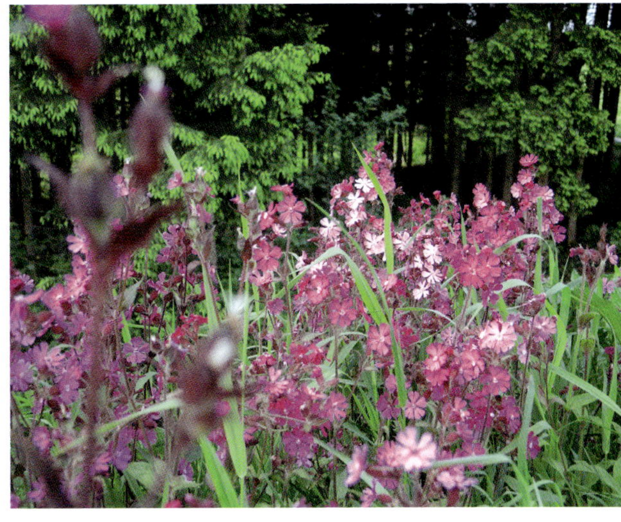

Lichtnelken stehen gerne in feuchten Wiesen im Halbschatten (TOUR 23).

Alle Wanderungen in diesem Buch enthalten in der Infospalte Hinweise für die Anreise. Mit dem eigenen Auto kommt man am besten fast überall hin. Die Fahrt durch die Landschaften des Bayerischen Waldes mit der Bahn ist ein bequemes Erlebnis und umweltfreundlich. Gute Anbindung mit öffentlichen Verkehrsmitteln bieten jene Orte, die mit der Bahn erreichbar sind. Die Waldbahn (Regentalbahn) erschließt über den Bahnhof Zwiesel die Orte Bayerisch Eisenstein, Grafenau, Bodenmais und Viechtach. Die Ilztalbahn bringt Wanderer von Passau zu den Ausflugszielen entlang der Ilz und in die Städte Freyung und Waldkirchen.

Fast jedes Dorf kann mit Bussen angefahren werden, deren Fahrzeiten allerdings oft für die Wanderer ungünstig sind. Einige Ausgangspunkte im Nationalpark Bayerischer Wald sind zu gewissen Zeiten nur mit dem »IGEL-Bus« erreichbar.

Es gibt ein Waldbahn-Tagesticket, das aber wochentags erst ab 8:00 Uhr gilt. Das Bayerwald-Ticket gilt ebenfalls im gesamten Waldbahn-Netz und zusätzlich bei allen Buslinien im Bayerwald-Ticket-Gebiet. Eine noch größere Region umfasst das Bayern-Böhmen-Ticket. Derzeit bieten 22 Gemeinden in der Nationalpark- und Naturparkregion Bayerischer Wald für ihre Urlaubsgäste kostenlos das Gästeservice-Umwelt-Ticket (GUTi) für Bus und Zug an. Die Gästekarte mit dem GUTi-Logo gilt als Freifahrschein für den gesamten Urlaubsaufenthalt, indes wochentags auch erst ab 8:00 Uhr.

Weitere Auskünfte: www.bahn.de, www.laenderbahn.com/waldbahn, www.ilztalbahn.eu, www.ostbayernbus.de/ostbayernbus/view/angebot/buslinien/igelbusse.shtml, www.bayerwald-ticket.com, www.bayerwald-ticket.com/guti.

Die Touren

Die Wandergebiete sind in drei Gruppen gefasst und in einer Reihenfolge nummeriert, wie eines der Gebiete in etwa im Zusammenhang bereist werden kann. Die Unterteilung erfolgt in Vorderen, Hinteren und Unteren Bayerischen Wald. Die klare geologische Linie des Pfahls trennt das Donaugebirge des Vorderen Bayerischen Waldes vom Hinteren Bayerischen Wald an der Grenze zu Tschechien. Das Passauer Land und das Einzugsgebiet der Ilz mit ihren Quellflüssen Kleine und Große Ohe bis Grafenau zeigen die Touren im Unteren Bayerischen Wald. Manchmal können neuere Wege mit Asphaltbelag leider nicht umgangen werden.

Beste Jahreszeit und Wetter

Natürlich ist ein Urlaub im Bayerischen Wald in den Sommermonaten am besten, wobei es für Wanderungen auch mal zu heiß werden kann. Herrlich ist aber auch der Herbst mit seinen unvergleichlichen Farben und das Wetter kann stabiler sein als im Sommer. Wer Blumen liebt, wird sich am zeitigen Frühling oder am Frühsommer orientieren.

Wenn auch für die einzelnen Touren jeweils die beste Jahreszeit angegeben ist, entlastet dies den Wanderer nicht von der Eigenverantwortlichkeit, sich über die Wetterlage zu vergewissern. Für die aktuellen Wetteraussichten benutzen Sie am besten einen der Wetterbericht-Anbieter, die örtlichen Wetterstationen (z. B. Zwiesel) oder örtliche Webcams im Internet. www.wetteronline.de/wetterfilm, www.wetterstationen.meteomedia.de/?station=107960&wahl=vorhersage.

Ausrüstung

Feste Schuhe mit griffiger Sohle sind wohl die wichtigsten Ausrüstungsgegenstände. Hinzu kommen Sonnen- und Regenschutz, wobei ein stabiler Regenschirm gute Dienste leistet, solange kein Wind mit im Spiel ist. Eine Regenjacke ist unverzichtbar, führt selbst in modernster Ausführung jedoch im Gegensatz zum Regenschirm bei entsprechender Wärme zu starkem Schwitzen. Wählen Sie eine schnell trocknende Wanderfunktionshose und einen guten Rucksack gefüllt mit Notproviant, ausreichend Flüssigkeit, Wechselshirt, Notfallapotheke und Mobiltelefon für einen Notruf. Oft wird ein Kälteschutz vernachlässigt, besonders wenn schönes Wetter am Himmel steht. Was aber, wenn sich einer verletzt und am Boden gelagert werden muss? Wenn dann noch Nässe dazukommt, wird es gefährlich.

Anforderungen

● **Leicht:** Einfache Wanderung auf guten Wegen und Pfaden, die aber auch ohne Markierung sein können, ohne ausgesetzte Stellen. Orientierungssinn und Trittsicherheit werden benötigt.

● **Mittel:** Mittelschwere Wanderung, die gute Kondition, Trittsicherheit, Schwindelfreiheit und Orientierungssinn erfordern. Ausgesetzte Passagen auch mit Seilversicherungen möglich. Alpine Erfahrung ist nötig.

● **Schwer:** Anspruchsvolle Bergtour mit hoher Anforderung an Kondition, Schwindelfreiheit und Trittsicherheit. Enthält ausgesetzte Passagen und leichtere Klettereien am Fels. Ein gutes Orientierungsvermögen ist unbedingt geboten. Ausgeprägte alpine Erfahrung wird vorausgesetzt.
(Schwere Touren mit der Kennzeichnung »schwarz« sind in diesem Buch allerdings nicht vorhanden.)

Gefahren am Berg

Wichtigste allgemeine Gefahren in den Bergen sind Steinschlag und Wetterwechsel. Erfahrene Bergwanderer beobachten an jedem sich bietenden Fixpunkt ihren Höhenmesser und justieren ihn erneut. Denn steigt die Angabe des Höhenmessers von einem Fixpunkt zum nächsten erheblich an, bedeutet dies einen Luftdruckabfall und lässt eine schnelle Wetterverschlechterung voraussehen. Umkehren ist kein Zeichen von Schwachheit, sondern von Klugheit.

Notrufe

- 112: Einsatzzentrale für Polizei, Notarzt, Feuerwehr und Bergwacht
- Optisches oder akustisches Notrufsignal: 6 Signale mit 10 Sekunden Abstand

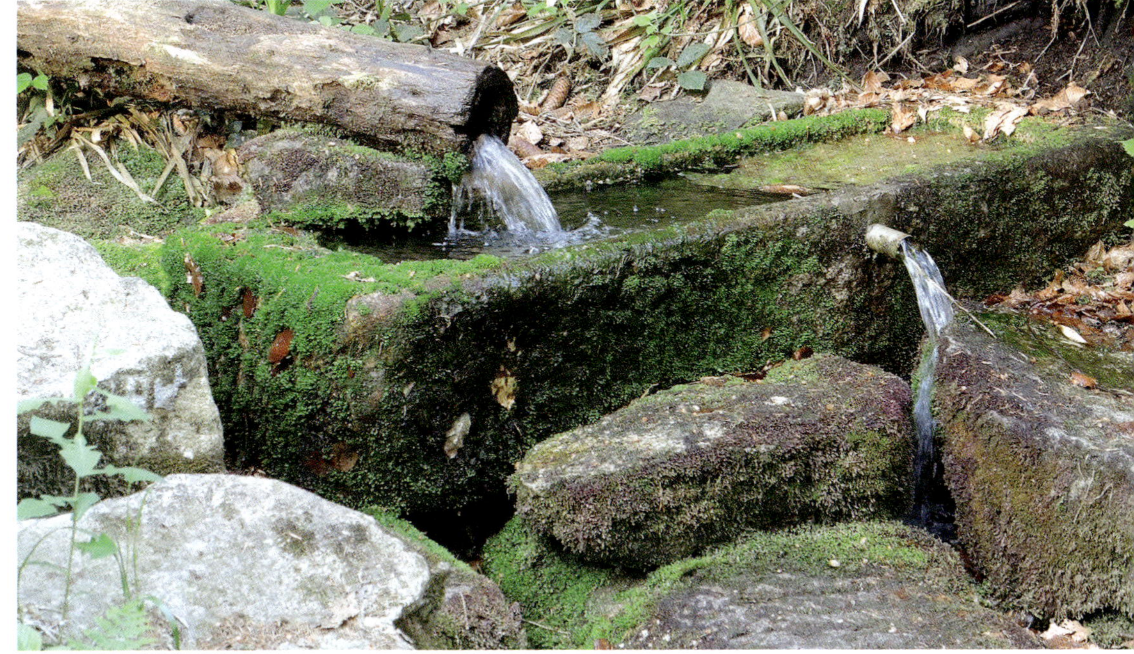

Ein Brunnen am Wegrand erfrischt schon rein optisch die Wanderer (TOUR 16).

Gehzeiten, Höhenmeter und Richtungsangaben

Die Gehzeiten verstehen sich als reine Zeiten ohne Pausen. Sie wurden in eigener Erfahrung subjektiv ermittelt, denn die auf den Wegweisern angegebenen Zeiten sind sehr unterschiedlich erhoben. Auf orografische Bezeichnungen wurde zugunsten der Allgemeinverständlichkeit verzichtet. Abzweige und Richtungswechsel sind im Text trotz Wegweisern beschrieben, denn diese können ja mal fehlen. Wird kein Richtungshinweis gegeben, bedeutet dies in jedem Fall, geradeaus weiterzugehen.
Die Höhenangaben entstammen zuallererst den Karten, denn diese haben Geografen vermessen und gezeichnet, danach erst dem ständig justierten Höhenmesser und zuletzt den Beschilderungen in der Natur. Bei den Angaben des Höhenmessers sind aber immer Ungenauigkeiten möglich, weil diese wegen der Luftdruckveränderungen durch Wetterwechsel variabel sind. Die Schwierigkeit einer exakten Höhenmessung zeigt sich in den oft falschen Angaben auf Wegweisern und Schildern.

Wegmarkierungen und Wegweiser

Alle Wege in der Wanderregion sind mit Wegweisern und Markierungen sehr gut ausgestattet. Örtliche Rundwege haben ihre eigenen Markierungen. Wenn vorhanden, sind in den Wegbeschreibungen die Markierungen der Wanderwege angegeben. Verschiedenartig geschriebene Ortsnamen sind vorrangig den topografischen Karten entnommen, dann erst der Beschilderung in der Landschaft.

Beste Jahreszeit und Tageszeit

Der beste jahreszeitliche Zeitraum für die Wanderungen ist jeweils angeführt. Wegen möglicher extremer Verläufe der Jahreszeiten ist aber eine Machbarkeit der Touren eigenverantwortlich in Erfahrung zu bringen.

Eine frühe morgendliche Startzeit bringt oftmals eine ruhige Tour, stilles Wanderglück und die schönsten Fotos. Etwas Besonderes ist an den Aussichtspunkten aber auch der Sonnenuntergang.

Flora und Fauna

Mit seinen über 1400 Meter hohen Gipfeln nimmt das urwüchsige bayerisch-böhmische Grenzgebirge einen ganz besonderen Platz mit einem unverwechselbaren Charakter ein. Die waldfreien Gipfelbereiche tragen pflanzliche Eiszeitrelikte. Botanische Besonderheiten sind die Krähenbeere, Sumpfenzian, Ungarischer Enzian, Bärwurz, Fieberklee, Sonnentau, Bärlapparten, Berg-Greiskraut, Platanenblättriger Hahnenfuß, Alpen-Frauenfarn, Alpenlattich und Blauer Eisenhut. Außer Auer- und Birkhuhn leben hier Vogelarten, die gewöhnlich für das Hochgebirge typisch sind, wie der Bergpieper, Alpenbraunelle und Schneesperling. Auch der Luchs, verschiedene Spechtarten und Greifvögel sind im Waldgebirge heimisch.

Im Ilztal sind viele Biotope aneinandergereiht. Der seltene Straußfarn und die Sibirische Schwertlilie gedeihen hier; Eisvogel, Wasseramsel und Gebirgsstelze durchschwirren diesen Lebensraum. Fischotter, Biber und die inzwischen sehr seltene Flussperlmuschel sind nicht nur in der Ilz zu Hause.

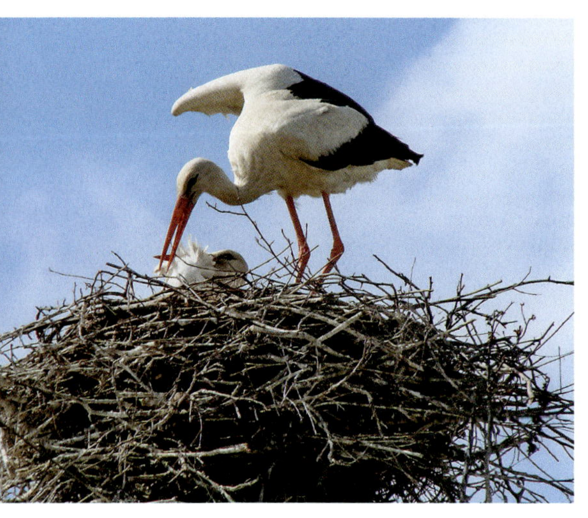

Wenn auch seltener, aber Störche gibt es im Vorderen Bayerischen Wald.

Einkehrmöglichkeiten

Eine Auswahl an Einkehrmöglichkeiten in Restaurants, Wirtshäusern, Brotzeitstuben und Berghütten ist bei den Wanderungen angeführt. Erkundigen Sie sich bitte selbst anhand der angegebenen Telefonnummern oder Internetadressen nach den Öffnungszeiten.

Regionale Küche

Das Leibgericht der Einheimischen war und ist der Schweinsbraten mit Knödel und Sauerkraut. Früher war dies für die armen Bauern nur ein Sonntagsmahl. Man musste von dem leben, was man selbst erntete. Daher gab und gibt es viele Gerichte aus Getreide, Kartoffeln, Kraut, Obst, Eiern, Schmalz und Milchprodukten. Der Pichelsteiner Eintopf stammt übrigens auch aus dem Bayerischen Wald. Nicht zuletzt nahmen die böhmische und österreichische Küche Einfluss auf die Tische des Bayerwaldes.

Naturschutz

Geschützte Pflanzen sind in allen ihren Teilen geschützt und sollten auch nicht zertreten werden. Wir müssen daher auf den Wegen bleiben und dürfen keine Abkürzer benutzen und keine weglose Wildnis betreten. Gibt es auch an einigen Stellen zum Beispiel eine geschützte Pflanze in großen Mengen, bleibt dies insgesamt doch eine bedrohte Art. Nichts berechtigt dazu, eine der geschützten Blumen wegzunehmen, weil doch so viele an einem Platz sind. Wildtiere benötigen besonders in den Bergen ihre Ruhezonen. Aus meiner berufsbezogenen forstlichen Fachkenntnis wurden bei allen beschriebenen Wanderungen keine Wildeinstandsgebiete durchquert. Ebenso wurde weglose Wildnis gemieden. Die kaum erschlossenen Grenzkammwälder sind Rückzugsräume für Auer- und Birkhuhn und Luchs und dürfen nicht betreten werden. Die Ilz ist ein einmaliger, urwüchsiger Lebensraum zahlreicher Arten, der besonders schützenswert ist und der Achtsamkeit der Wanderer bedarf.

Karten

- Die zur Recherche verwendeten drei Kompass-Karten im Maßstab 1:50 000 sind in den Wanderungen angegeben (www.kompass.de).
- Die Topografischen Wanderkarten vom Bayerischen Landesamt für Vermessung gibt es im Maßstab 1:50 000 und 1:25 000. Die fünf Karten UK50 27 bis 30 im Maßstab 1:50 000 decken die Wanderungen in diesem Buch ab (www.ldbv.bayern.de).
- Manchmal sind in den Touristinfos kleinräumigere Wanderkarten gratis erhältlich.

Bücher

- Herwig Slezag: Mystische Pfade Bayerischer Wald, Bruckmann, ISBN: 978-3-7654-5610-7
- Gottfried Eder: Vergessene Pfade Bayerischer Wald, Bruckmann, ISBN: 978-3-76508-563-5
- Chris Bergmann: Zeit zum Wandern – Bayerischer Wald, Bruckmann, ISBN 978-3-7343-0909-0

Internet

www.ostbayern-tourismus.de, www.bayerischer-wald.de,
www.bayerischer-wald.org, www.nationalpark-bayerischer-wald.de

Wichtige Fremdenverkehrsämter

- Tourismusverband Ostbayern, Luitpoldstr. 20, 93047 Regensburg, Tel. 0941/585390, www.ostbayern-tourismus.de
- Furth im Wald, Schlossplatz 1, 93437 Furth im Wald, Tel. 09973/50980, www.furth-hohenbogenwinkel.de
- Grafenau, Rathausgasse 1, 94481 Grafenau, Tel. 08552/962343, www.grafenau.de
- Naturpark Oberer Bayerischer Wald, Rachelstraße 6, 93413 Cham, Tel. 09971/78394, www.naturpark-obw.de
- Neuschönau, Kaiserstr. 13, 94556 Neuschönau, Tel. 08558/960328, www.neuschoenau.de
- Passauer Land, Domplatz 11, 94032 Passau, Tel. 0851/39 76 00, www.passauer-land.de
- Sankt Englmar, Rathausstraße 6, 94379 Sankt Englmar, Tel. 09965/840320, www.sankt-englmar.de
- Waldmünchner Urlaubsland, Marktplatz 16, 93449 Waldmünchen, Tel. 09972/30724, www.waldmuenchner-urlaubsland.de

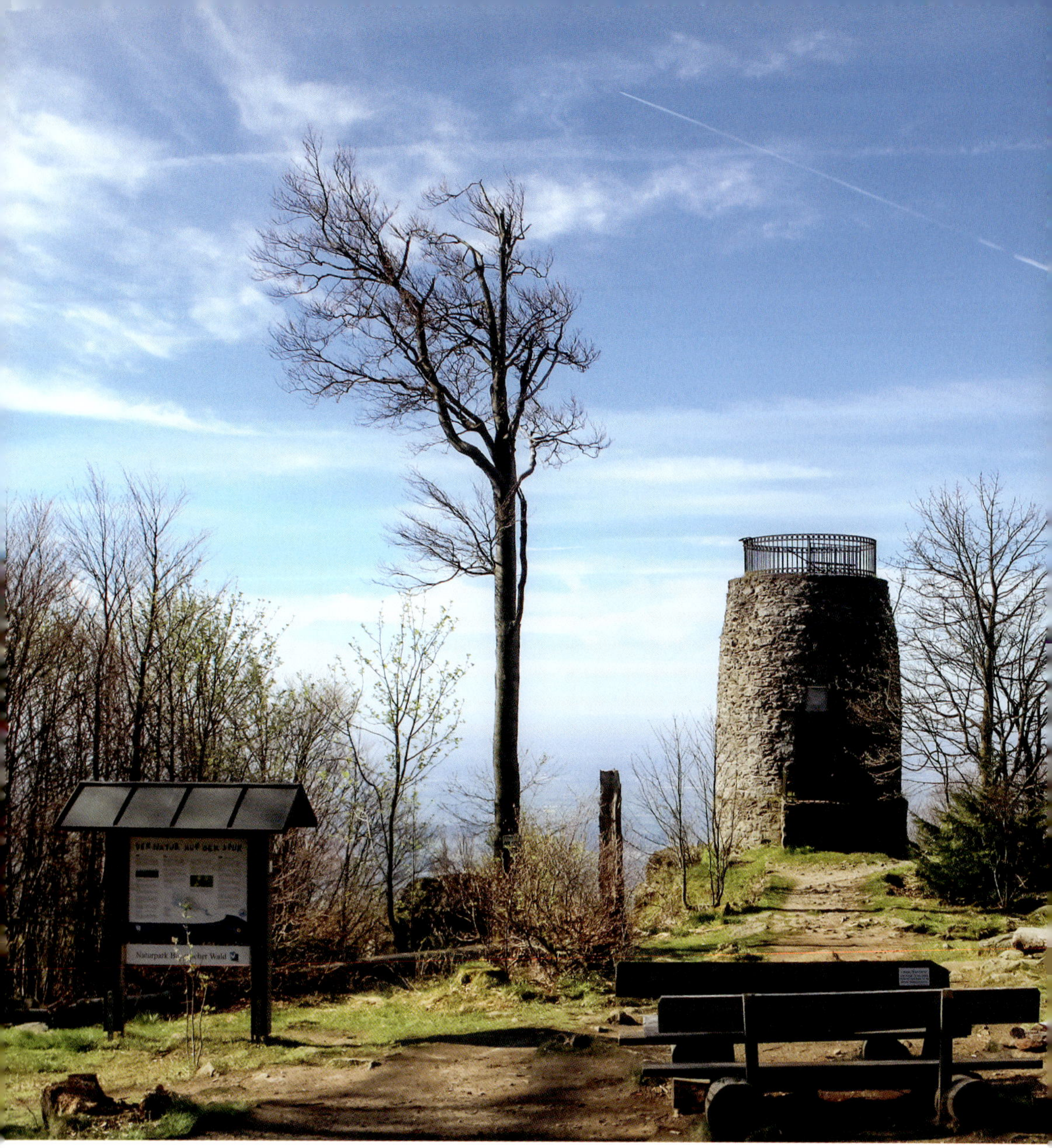

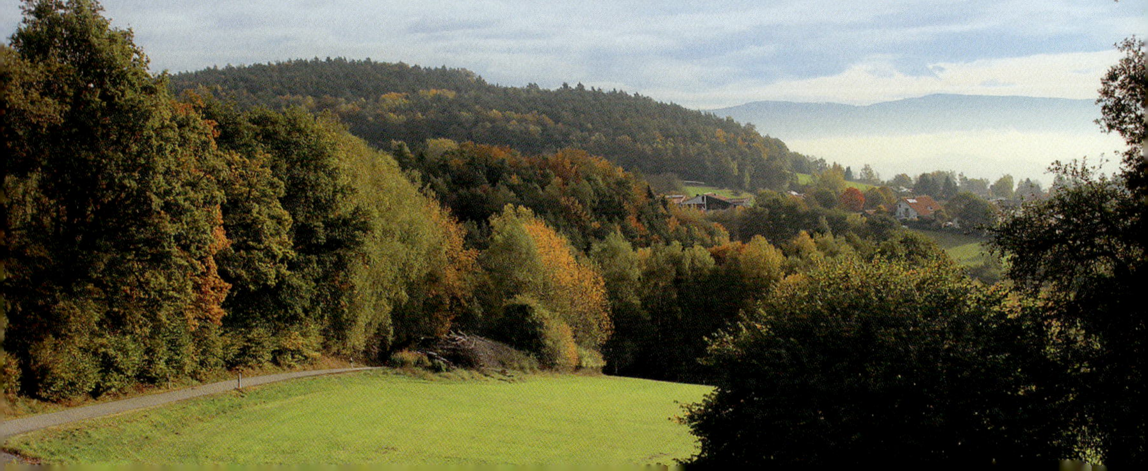

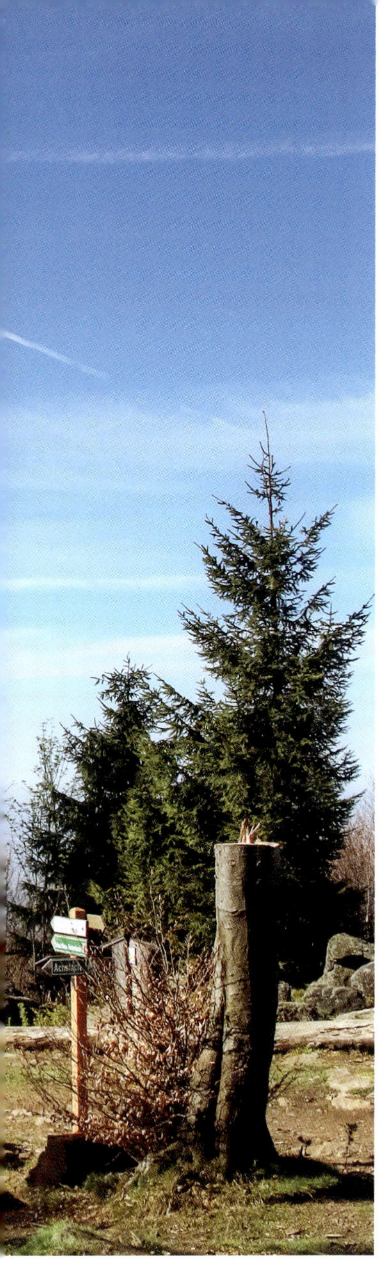

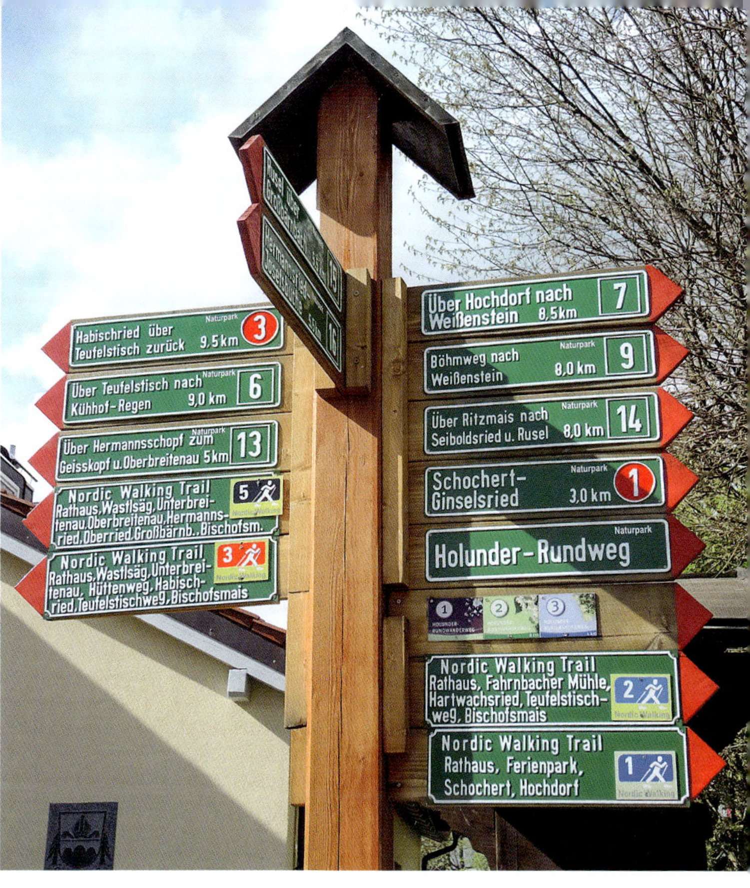

Vorderer Bayerischer Wald

Der Turm auf dem Hirschenstein ist ein aussichtsreicher Ausguck (Wanderung 6) (o. li.). Wegweiser mit vielen Möglichkeiten am Rathaus in Bischofsmais (Wanderung 8) (o. re.). Das Ziel vor Augen; der Pilgramsberg (Wanderung 2) (u. li.). Die Burgruine Weißenstein steht direkt auf dem Pfahl (Wanderung 9) (u. li.).

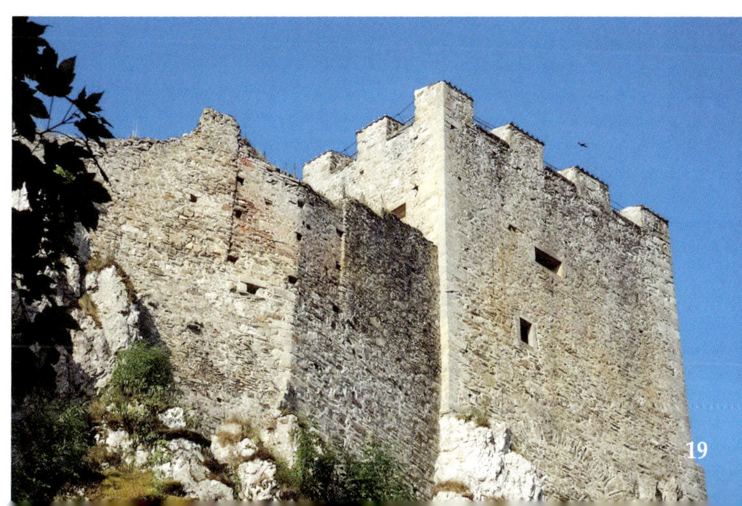

Bezaubernde Felsen und Aussichten

Auf dem Falkensteiner Panoramaweg

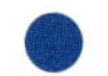    

Leicht 2:50 Std 280 m 8,5 km

Tourencharakter
Leichte, vorwiegend sonnige Rundtour, größtenteils auf Naturwegen und Forststraßen durch Wälder, Wiesen, Felder und Ortsgebiet, meistens markiert mit dem roten Balken des Falkensteiner Panoramawegs. Im Bereich des Felsenparks unebene und steile Stufen

Ausgangs-/Endpunkt
Parkplatz am Schwimmbad, 520 m

Höchster Punkt
Jungfrauenhöhe, 645 m

Anfahrt
Pkw: Von der A 3 Ausfahrt Wörth an der Donau auf der St 2146 nach Norden über Rettenbach nach Falkenstein. Parkplatz GPS: N49°05'56" E012°28'41"
Bus: Linie 6072 von Regensburg (www.bahn.de), auch Fahrradbus (www.rvv.de)

Gehzeiten
Parkplatz am Schwimmbad – Jungfrauenhöhe 0:40 Std. – Ölbergkapelle 0:30 Std. – Skilifttalstation 0:30 Std. – Rathaus 0:20 Std. – Burg Falkenstein 0:20 Std. – Parkplatz am Schwimmbad 0:30 Std.

Beste Jahreszeit
April bis Oktober

Einkehr
Restaurant Burg Falkenstein, Burgstraße 10, 93167 Falkenstein, Tel. 09462/911129, www.burg-falkenstein.com; Gasthof Zur Post, Marktplatz 8, 93167 Falkenstein, Tel. 09462/213, www.zur-post-falkenstein.de

Karten
Kompass: Bayerischer Wald, Karte 198/2, 1:50 000

Hinweise
Feste Wanderschuhe mit griffigen Sohlen werden empfohlen.

Der Panoramaweg rund um die stolze Burg Falkenstein zeigt herrliche Aussichten auf Burg, Ort und Landschaft. Der Schlosspark Falkenstein ist kein angelegter Park, sondern ein natürlicher, märchenhafter Felsenpark mit bizarren Gesteinsformationen.

Zur Jungfrauenhöhe Vom Ⓐ **Parkplatz** am Schwimmbad starten wir nach Süden und nach dem Bad in einer Kurve aufwärts. Ein Blick zurück zeigt die Burganlage mit der Burgkapelle über dem Luftkurort Markt Falkenstein. Im Ferienpark Falkenstein nehmen wir an der Gabelung vor der Rezeption den linken Weg ansteigend am Grillplatz vorbei. Nach dem letzten Haus steigt der Weg durch den Spielplatz hinauf in den Wald. Auf einem quer verlaufenden Weg wandern wir begleitet von Alleebäumen links weiter.
Hier sind wir auf der ehemaligen Eisenbahntrasse des Falkensteiner »Bockerls«, das von 1930 bis 1984 zwischen Falkenstein und Regensburg verkehrte. Heute ist die Strecke zu einem 37 Kilometer langen Radweg aus-

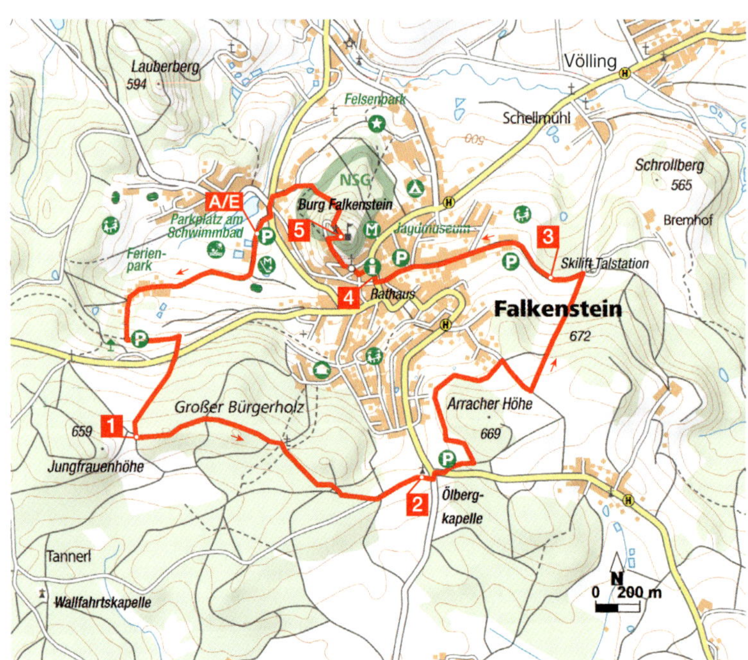

gebaut, der ohne große Steigungen von Falkenstein nach Regensburg verläuft. Ein Fahrradbus (Linie 34, www.rvv.de) erspart bei Bedarf im Sommer die Rückfahrt mit dem Rad.

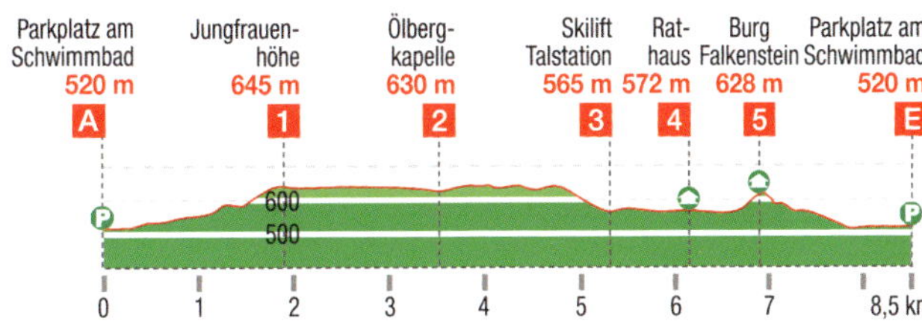

An einem Pavillon mit Picknicktisch gehen wir rechts hinauf und überqueren die Staatsstraße 2146. Gleich nach der Straße steigen wir links den Weg höher und wandern am Waldrand nach rechts hinauf. Wir sind auf dem 660 Kilometer langen Fernwanderweg Goldsteig, der in zwei Varianten den Bayerischen Wald und den Oberpfälzer Wald durchquert. Ganz oben erreichen wir am Waldende die 1 **Jungfrauenhöhe**. Der Name bezieht sich nicht auf vielleicht anwesende Jungfrauen, sondern auf das Feldkreuz mit der Jungfrau Maria.

Zur Ölbergkapelle Am Feldkreuz vorbei nehmen wir den Weg links in den Wald hinein. An einer Sechs-Wege-Kreuzung laufen wir auf dem zweiten Weg rechts weiter.

Ansicht der Burg über dem Markt Falkenstein vom Schwimmbad aus gesehen

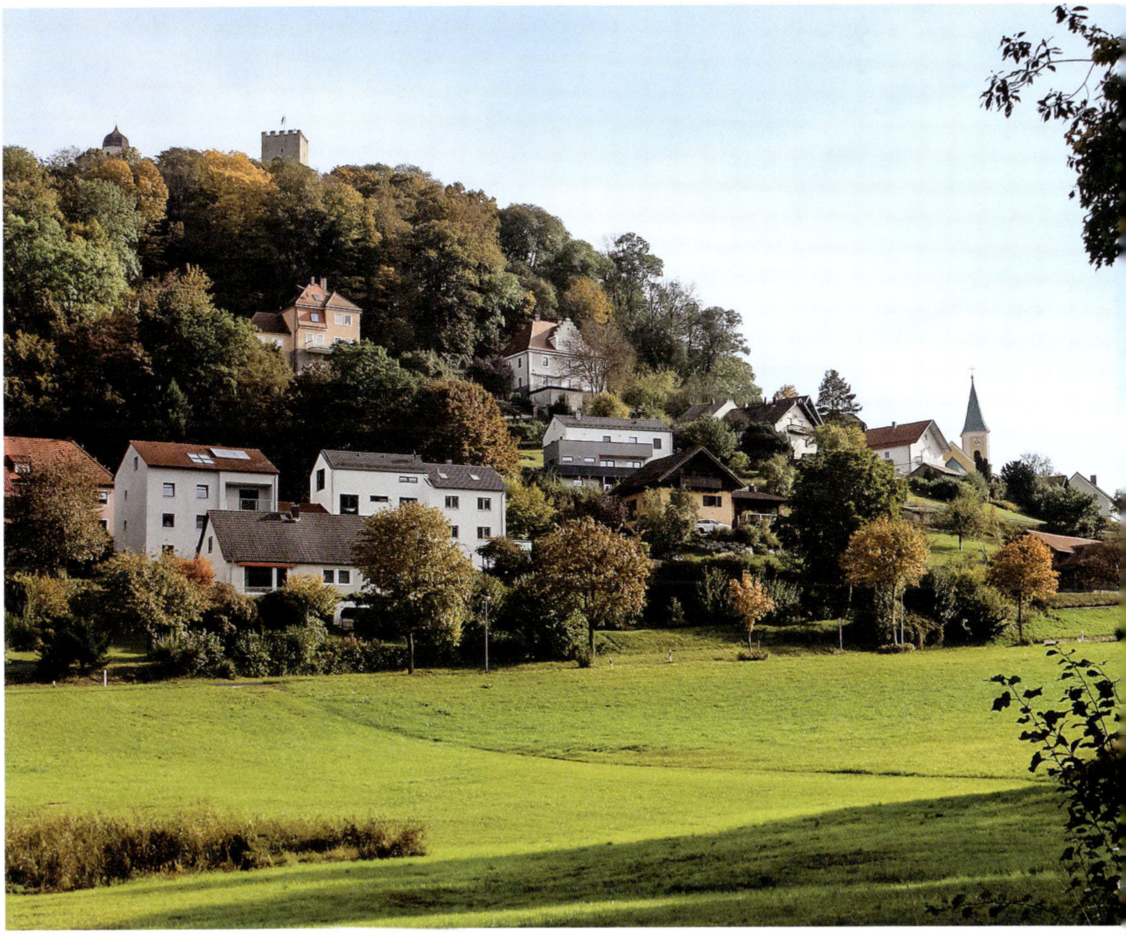

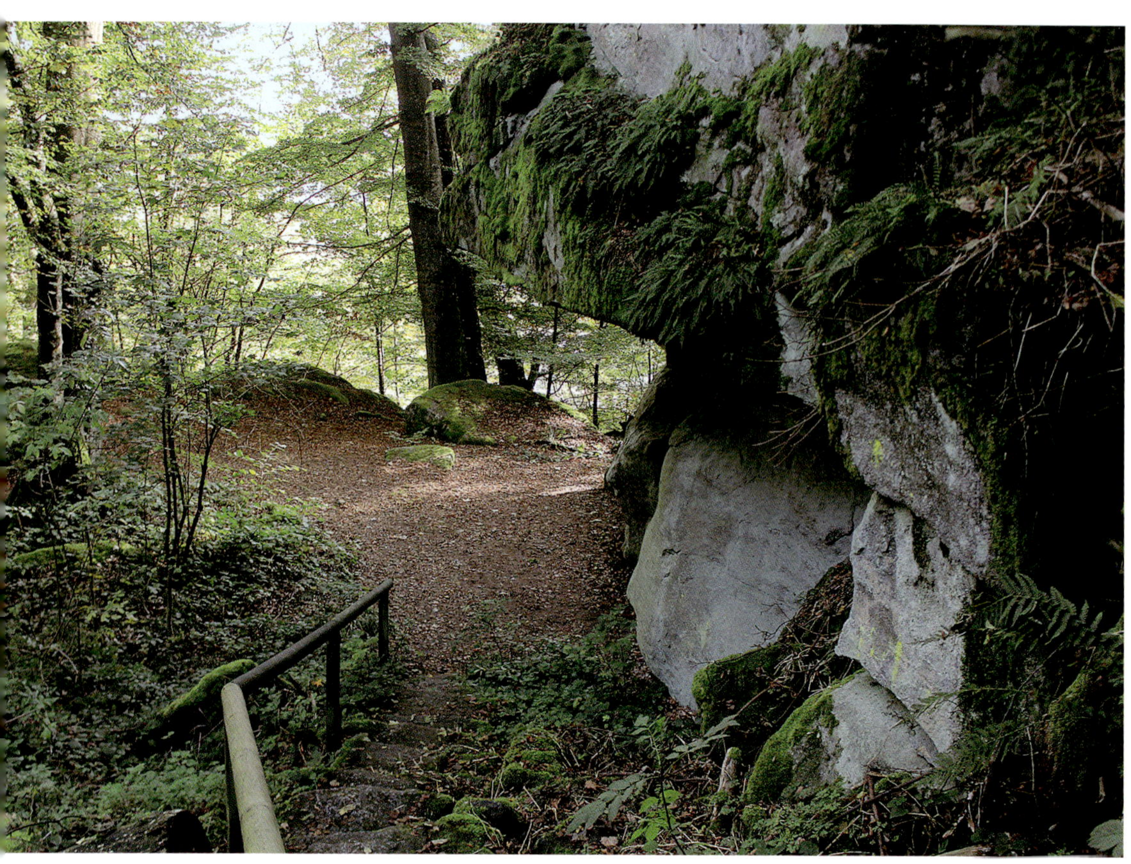

Abstieg durch den Felsengarten unterhalb der Burg Falkenstein

Bald öffnet sich der Wald und der Weg zieht nun über Wiesen und Felder. Rechts unten liegt das Dorf Arrach und links schauen wir zur Burg Falkenstein. Schließlich erreichen wir an der Staatsstraße 2148 die kleine ❷ **Ölbergkapelle**.

Zum Skilift Für 50 Meter gehen wir geradeaus neben der Landstraße in Richtung Straubing und biegen dann links auf das Sträßchen zu einem Wanderparkplatz ein. Am Ende des Parkplatzes gehen wir auf einem Pfad weiter, der in großem Bogen um die Arracher Höhe herumleitet. Dabei bieten sich immer wieder herrliche Ausblicke auf Falkenstein mit seiner markanten Burg. Schließlich knickt der ausgeschilderte Falkensteiner Panoramaweg nach links aus dem Wald auf einen Wiesenweg ab. Dabei zeigt sich links wieder die Falkensteiner Burg. Vor einem braunen Haus wandern wir rechts auf dem Feldweg aufwärts und nach der zweiten Rastbank links auf dem Wiesenweg, der bald von einer Starkstromleitung begleitet wird. Nun geht es am Rand einer Skipiste abwärts. Im Tal liegt voraus das Dorf Völling. Unten laufen wir auf dem Sträßchen links an der ❸ **Skilifttalstation** vorbei.

Zum Rathaus am Marktplatz Wir sind auf der langen Krankenhausstraße, die in das Zentrum von Falkenstein hineinführt. Dabei liegt uns bald das Wahrzeichen des Vorderen Bayerischen Waldes, die imposante Burg Falkenstein vor Augen. Am Ende der Straße schlendern wir an der Kreuzung nach dem Maibaum nach rechts am

Gasthaus Zur Post vorbei und erreichen die auffällige Mariensäule aus Granit auf dem Marktplatz. Rechts befindet sich das ❹ **Rathaus** mit dem Stufengiebel, in dem auch die Touristinfo untergebracht ist.

Zur Burg Falkenstein Gegenüber dem Rathaus steigen wir auf der Burgstraße an der Kirche rechts vorbei in Richtung Felsenpark und Burg höher. Dann nehmen wir rechts die Stufen des Schlosssteigs unter die Sohlen. Wieder auf der Zufahrtsstraße zur Burg, gehen wir rechts in die Vorburg der ❺ **Burg Falkenstein** hinein.
Der Gastgarten der Burggaststätte besticht mit einer herrlichen Aussicht. Durch die starken Tore erobern wir die Burg. 1074 erbaute Bischof Tuto von Regensburg diese wehrhafte Anlage. 1967 schenkte der Erbprinz Johannes von Thurn und Taxis die Festung der Marktgemeinde Falkenstein. Im Burghof werden auf der Bühne die Falkensteiner Burghofspiele aufgeführt (www.burghofspiele-falkenstein.eu). Das Museum »Jagd und Wild auf Burg Falkenstein« (www.markt-falkenstein.de) kann besichtigt werden. Ein »Sahnehäubchen« ist die Aussicht vom Burgturm über die Hügel des Vorderen Bayerischen Waldes (für den Türautomaten ist eine 50-Cent-Münze erforderlich).

Zum Parkplatz am Schwimmbad Vom inneren Burghof aus steigen wir auf einer Eisentreppe rechts an der Burgkapelle vorbei und dann geradeaus auf unebenen Steinstufen abwärts. Ein kleiner Abstecher führt auf das »Schanzl«, eine einst mit Kanonen bestückte Plattform. Die Aussicht zeigt das Tal des Perlbachs und der Mietnach mit ihren kleinen Dörfern.
Wildromantisch geht es zwischen gewaltigen Granitfelsen abwärts. Die fantastischen Gebilde entstanden durch Verwitterung. Der Fachausdruck heißt »Wollsackverwitterung«, weil die Steingruppen an übereinanderliegende Wollsäcke erinnern. Weiter unten gelangen wir auf den breiten, quer verlaufenden Königsweg, auf dem wir nach links gehen und am historischen Schützenplatz vorbeikommen. Hier wurde noch im 18. Jahrhundert Schießsport betrieben. An der Weggabel wandern wir nach links in Richtung Froschsteig und Schwimmbad. In diesem märchenhaften Wald mit den bizarren Gesteinsformationen könnte man einen ganzen Tag verbringen. An einer Gabel machen wir links wenigstens einen Abstecher zu den wichtigsten steinernen Sehenswürdigkeiten. Es zeigt sich nach kurzem Aufstieg die Formation »Froschmaul« und die enge »Himmelsleiter«. Zurück auf dem unteren Weg, gehen wir links weiter in Richtung Schwimmbad. Durch die Bäume sind unten rechts die ersten Häuser zu sehen. Egal welcher Weg, wir müssen hinunter zur Tiergartenstraße an den Häusern und dort links laufen. An der Kreuzung folgen wir links der Zeller Straße und biegen dann rechts in die Badstraße zum Ⓔ **Parkplatz** am Schwimmbad.

Einkehr in der Burg

Das Restaurant Burg Falkenstein verfügt nicht nur über Gasträume in romantischen, mittelalterlichen Gemäuern der fast 1000 Jahre alten Burg. Fantastisch ist der Biergarten auf der südlichen Mauer der Vorburg. Der Panoramablick schweift über den Markt Falkenstein und über die Hügel des Vorderen Bayerischen Waldes. Die Speisekarte zieht einen Kreis von exquisiten Speisen zu bodenständiger Küche.

2

Vom Schloss zum Wallfahrtsberg

Kultstätte Pilgramsberg mit weiter Aussicht

 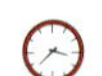  

Leicht 5:00 Std. 440 m 15 km

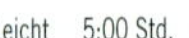

Tourencharakter
Leichte, vorwiegend schattige Rundtour, größtenteils auf Naturwegen und Forststraßen durch Wälder, Wiesen und Ortsgebiet, meistens markiert mit der Nummer 3. Steile Bereiche am Sockabach und Pilgramsberg

Ausgangs-/Endpunkt
Parkplatz am Friedhof Falkenfels, 488 m

Höchster Punkt
Kirche St. Ursula, 615 m

Anfahrt
Pkw: Von der A 3 Ausfahrt Kirchroth auf der St 2148 nach Norden über Saulburg auf der SR 28 nach Falkenfels. Parkplatz GPS: N49°00'11" E012°35'39"
Bus: Linie 1016 und 1006 von Straubing (www.bahn.de)

Gehzeiten
Parkplatz am Friedhof – Kapelle Hirschberg 1:05 Std. – Sockabach 0:35 Std. – Kirche St. Ursula 0:30 Std. – Sockabach 1:10 Std. – Kapelle Hirschberg 0:40 Std. – Parkplatz am Friedhof 1:00 Std.

Beste Jahreszeit
April bis Oktober

Einkehr
Burgschänke Falkenfels (Sonntag 13–17 Uhr geöffnet), Burgstraße, 94350 Falkenfels, Tel. 09961/1745, www.falkenfels.de; Gasthof Schöne Aussicht, Kirchenberg 1, 94372 Pilgramsberg, Tel. 09964/9642, www.gasthof-pilgramsberg.de

Karten
Kompass: Bayerischer Wald, Karte 198/2, 1:50 000

Hinweise
Die Wanderung ist ohne den Naturerlebnispfad nur 12 km lang.

Der Pilgerweg von Falkenfels zum Pilgramsberg schenkt uns Aussichten über den Vorderen Bayerischen Wald. Schon die Kelten hatten hier eine dem Himmel nahe Kultstätte. Heute ist die Kirche Sankt Ursula einer der ältesten Wallfahrtsorte Bayerns.

Zur Kapelle in Hirschberg Vom **A Parkplatz** am Friedhof in Falkenfels streben wir auf der Burgstraße der Burg Falkenfels zu, um sie näher zu betrachten. Ursprünglich um 1100 von den Grafen von Bogen begründet, wurde sie mehrfach zerstört und wiederaufgebaut. Der linke Gebäudeteil ist die Kirche St. Josef, die auf der ehemaligen Burgkapelle steht. Der Turm wurde erst 1888 nach einem Brand mit dem Zinnenkranz versehen und erscheint heute eher wie ein Burgfried als zu einer Kirche gehörend.

Auf der Burgstraße gehen wir wieder 50 Meter zurück und biegen nach links in die Bergstraße ein, die weiter unten in die Dorfstraße übergeht. An der Gabelung vor dem kleinen Bayerwaldhaus mit dem Balkendachgeschoss biegt die Dorfstraße nach rechts ab. Am Landgasthof Kienberger laufen wir auf der Oberhofer Straße links und queren die Bayerwaldstraße (SR 28) in die Steinbergstraße in Richtung Pilgramsberg. Die Markierung mit der Nummer 3 begleitet uns. Nach 30 Metern nehmen wir an der Gabel die rechte Straße und tangieren ein altes Wegkreuz. Ein Blick zurück zeigt die Burg über dem Ort Falkenfels.
An der großen Kastanie betreten wir auf dem linken Weg den Wald und bleiben mit der Markierung Nummer 3 geradeaus. Fast in der Mitte einer Waldwiese führt der Weg links wieder in den Wald hinein. An einer Kreuzung wandern wir auf dem Forstweg nach links und an einem Abzweig nach rechts auf den flachen Steinberg hinauf. An einer Lichtung mit zwei einsamen Gehöften bleiben wir geradeaus und tauchen wieder in den Wald ein. Dann geht es über Felder und Wiesen auf Hirschberg zu. Zwar biegt der Weg mit der Nummer 3 am ersten Bauernhof nach rechts ab, aber wir laufen geradeaus in das Dorf hinauf. Den schönen Picknicktisch am Maibaum und die **1 Kapelle** in Hirschberg merken wir uns für den Rückweg.

Zum Sockabach Aus der Mitte des Dorfes Hirschberg wandern wir rechts nach Nordosten in Richtung Pilgramsberg auf dem kleinen Asphaltsträß-

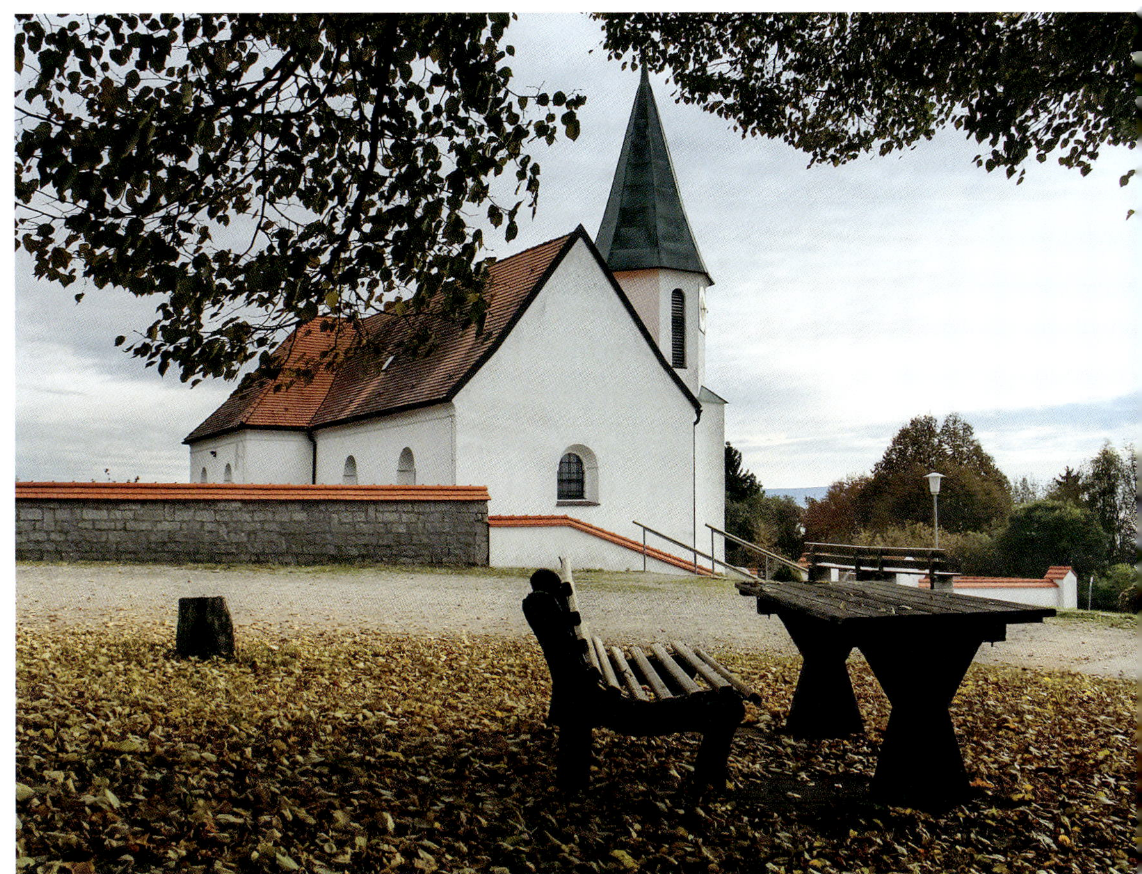

Der ideale Picknicktisch unter der mächtigen Winterlinde auf dem Pilgramsberg

chen hinaus. Im Wald fällt die Straße dann abwärts und an der ersten Kreuzung nehmen wir den zweiten Weg nach rechts in Richtung Pilgramsberg, der steil in den dunklen Fichtenwald hinabführt. Unten queren wir ein winziges Bächlein.

Dann müssen wir genau aufpassen! 50 Meter vor dem Waldrand zeigt die Markierung Nummer 3 fast weglos rechts durch den Wald. Zwar kommen wir dann wieder auf einen Weg, der aber bald ebenso weglos nach rechts mit der Nummer 3 wieder in den Wald hinein verlassen wird. Der weitere kurvige Verlauf ist anhand der Bäume nicht zu beschreiben. Es hilft allein, die Augen offen zu halten und den deutlichen Markierungen Nummer 3 durch den Wald zu folgen. Das Bächlein begleitet uns bergab. Unten im Tal treffen wir auf eine Wiese mit dem glucksenden 2 Sockabach, den wir auf einem Steg überqueren.

Zur Kirche St. Ursula Vom Bach führt ein Fahrweg nach rechts aus dem Tal hinauf und erreicht den

Der heilige Pilgramsberg

Der Pilgramsberg galt schon den Kelten als heilige Kultstätte. Wie so oft wurden diese geweihten Orte nach der Christianisierung beibehalten. Als Erstes wurde eine gotische Kapelle errichtet und seit 1460 gab es hier oben eine Statue der heiligen Ursula. So zählt der Pilgramsberg zu den ältesten Wallfahrtsorten Bayerns. 1680 baute man dann eine Barockkirche und 1839 kam eine Muttergottesstatue dazu.

Bachweg in Pilgramsberg, auf dem wir nach rechts gehen. An der Kreuzung vor der Gaststätte Schedlbauer wenden wir uns auf der Hauptstraße nach rechts und kommen zum Dorfanger, in dessen Mitte ein Picknicktisch und die Infotafel für den Naturerlebnispfad stehen. Hier biegen wir links in die Haunkenzeller Straße ein, gehen

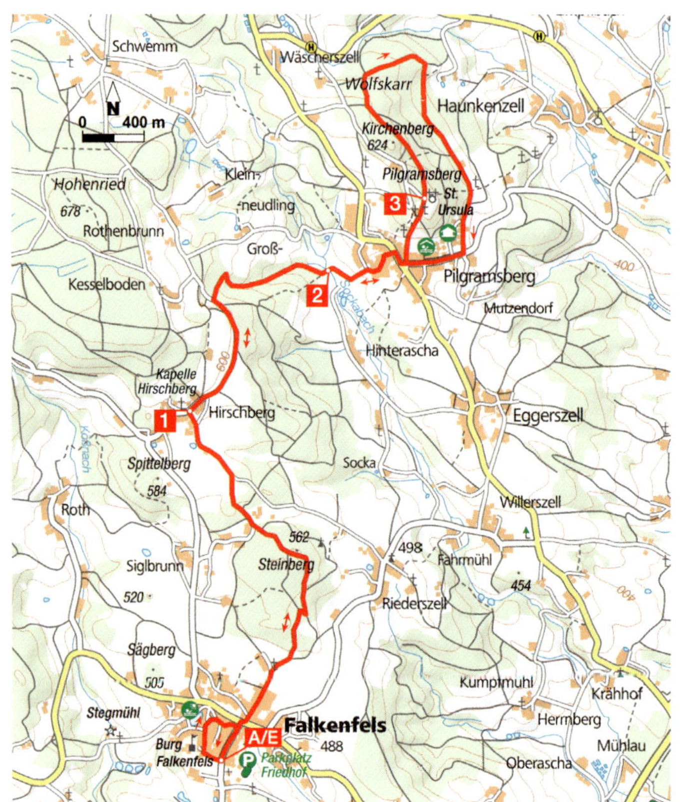

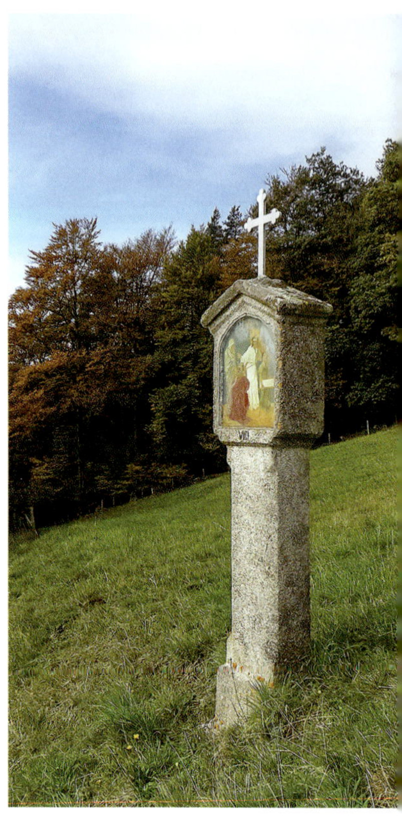

aber schon nach 20 Metern an der Straßenlaterne und noch vor dem Haus Nummer 2 nach links auf dem Wiesenweg aufwärts. Die Kreuzwegstationen begleiten uns hinauf am Gasthaus Schöne Aussicht vorbei. Herrlich ist das Panorama von der Terrasse der Gaststätte aus. Der Vordere und auch der Hintere Bayerische Wald mit seinen hohen Bergen sind zu überblicken.

Ist auch der Kirchturm schon zu sehen, bleibt uns doch noch ein Stück hinauf zur Wallfahrtskirche ❸ **St. Ursula**. Nicht nur der geniale Aussichtsplatz, sondern auch die mächtige Winterlinde nimmt den Wanderer sofort gefangen. Der Picknicktisch unter der Linde ist für die Zeit nach der Kirchenbesichtigung hoffentlich schon für

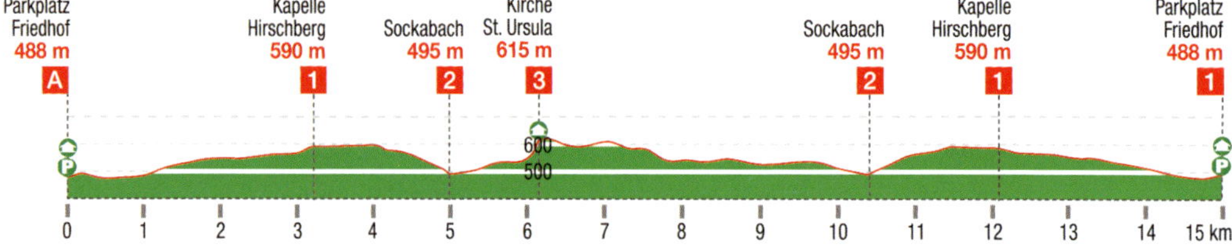

müde Wanderer reserviert. Die Kirche ist ein schlichter Barockbau, der um 1680 auf gotischen Grundmauern errichtet wurde. Innen sind viele Wallfahrtskerzen und Votivgaben aufgestellt. Die Muttergottesstatue im Hauptaltar ist eine Nachbildung der Skulptur in Altötting.

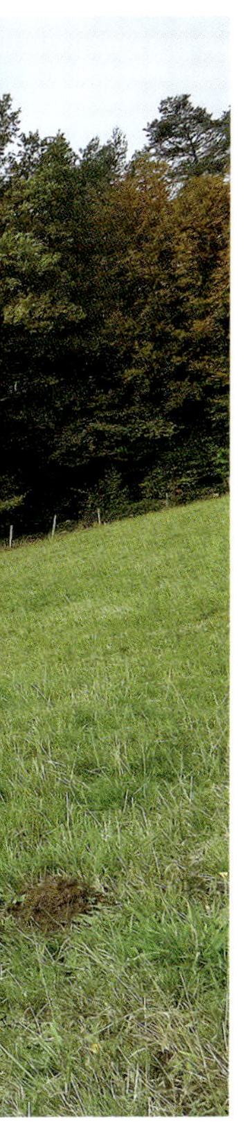

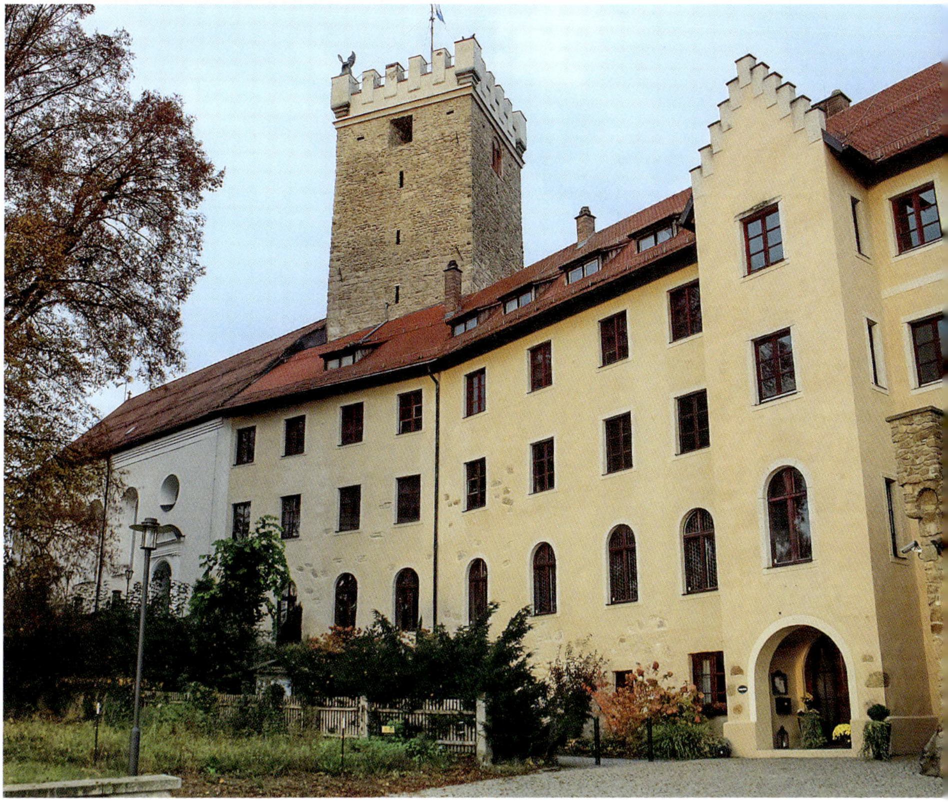

Die Burg Falkenfels ist eine Gründung der Grafen von Bogen.

Mitte: Die Kreuzwegstationen bringen uns hinauf zur Wallfahrtskirche.

Zum Sockabach Wer nun den Naturerlebnispfad begehen will, richtet sich vor der Linde am Denkmal vorbei nach Norden aus. Der Weg ist gut markiert und führt in einem großen Bogen durch den Wald über den Pilgramsberg und stößt schließlich am Tennisplatz auf die Haunkenzeller Straße, die uns nach rechts zum Dorfanger bringt. Auf der Hauptstraße nach rechts und auf dem Bachweg nach links finden wir den Feldweg hinunter zum 2 Sockabach.

Zur Kapelle in Hirschberg Ein wegloses Stück durch den Wald hinauf und nach links auf dem Weg kommen wir zu dem kleinen Asphaltsträßchen, auf dem wir nach links wieder die 1 Kapelle in Hirschberg erreichen. Vielleicht brauchen wir ja jetzt den schönen Picknicktisch.

Zum Parkplatz am Friedhof Vom Maibaum nach Süden verläuft der Weg hinunter über Wiesen und Felder und schließlich über den bewaldeten Steinberg nach Falkenfels hinüber. Die Bayerwaldstraße in Falkenfels überqueren wir nun geradeaus in die Oberhofer Straße und kommen zum E Parkplatz am Friedhof zurück.

Sanfte Hügel und ferne Welten

Auf den Gallner, Kultstätte der Kelten

Leicht 3:40 Std. 410 m 11,0 km

Tourencharakter
Leichte, vorwiegend schattige Rundtour, größtenteils auf Naturwegen und Forststraßen durch Wälder, Wiesen, Felder und Ortsgebiet, meistens markiert mit verschiedenen Nummern, abschnittsweise mit dem Goldsteig- und dem Jakobsweg-Symbol. Teilweise starke, aber kurze Steigungen

Ausgangs-/Endpunkt
Festplatz Stallwang, 355 m

Höchster Punkt
Gallner, 709 m

Anfahrt
Pkw: Von der A 3 Ausfahrt Straubing auf der B 20 nach Norden über Rattiszell nach Stallwang. Parkplatz GPS: N49°03'00" E012°39'29" **Bus:** Linie 1008 und 6098 von Straubing (www.bahn.de)

Gehzeiten
Festplatz Stallwang – Grub 0:40 Std. – Weiher Höllhof 0:40 Std. – Gallner 1:10 Std. – Gallnerkirche 0:15 Std. – Festplatz Stallwang 0:55 Std.

Beste Jahreszeit
April bis Oktober

Einkehr
Landgasthof Schedlbauer, Denkzell 36, 94357 Konzell, Tel. 09963/864, www.landgasthof-schedlbauer.de; Gasthaus Zum Jogl, Kapellenweg 17, 94375 Stallwang-Landorf, Tel. 09964/1260; Gasthof Zur Post, Dorfplatz 15, 94375 Stallwang, Tel. 09964/6016868, www.gasthofpost-stallwang.de

Karten
Kompass: Bayerischer Wald, Karte 198/2, 1:50 000

Hinweise
Feste und wasserdichte Schuhe mit griffigen Sohlen werden empfohlen.

Der Gallner ist ein empfehlenswerter Panoramaberg des Vorderen Bayerischen Waldes. Schon die Kelten haben von dieser Aussichtswarte in die Ferne und in den Himmel geschaut. Die Kirche auf dem Berg war einst 1490 als Ablasskapelle bis Italien bekannt.

Zum Weiler Grub Vom Ⓐ **Festplatz** in Stallwang starten wir auf der Straße Am Kandelbach nach Norden in Richtung Gallner. Nach 100 Metern gehen wir rechts auf dem Gallnerweg mit der Markierung Nummer 4 weiter, steigen dann aber nicht gleich auf, sondern bleiben geradeaus im Tal am Bach entlang. Vor dem letzten Haus haben wir die Wahl: Links geht es eben am Bach entlang, aber ohne Aussicht; rechts in Richtung Königseck gibt es eine gute Aussicht über Stallwang, die wir uns aber mit zusätzlichen 60 Höhenmetern erkaufen müssen.

Der rechte Weg ohne Markierung steigt sogleich in einem Hohlweg an. In einer Rechtskurve im Wald bleiben wir vor dem Bach geradeaus steil auf dem alten, fast zugewachsenen Weg in fast rechtem Winkel zu den Höhenlinien aufwärts. Weiter oben steigen wir am Waldrand an einer großen Wiese weiter hoch und treffen auf einen Forstweg, den wir eben nach links begehen. Links schauen wir nun über den Hof Königseck auf Stallwang hinüber. An Abzweigen bleiben wir nach dem Hof Königseck immer geradeaus abwärts. In ❶ **Grub** treffen wir wieder auf den Kandelbach.

Zum Weiher in Höllhof Noch vor dem Bach wandern wir nach rechts mit der Nummer 4 auf dem Asphaltsträßchen aufwärts in Richtung Landorf. Unterwegs sehen wir vor einem Hof die für den Bayerischen Wald so typischen Totenbretter.

In Landorf gehen wir nach der Brücke über den Kandelbach rechts und an der nächsten Kreuzung wieder rechts über den Bach auf dem Kapellenweg am Gasthaus Zum Jogl vorbei. Vor der Kapelle laufen wir nach links in Richtung Höllhof über Wiesen und in einer Linkskurve mit der Nummer 4 auf einem versteckten Fahrweg nach rechts in den Wald hinein. Nach kurzem Anstieg halten wir uns an einer Gabelung im Wald links und nach einem weiteren überschaubaren Anstieg abermals links. Dann queren wir einen plätschernden Bach, der sich zwischen Granitfelsen seinen Weg suchen muss.

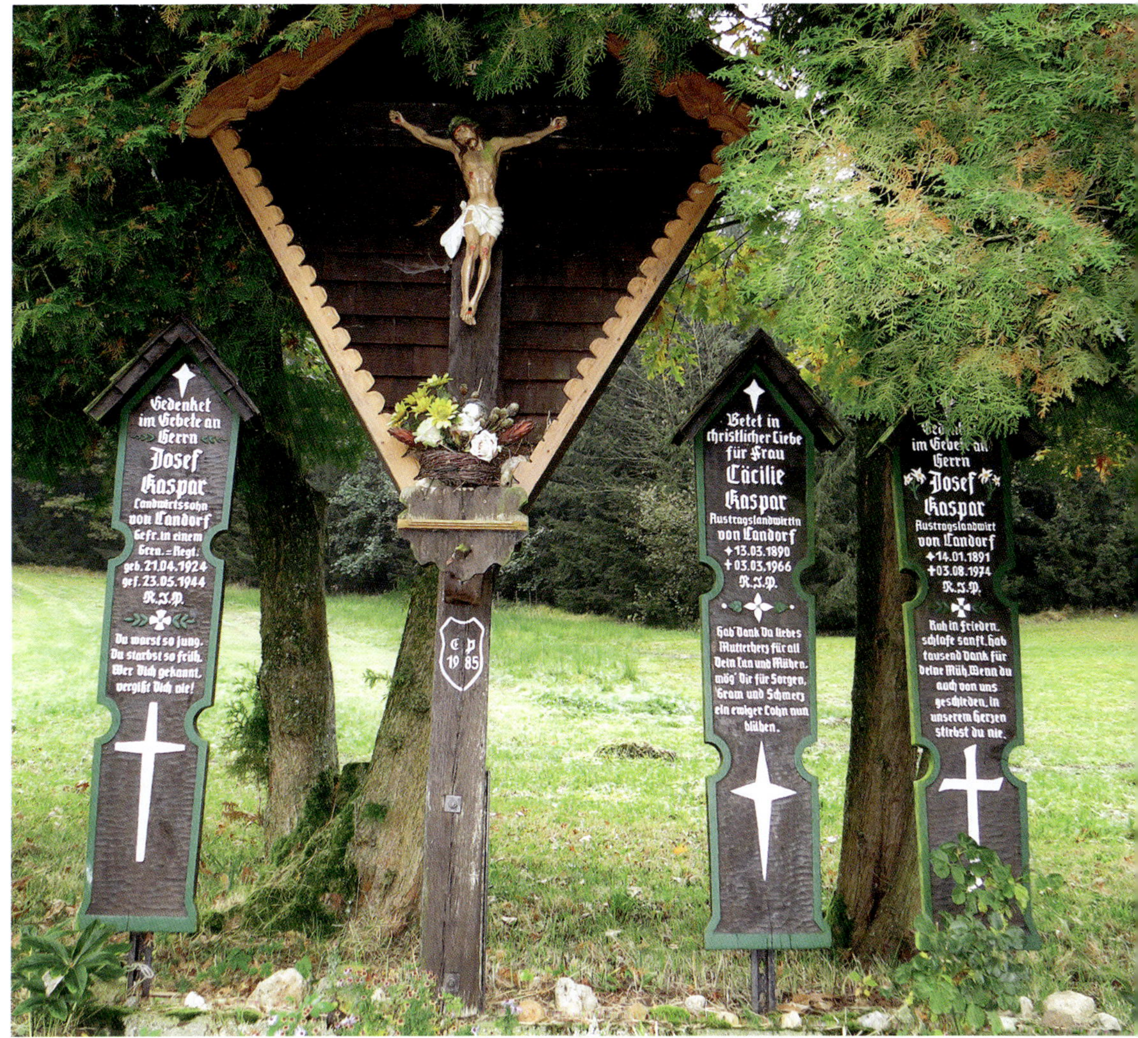

Traditionelle Totenbretter vor einem Hof auf dem Weg nach Landorf

Auf besserem Forstweg geht es weiter aufwärts durch zauberhaften Wald mit großen Granitblöcken. Der Weg mit der Nummer 4 zweigt weiter oben nach rechts ab und durchläuft das Anwesen Höllhof 2 hinunter zum ❷ **Weiher** in Höllhof.

Auf den Gallner An der Kreuzung vor dem Weiher gehen wir links hinauf. An der linken Seite der Straße stehen Kopfweiden, die offensichtlich noch zur Korbherstellung jedes Jahr geschnitten werden. Danach können wir in Ruhe das sonst so scheue Rotwild in einem Gatter betrachten. Oben an der Kreuzung in Denkzell gehen wir nach rechts und

Uralte Gallnerkirche

Die uralte Gallnerkirche ist dem heiligen Sixtus und der heiligen Barbara geweiht. 1490 wurde sie das erste Mal in einer römischen Urkunde als Ablassort erwähnt. Der Vorgängerkapelle wird ein höheres Alter zugesprochen. Einmal im Monat findet darin eine heilige Messe statt. Am Pfingstmontag herrscht hier oben großer Andrang zum Anlass der alljährlichen Bergmesse mit Blasmusik, Speis und Trank.

an der folgenden großen Kreuzung am Feuerwehrhaus geradeaus in Richtung Gallner und Forsting am Landgasthof Schedlbauer vorbei. Wir sind nun auf dem 250 Kilometer langen Fernwanderweg Goldsteig und gleichzeitig auf dem Jakobsweg. Bevor das Asphaltsträßchen abwärtsführt, folgen wir diesen Markierungen nach links auf einen Feldweg, an dem gleich ein Feldkreuz und eine Bank stehen.

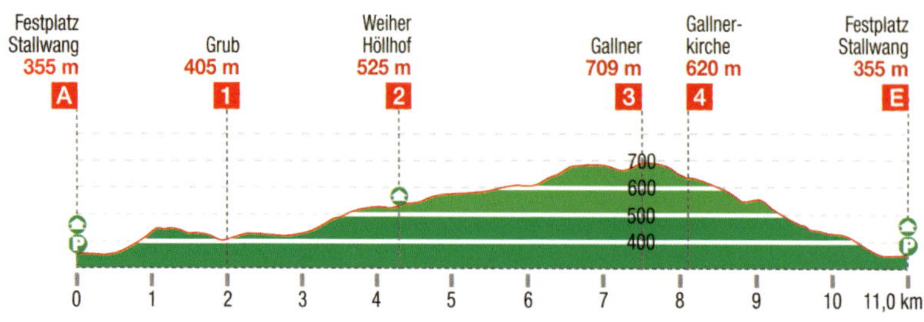

An einem Abzweig im Wald bleiben wir rechts auf dem romantischen kleinen Wanderpfad des Jakobswegs und Goldsteigs und nehmen bei einer Gabelung am Waldrand den linken oberen Weg an der Kapelle vorbei. Vor der Kapelle mit den Totenbrettern schenkt ein uralter Birnbaum der Bank und ihren Gästen seinen Schatten. Wieder tauchen wir in den Wald ein und bleiben an einigen Abzweigen vorbei immer bergan auf dem Goldsteig und Jakobsweg. Nach einem etwas steileren Anstieg wandern wir an einer Fünf-Wege-Kreuzung nach rechts auf dem zweiten Weg aufwärts in Richtung Gallner und bleiben

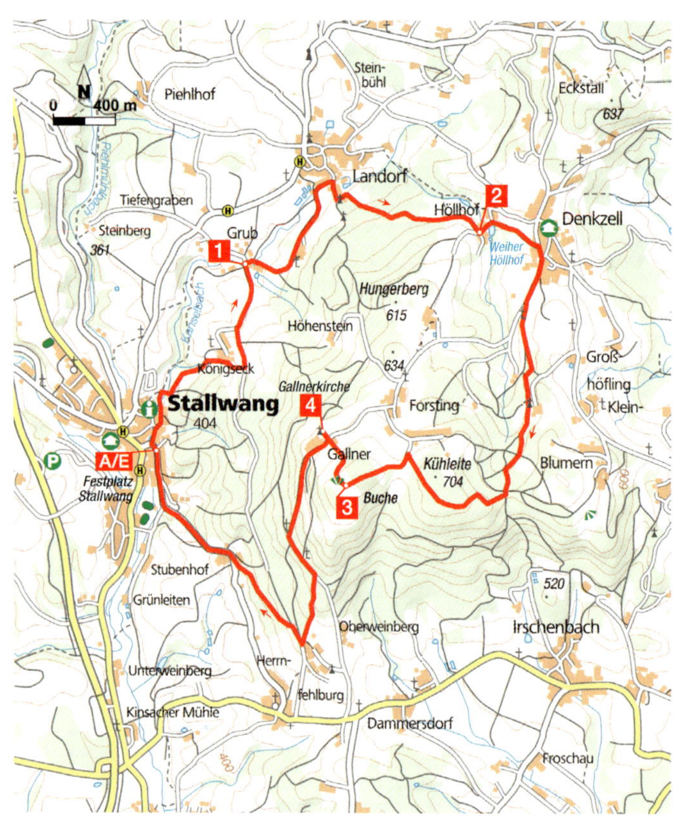

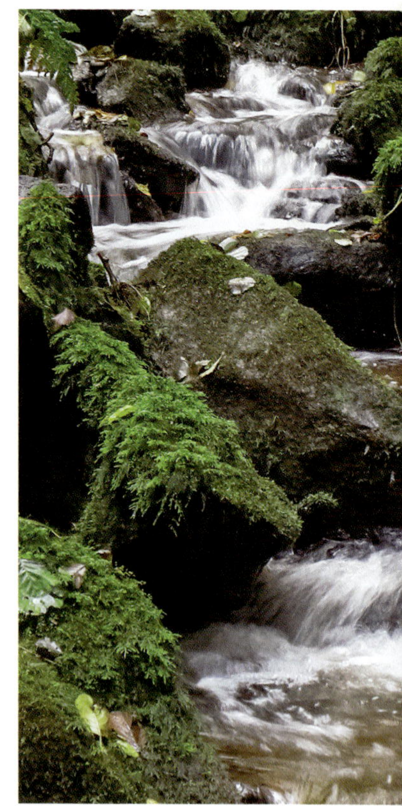

immer den Markierungen Goldsteig und Jakobsweg treu. Kurz vor dem Waldende bei Forsting gehen wir links durch den Waldrand hinunter, über eine große Wiese abwärts und hinauf in Richtung Gallnergipfel. Wieder im Wald, bleiben wir weiterhin geradeaus aufwärts und erreichen einen der drei Gallnergipfel. Es ist der höchste Punkt, nach der Karte 709,5 Meter hoch. Das kleine Plateau des 3 Gallner mit den mystischen Granitblöcken kann man sich gut als keltische Kultstätte vorstellen. Wegen der Bewaldung gibt es hier keine Aussicht, aber gleich weiter unten.

Zur Gallnerkirche Geradeaus über den Gallner geht es nun hinunter auf eine Wiese mit einigen Picknicktischen mit Blick über den Vorderen Bayerischen Wald und in die Ferne. An der Waldecke mit dem großen Holzkreuz gehen wir nach rechts hinunter zur bald schon sichtbaren Gallnerkirche. Mit der Markierung Nummer 6 steigen wir durch den Gallnerhof zur historischen 4 Gallnerkirche ab. Die Schallfenster sind gotisch, aber wahrscheinlich ist die Kirche viel älter.

Zum Festplatz in Stallwang Durch den Gallnerhof müssen wir wieder nach oben zur Straße, auf der wir mit den Markierungen des Jakobswegs und des Goldsteigs nach rechts weiterlaufen. Vor Oberweinberg wenden wir uns rechts nach Nordwesten in Richtung Stubenhof. Wir bleiben auf der Stubenhofer Straße und kommen so zum E Festplatz in Stallwang zurück.

Mitte: Das Wasser des Baches oberhalb von Stallwang hat die Granitfelsen freigelegt.

Der Gallner überragt alle seine benachbarten Berge.

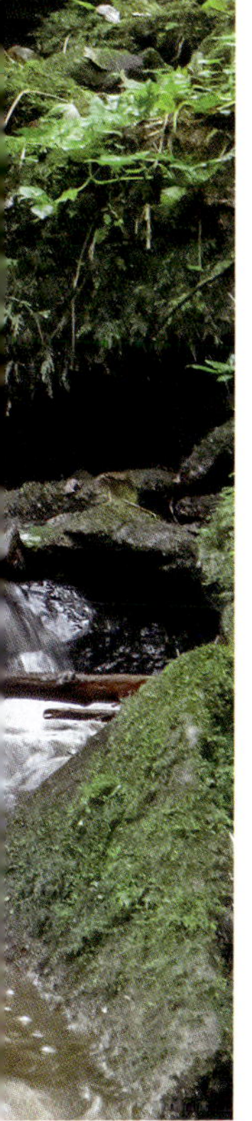

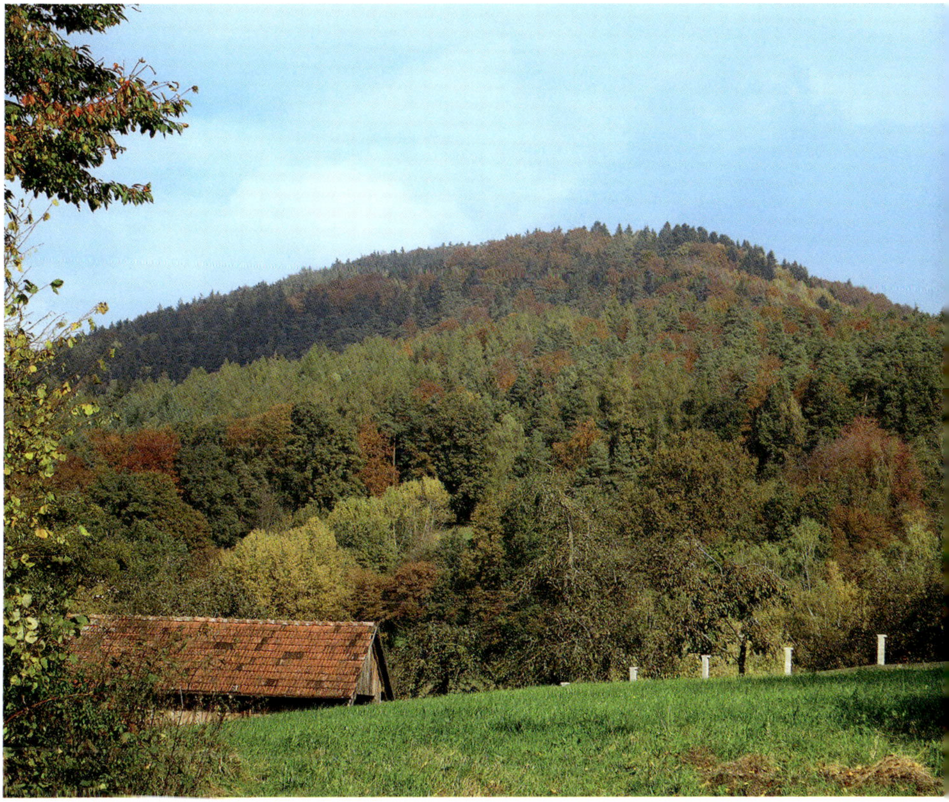

Auf dem Rücken des Drachen

Bayerns Geotop Nummer 1 ist der Pfahl

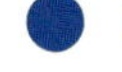

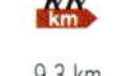

Leicht 3:00 Std. 290 m 9,3 km

Tourencharakter
Leichte, vorwiegend schattige Rundtour, größtenteils auf Naturwegen und Forststraßen durch Wälder, Wiesen, Felder und Ortsgebiet, meistens markiert mit unterschiedlichen Nummern und dem Symbol des Pandurensteigs. Steiler und langer Aufstieg zur Distelbergkapelle

Ausgangs-/Endpunkt
Parkplatz Schwimmbad, 470 m

Höchster Punkt
Distelbergkapelle, 625 m

Anfahrt
Pkw: Von der A3 Ausfahrt Bogen auf der St2139 nach Norden über Sankt Englmar nach Viechtach. Dort die B 85 queren und nach links auf die Schmidstraße zum Schwimmbad abbiegen. Parkplatz GPS: N49°04'49" E012°51'50"
Bahn: Von Deggendorf über Gotteszell nach Viechtach (www.bahn.de)

Gehzeiten
Parkplatz Schwimmbad – Distelbergkapelle 0:40 Std. – Hof Ödland 0:25 Std. – Kirche Prackenbach 0:40 Std. – Infotafel »Großer Pfahl« 0:40 Std. – Parkplatz Schwimmbad 0:35 Std.

Beste Jahreszeit
April bis Oktober

Einkehr
Gasthof Bergbauer, Ringstraße 5, 94267 Prackenbach, Tel. 09942/8564, www.gasthaus-bergbauer.de; Restaurant Nehsvilla, Gartenstraße, 94267 Prackenbach, Gartenstraße, Tel. 09942/9053875

Karten
Kompass: Bayerischer Wald, Karte 198/2, 1:50 000

150 Kilometer zieht sich der Pfahl als Quarzader durch den Bayerischen Wald bis hinauf zum Oberpfälzer Wald. Bei Viechtach muten die längs des Weges verlaufenden Felsen tatsächlich wie die Rückenzacken eines riesigen Drachen an. So erzählt es die Sage …

Zur Distelbergkapelle Vom **A Parkplatz am Schwimmbad** starten wir in der Straße Waldfrieden abwärts nach Osten. In der Linkskurve bleiben wir geradeaus auf der geschotterten Straße mit Namen Riedmühle und der Wegmarkierung Nummer 6. Am Ende der Straße gehen wir nach links und vor dem Sägewerk rechts aufwärts in Richtung Kneippanlage. An dem Abzweig wandern wir mit der Nummer 10 rechts hinauf in Richtung Distelbergkapelle an zwei allein stehenden Häusern vorbei. Im Wald steigt der Weg stetig steil an.
Der Weg hat partiell eine obere Packlage aus Steinen und erweist sich damit als alter Wirtschaftsweg. Einige alte erodierte Hohlwege, die sich links und rechts des Weges im Wald hinaufziehen, kennzeichnen die

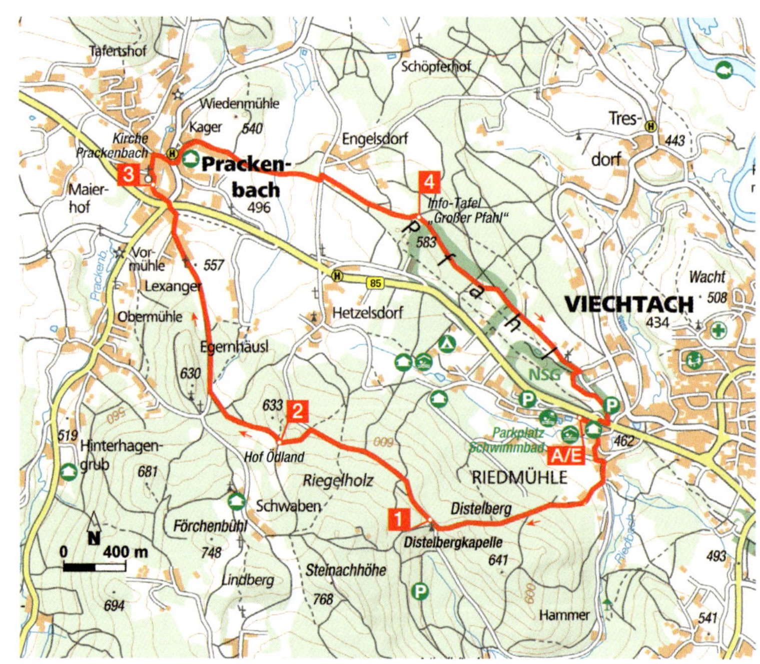

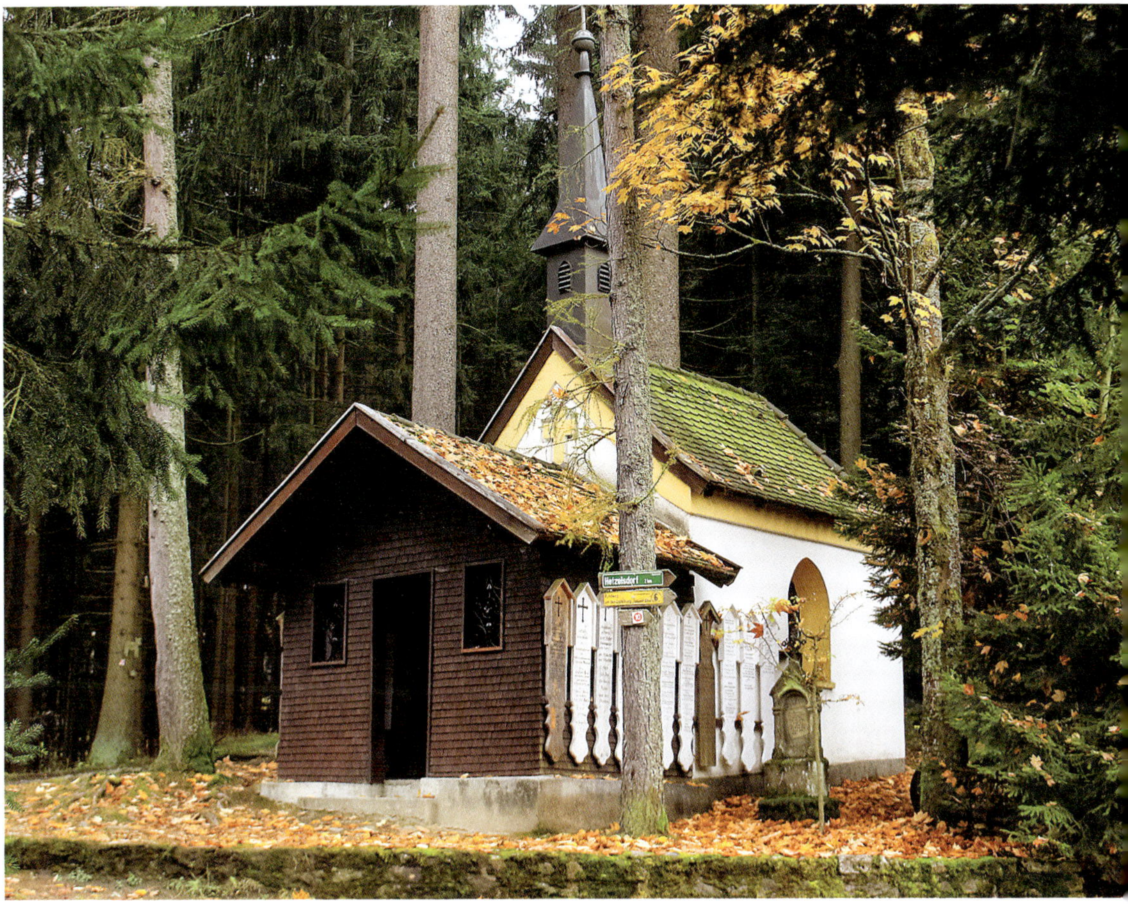

Route als jahrhundertealten Übergang. Nach langem, steilem Aufstieg wird der Weg endlich flach und fällt sogar zur Kreuzung an der 1 **Distelbergkapelle** ab. An dieser Kapelle mitten im Hochwald erinnern viele Totenbretter an die Verstorbenen.

Die Distelbergkapelle steht mitten im Hochwald.

Zum Hof Ödland Geradeaus könnten wir jetzt weiter zum Schwabenwirt hinaufsteigen, bei dem es sonntags selbst gemachten Kuchen gibt, und kämen dabei auch zum Hof Ödland. Dies hätte aber den Preis von zusätzlichen 80 Höhenmetern. Ob die Kalorien bald wieder abgebaut werden, hängt eher von der Art des Kuchens als von den Höhenmetern ab.

Vorsichtshalber gehen wir an der Distelbergkapelle lieber nach rechts auf der Forststraße in Richtung Hetzelsdorf. Nach einem Kilometer zeigt links wieder ein Wegweiser zum Schwabenwirt hinauf. Diesen schlechten Fahrweg nehmen wir, aber nicht bis zum Wirt, sondern wir zweigen vorher ab. Oben erreichen wir den 2 **Hof Ödland** mit wachsamem, aber ungefährlichem Hund.

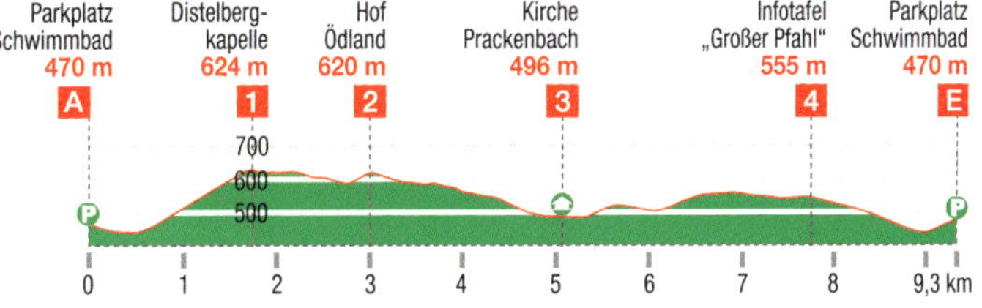

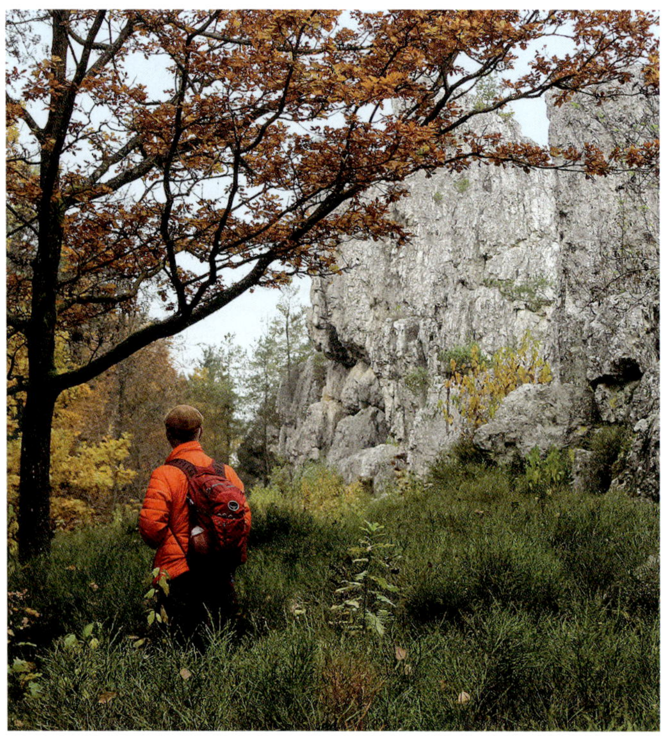

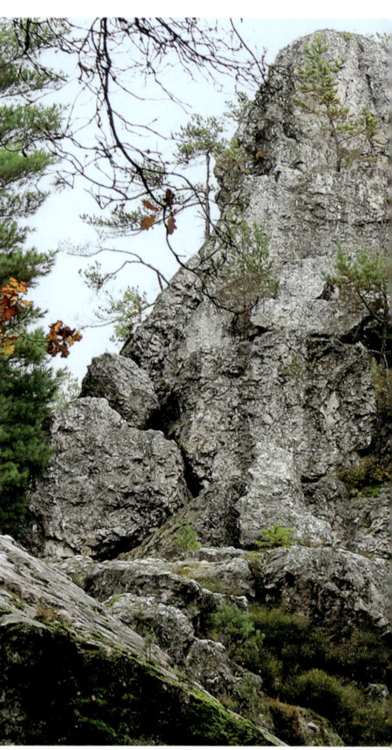

Oben links: Wanderer am gezackten Rücken des Drachen

Zur Kirche in Prackenbach Auf dem Forstweg vor dem Hof Ödland wandern wir nun rechts abwärts in Richtung Prackenbach und laufen dort auf der Schwabenstraße ein. Wir queren die B 85, gehen in Richtung Dorfmitte auf der Ringstraße hinunter und erreichen die ❸ **Kirche in Prackenbach**. St. Georg ist die dritte Kirche mit diesem Namen an dieser Stelle. Der älteste Nachweis eines Gotteshauses bezieht sich auf das Jahr 1100.

Der Pfahl

Der Pfahl trennt mit seiner gezackten Felsenmauer den Bayerischen Wald geologisch in den Vorderen Bayerischen Wald mit seinen Feldspatgesteinen und den Hinteren Bayerischen Wald mit Granitgneisen. Quarz ist ein Mineral, das hier in Form heißer kieselsäurereicher Quarzlösungen die geologische Bruchlinie des Pfahls ausfüllte. Der harte Quarz ist aus seiner Umgebung herausverwittert.

Zur Infotafel »Großer Pfahl« An der Kreuzung nach der Kirche wandern wir nach rechts über den Prackenbach und nach der Bäckerei Fronauer nach links. Nach 50 Metern steigen wir rechts mit der Nummer 4 und dem Symbol des 170 Kilometer langen Pandurensteigs an dem alten Backhäusl die Gartenstraße hinauf. Über Felder und Wiesen geht es oben mit Weitblick am Sportplatz und am Restaurant Nehsvilla mit dem privaten Tierpark vorbei. An der Weggabel vor dem Restaurant nehmen wir die rechte Möglichkeit, die uns weiter unten über einen Bach führt. Wieder weiter oben in dem Waldstreifen folgen wir an dem Jagdansitz dem Pandurensteig und der Nummer 4 nach rechts. Im Wald bleiben wir geradeaus, dann queren wir die Straße vor Engelsdorf ein wenig nach rechts versetzt in Richtung Großer Pfahl.

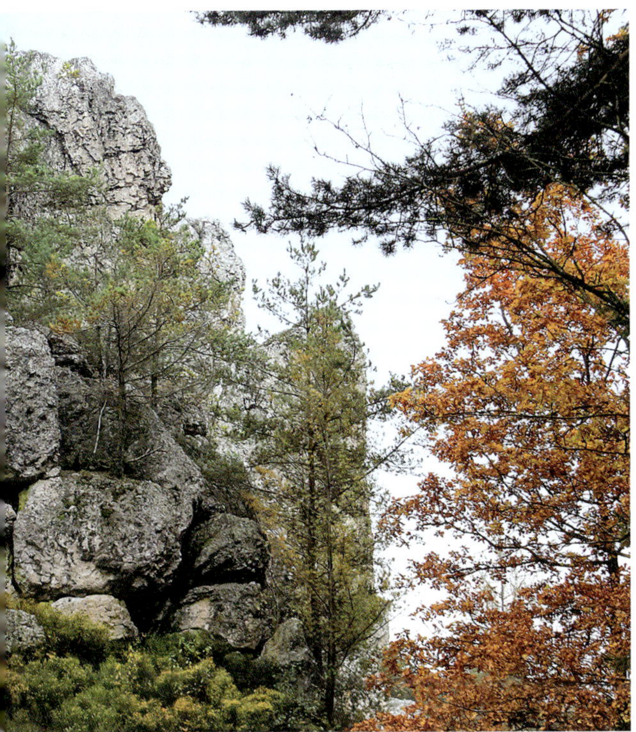

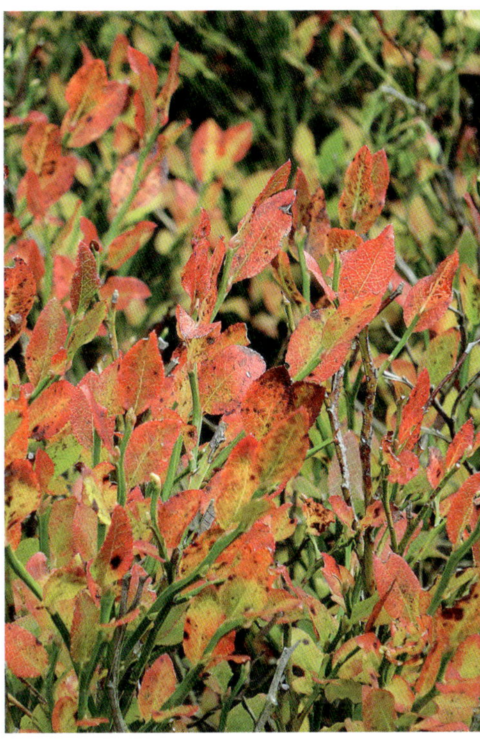

Nach einem alten Windrad zeigen sich links am Weg freiliegende Quarzfelsen. Auch der Geländerücken, auf dem wir jetzt weiterhin bleiben, weist darauf hin, dass wir bereits auf dem Pfahl unterwegs sind. An der rechten Seite erkennen wir die Wälder auf dem Kühberg und dem Distelberg, die wir bereits durchwandert haben. An einem deutlichen Abzweig nehmen wir den rechten Weg mit der Nummer 9. Immer höher ragen die Quarzfelsrippen aus dem Gelände neben dem Weg und erscheinen tatsächlich wie der gezackte Rücken eines sagenhaften Drachen, an dem wir entlanglaufen. Das Wort »Pfahl« ist aus dem Begriff »fahl« für die milchig-graue Färbung des Quarzes entstanden. Dann kommen wir an die **4** **Infotafel »Großer Pfahl«**, auf der die Größe des Naturschutzgebietes in Zahl und Bild erklärt wird.

Die Blaubeeren kleiden sich im Herbst feuerrot.

Mitte: Ein Felsenriff aus purem Quarz ist aus der Umgebung herauserodiert.

Zum Parkplatz am Schwimmbad Nach der Infotafel wandern wir links und dann gleich wieder rechts durch den Wald. Neben uns öffnet sich nun ein riesiger Steinbruch, in dem noch bis 1967 Quarz für Straßenschotter gewonnen wurde. Ein weiterer Abbau des harten Quarzgesteins ist durch die Naturschutzgebietsausweisung nicht mehr möglich. Technische Hinterlassenschaften des Gesteinsabbaus werden auf Infotafeln erklärt. An der Verladestation halten wir uns rechts hoch und kommen dann auf einem abwärtsleitenden Wanderweg noch mal an beeindruckenden Felswänden des Pfahls vorbei. Der Weg endet unten an einem Parkplatz an der B 85. An seinem oberen Ende überqueren wir die Bundesstraße und erreichen über einen Fußweg den **E** **Parkplatz am Schwimmbad**. Der Tag rundet sich ab mit einem Vergnügen im Schwimmbad oder mit der Besichtigung der Pfahl-Ausstellung im Alten Rathaus am Viechtacher Stadtplatz.

Schnelles Gipfelglück am Pröller

Kühle Füße im Kurpark von Sankt Englmar

Leicht 3:30 Std. 310 m 10,5 km

Tourencharakter
Leichte, vorwiegend schattige Rundtour, größtenteils auf Naturwegen und Forststraßen mit moderaten Steigungen durch Wälder und Ortsgebiet, meistens markiert mit dem Zeichen des Goldsteigs und dem grünen Pfeil

Ausgangs-/Endpunkt
Wanderparkplatz an der Glashütter Straße in Sankt Englmar, 785 m

Höchster Punkt
Pröller, 1048 m

Anfahrt
Pkw: Von der A 3 Ausfahrt Bogen auf der St 2139 nach Norden über Neukirchen nach Sankt Englmar. Parkplatz Glashütter Straße GPS: N48°59'56" E012°49'40"
Bus: Linie 15 von Straubing (www.bahn.de)

Gehzeiten
Parkplatz Glashütter Straße – Parkplatz Predigtstuhl 0:30 Std. – Pröller 0:50 Std. – Hinterwies 0:20 Std. – Prellerhaus 0:40 Std. – Parkplatz Ahorn 0:30 Std. – Kirche 0:10 Std. – Parkplatz Glashütter Straße 0:30 Std.

Beste Jahreszeit
April bis Oktober

Einkehr
Berghütte Prellerhaus, 94379 Sankt Englmar, Tel. 09965/597 (nur am Wochenende); Wirtshaus Zum Kirchawirt, Kirchplatz 3, 94379 Sankt Englmar, Tel. 09965/810810, www.kirchawirt.com; Wirtshaus Alte Mühle (mit Schaubrotbacken), Alte Mühle 1, 94379 Sankt Englmar, Tel. 09965/9113, www.erlebnishof-altemuehle.de

Karten
Kompass: Bayerischer Wald, Karte 198/2, 1:50 000

Nach einer Wanderung die Füße im Kneipp-Tretbecken abzukühlen, ist eine prickelnde und angenehme Erfahrung. Der Vorzeigetourismusort Sankt Englmar bietet nach der Tour auf den Aussichtsberg Pröller aber auch kulinarische Erlebnisse im Biergarten an.

Aufstieg zum Parkplatz Predigtstuhl Vom Parkplatz an der Ⓐ **Glashütter Straße** oberhalb des Kurparks von Sankt Englmar überqueren wir die Glashütter Straße und finden den kleinen asphaltierten Weg neben dem Ortsschild. Dieser nicht markierte Fußweg strebt am Rand eines neueren Wohngebiets steil hinauf. Weiter oben geht es ein kurzes Stück über Schotter und dann rechts auf dem Hienhartweg weiter bergauf. Nach 50 Metern nehmen wir den Fußweg nach links an dem kleinen Bach entlang und weiter oben, wieder auf einer Straße, am Hotel Angerhof vorbei. An der T-Kreuzung laufen wir rechts auf der Zipfwiesstraße durch das Feriendorf und an der nächsten T-Kreuzung links am Wirtshaus Weinstadl vorbei zum ❶ **Parkplatz Predigtstuhl**.

Aufstieg zum Pröller Am rechten Ende des Parkplatzes Predigtstuhl laufen wir auf dem Goldsteig mit der Wegnummer 4 nach Norden in Richtung Pröller aufwärts. Am oberen Parkplatz liegt rechts ein Meteorit, der 1815 am Predigtstuhl niedergegangen ist. Im Wald setzen Granitfindlinge die Akzente in der Waldlandschaft. An einer Gabelung müssen wir den

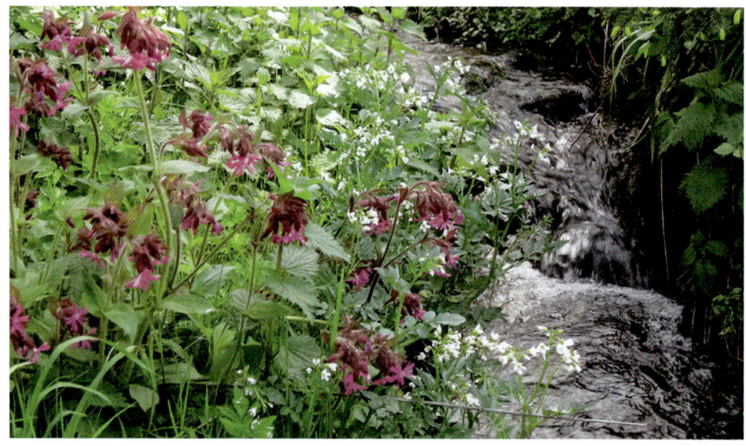

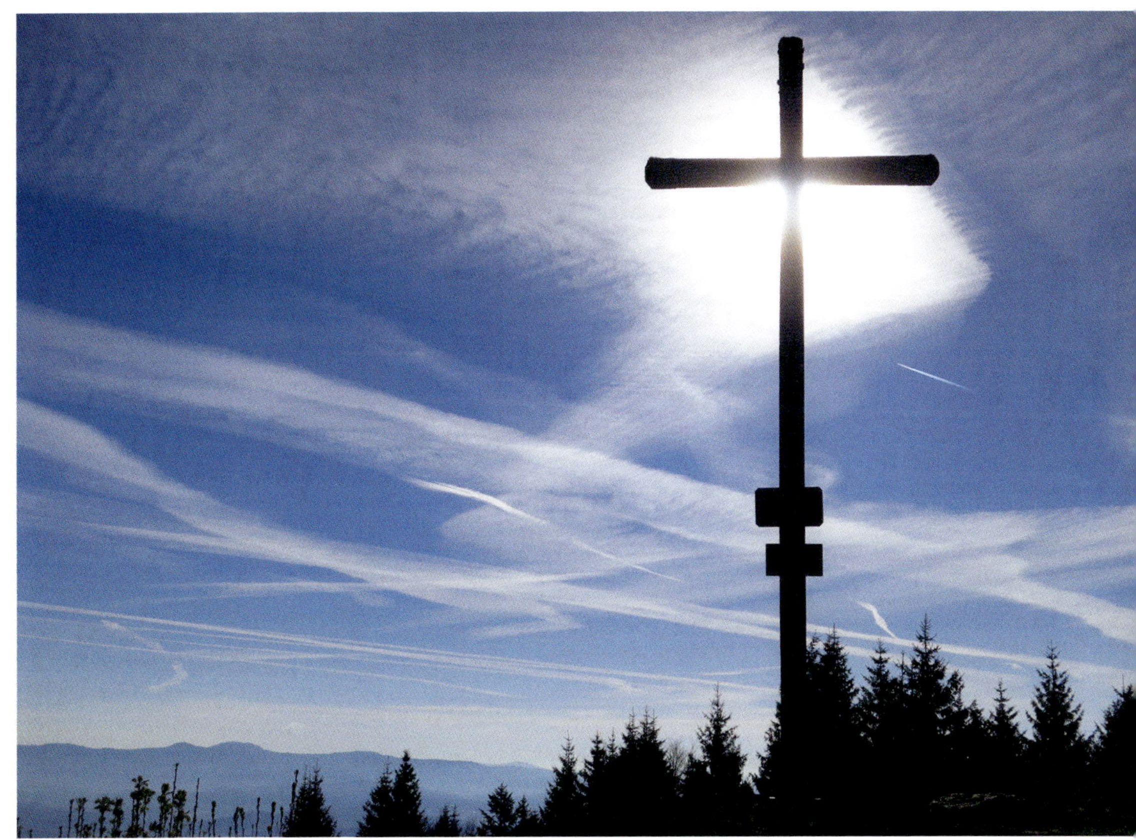

rechten Weg nehmen. Auf Schildern an den Bäumen begleiten den Wanderer sinnige und unsinnige Sprüche. Rechts des Weges weist ein Schild auf die etwas tiefer liegende Urlandschaft Bärenmoor hin. Danach steigen wir an einer Gabelung links hinauf und kommen an einem Felsturm vorbei, in dessen Höhle der Räuber Haigl um 1850 gehaust haben soll. Der folgende Fichtenbestand zeigt viel Gipfelbruch, den vor Jahren schwerer Nassschnee verursacht hat. Seitenäste haben die Führung übernommen und bilden jetzt mehrstämmige Bäume, die aber wirtschaftlich wenig Ertrag geben.

Am Gipfelkreuz auf dem flachen Pröller

Abenteuer Waldwipfelpfad

Auf dem Waldwipfelpfad bei Sankt Englmar lässt sich der Lebensraum Wald von oben erleben. Der Pfad der optischen Phänomene gaukelt eine Wahrnehmung vor, die nicht den Tatsachen entspricht. In einem Haus, das auf dem Dach steht, ist alles verdreht. Die Längs- und Querneigung bringt das Wahrnehmungssystem ins Schleudern. Die Besucher fühlen sich wie Fliegen an der Decke (www.waldwipfelweg.de).

An einer spitzen Weggabel nehmen wir den rechten, mit vielen Wurzeln überzogenen Weg und erreichen schließlich den Gipfelbereich auf dem ❷ Pröller. Einige Picknicktische erwarten die Wanderer hier zur Rast. Die Aussicht reicht nach Osten in das Riedbachtal mit den Dörfern um Hochstraß hinein und im Hintergrund vom Großen Osser (Tour 15) über den Kleinen und Großen Arber (Tour 17) und Falkenstein (Tour 18) bis zum Rachel (Tour 20).

Linke Seite: Lichtnelken am Bächlein im Kurpark von Sankt Englmar

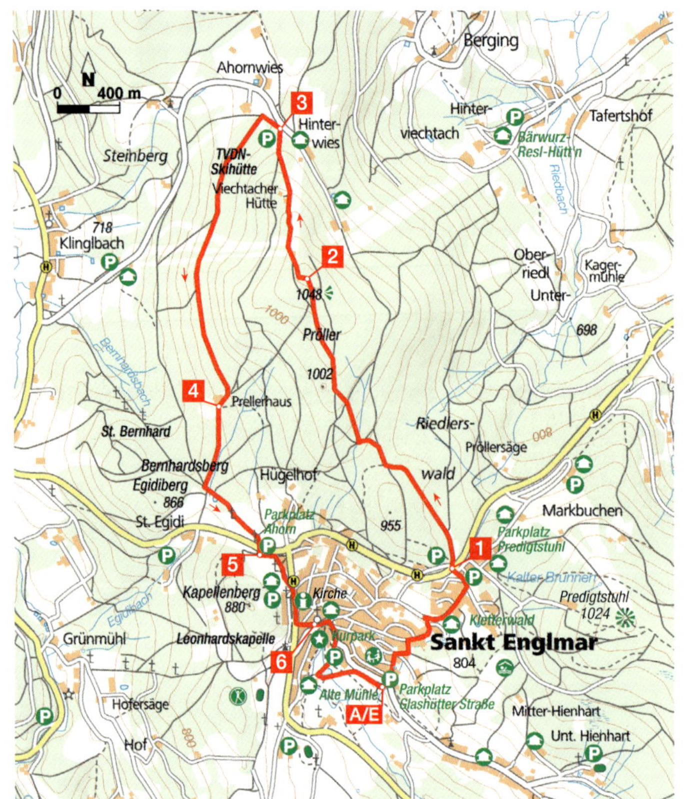

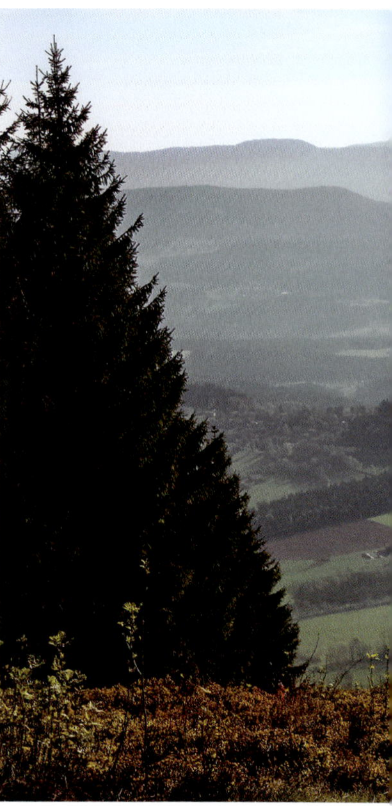

Zum Berggasthof Hinterwies Geradeaus über den flachen Gipfel folgen wir dem Wegweiser in Richtung Berggasthof Hinterwies und passieren zwei Skiliftanlagen. An der Viechtacher Hütte der Naturfreunde sehen wir unten schon den Berggasthof Hinterwies und im Hintergrund den Hohen Bogen mit den zwei Antennen. Schnell ist der Abstieg zum ❸ **Berggasthof Hinterwies** geschafft.

Zum Prellerhaus 50 Meter vor dem Berggasthof Hinterwies folgen wir am unteren Ende des Parkplatzes links dem Wegweiser mit der Nummer 4 nach Westen in Richtung Prellerhaus und Sankt Englmar abwärts. 100 Meter vor dem Gehöft Ahornwies schwenken wir mit der Nummer 4 nach links in südliche Richtung in dichten Wald hinein. An einer Weggabel nehmen wir den linken oberen Weg und queren zwei Skiabfahrten und die Lifttrasse. Der wildromantische Weg läuft nun eben durch den Bergwald oberhalb an der Wandereinkehr ❹ **Prellerhaus** vorbei.

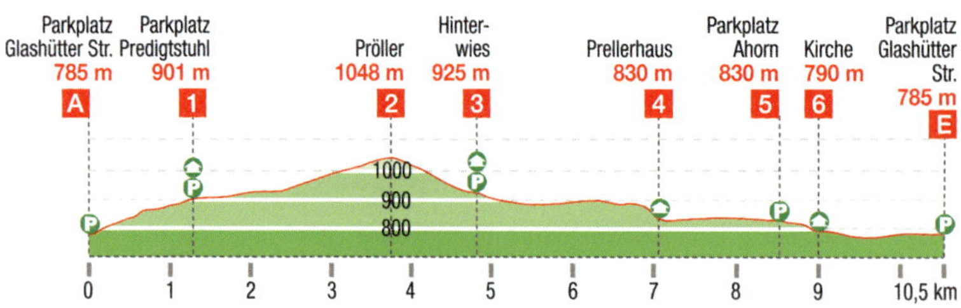

Zum Parkplatz Ahorn Nach dem Prellerhaus begleitet uns ein Bächlein hinunter. Wir folgen einer querenden Forststraße mit der Nummer 4 nach links in Richtung Sankt Englmar. An dieser Kreuzung nach

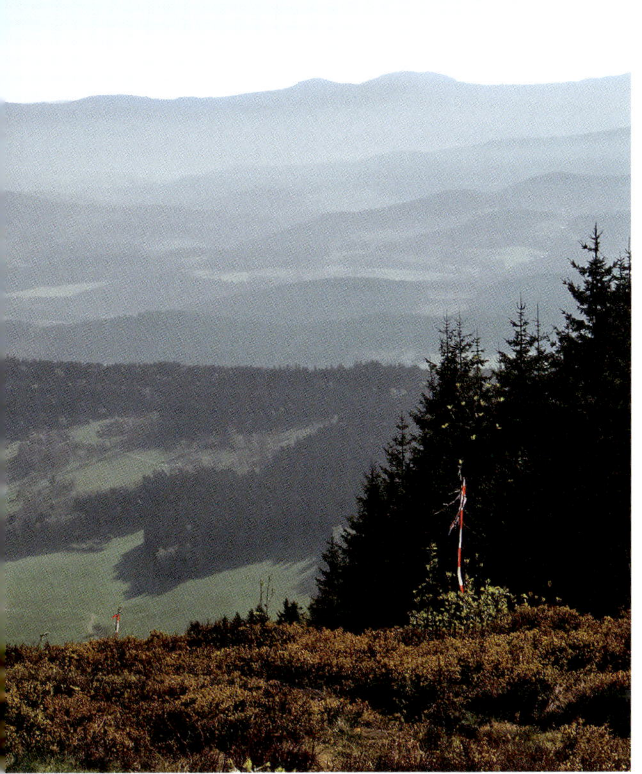

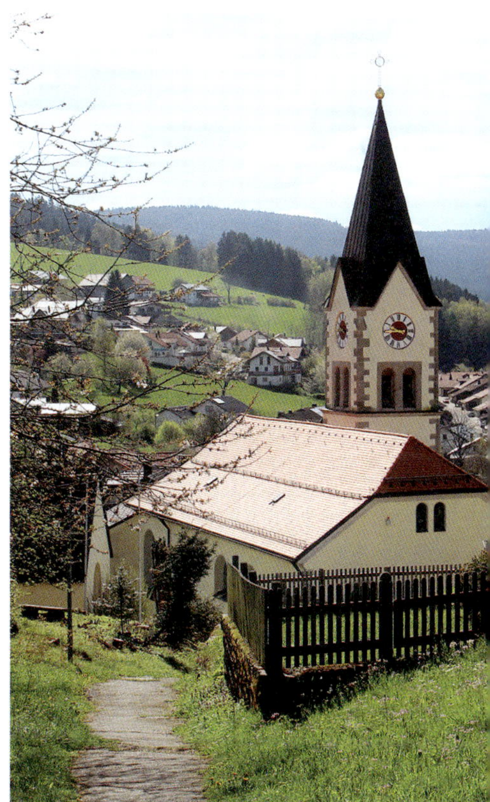

Auf dem Weg zur Kirche von Sankt Englmar hinab

Mitte: Blick vom Pröller nach Osten auf Kleinen und Großen Arber

rechts und nach 10 Metern nach links, wo eine Bank an einem Weiher mit Blick über die Wiesen zu den Häusern von Sankt Egidi steht – ein stiller Platz zur inneren Einkehr oder einer Brotzeit.
Aber nun weiter auf der langen Forststraße in Richtung Südosten, die schließlich an einer Reihe typischer Totenbretter vorbei die St 2139 erreicht. Wir überqueren die Landstraße und wandern parallel dazu nach links zum 5 Parkplatz Ahorn.

Zur Kirche Auf der Bogener Straße schlendern wir bergab und orientieren uns an der Kirchturmspitze von Sankt Englmar. Die zweite Straße gehen wir in spitzem Winkel links in Richtung Touristinfo. Es ist die Rathausstraße, die wir aber nach 10 Metern rechts auf dem kleinen Fußweg abwärts verlassen. Wir gehen genau auf die 5 Kirche zu, die dem Ortspatron Sankt Englmar geweiht ist.

Zum Parkplatz Glashütter Straße An der Kirche gehen wir rechts vorbei über den Kirchplatz am Kirchawirt vorbei und unten auf dem Bayerweg nach links. Nach der Metzgerei gegenüber dem Maibaum schwenken wir rechts in den Kurpark hinunter und erreichen entlang der Weiher und Bäche die erfrischende Wassertretanlage. Noch weiter unten befinden sich der Erlebnisbauernhof Alte Mühle und der Naturbadeweiher, an dem wir links vorbeikommen. Der neu angelegte Naturbadeweiher bietet bei Bedarf noch mehr Erfrischung. Vor dem Getränkekiosk steigen wir links hinauf und wandern am Aussichtspavillon oberhalb des Rodelhangs vorbei zum E Parkplatz Glashütter Straße zurück.

6

Höchster Berg der Region Schwarzach

Über Schachtenwiesen zum Hirschenstein

Leicht 4:10 Std. 330 m 12,5 km

Tourencharakter
Meist leichte, schattige Rundtour, größtenteils auf Naturwegen und Forststraßen durch Wälder. Markiert mit dem Wellensymbol des Mühlgrabenwegs und den Nummern 4, 8 und 3. Beim Abstieg vom Hirschenstein felsiger Weg

Ausgangs-/Endpunkt
Grandsberg, 850 m

Höchster Punkt
Hirschenstein, 1095 m

Anfahrt
Pkw: Von der A 3 Ausfahrt Schwarzach auf der St 2147 nach Norden nach Schwarzach, dort auf dem Kellerweg und Burgstraße Richtung Osten nach Grandsberg. Parkplatz GPS: N48°56'57" E012°50'58" **Bus:** Linie 4112 von Deggendorf oder Linie 6096 von Straubing nur bis Schwarzach (www.bahn.de)

Gehzeiten
Grandsberg – Kreuzung Schopf 0:20 Std. – Grimmeisenweiher 0:35 Std. – Schuhfleck 0:20 Std. – Oedwies 1:30 Std. – Hirschenstein 0:30 Std. – Schuhfleck 0:25 Std. – Grandsberg 0:30 Std.

Beste Jahreszeit
April bis Oktober

Einkehr
Berggasthof Menauer, Grandsberg 6, 94374 Schwarzach, Tel. 09962/632, www.grandsberg.de; Restaurant Grandsberger Hof, Grandsberg 3, 94374 Schwarzach, Tel. 09962/20000470, www.grandsbergerhof.de

Karten
Kompass: Bayerischer Wald, Karte 198/2, 1:50 000

Hinweise
Bergschuhe und Trittsicherheit erforderlich

Der Hirschenstein mit seinem Turm ist der höchste Gipfel der Region. So verheißt das Ziel eine weite Sicht über den Gäuboden und den Bayerischen Wald. Der kurzweilige Wanderweg verläuft längs des historischen Mühlgrabens und über die Schachten Oedwies.

Zur Kreuzung Schopf Schon der Parkplatz oberhalb des Berggasthofes Menauer in Ⓐ **Grandsberg** zeigt weite Sicht in die Donauebene. Zu Füßen liegen eingebettet in eine liebliche Hügellandschaft Bernried und Schwarzach. Die Wanderung startet gegenüber dem oberen Parkplatz im

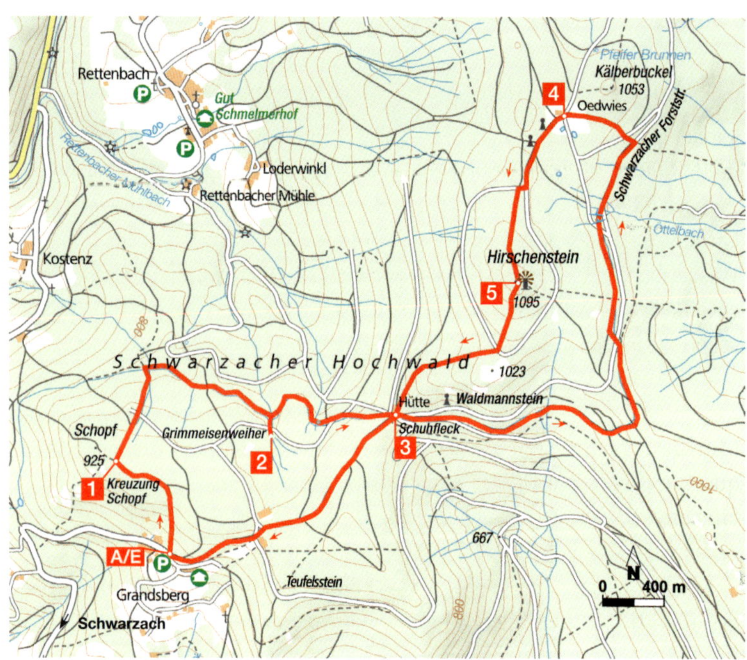

Wald auf dem Mühlgrabenweg bergan mit der Wegnummer 9 und 2 in Richtung Schopf. An einer Weggabel nehmen wir die linke Spur mit der Nummer 2, die nun eben durch den Fichten-Tannen-Buchen-Mischwald zieht. Junge Tannen im Unterstand ohne Wildverbiss lassen angepasste Bejagung erkennen. An der ❶ **Kreuzung Schopf** nehmen wir den rechten Weg mit der Nummer 9.

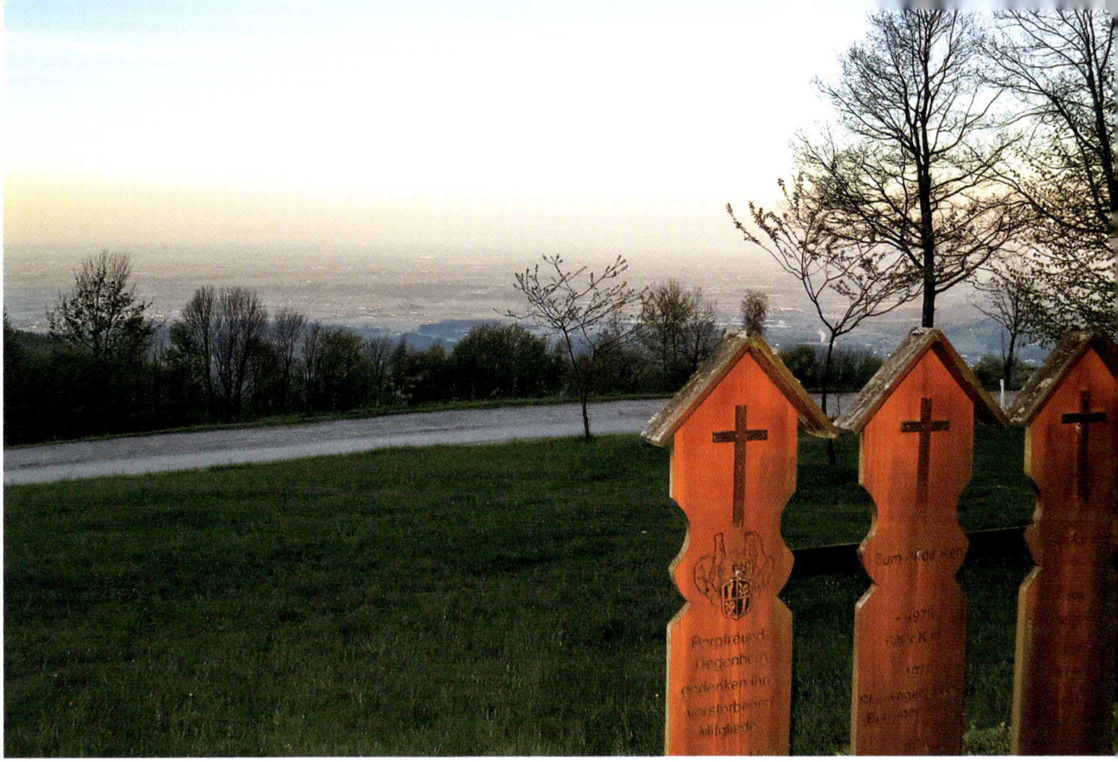

Vom Weiler Grandsberg aus öffnet sich ein weites Panorama über die Donauebene.

Zum Grimmeisenweiher An einer Weggabel bleiben wir der Nummer 9 nach rechts treu und überqueren bald eine Forststraße. Am Mühlgraben gehen wir nach rechts leicht aufwärts, entgegen der Fließrichtung. Wir sind auf dem historischen 6,5 Kilometer langen Mühlgrabenweg. Die kurfürstliche Hofmühle in Schwarzach sollte mit dem Bau dieses Grabens im Jahr 1720 mit mehr Wasser versorgt werden. Die Moose, Farne, das weiß blühende Bittere Schaumkraut und das bräunliche, glucksende Wasser bieten an der Wanderung entlang dieses Wasserlaufes ein abwechslungsreiches Bachpanorama. Nach einer Bank steigen wir rechts zum dreieckigen, romantischen ❷ Grimmeisenweiher mit angenehmem Picknicktisch hoch.

Zur Wegspinne Schuhfleck Vom Grimmeisenweiher müssen wir zurück über den Mühlgraben und dort nach rechts am Wasserlauf weiter. Eine Forststraße wird überquert und bald haben wir die ❸ Wegspinne Schuhfleck mit Schutzhütte erreicht. Hier stehen acht Wege zur Auswahl.

Zum Forsthaus Oedwies Wir entscheiden uns für den dritten Weg links von der Schutzhütte aus gesehen, der leicht abwärts nach Osten verläuft. Aber gleich wech-

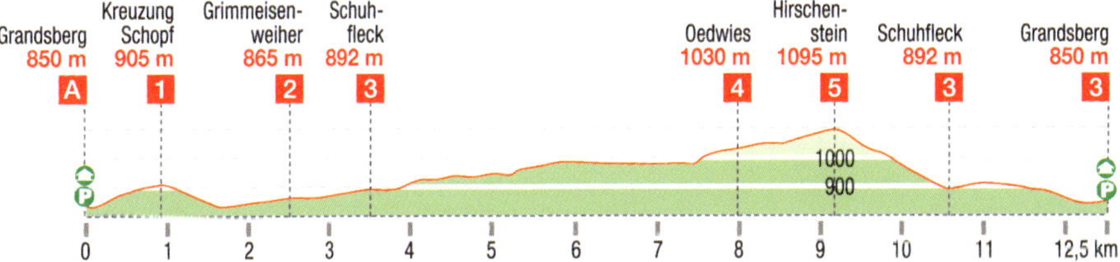

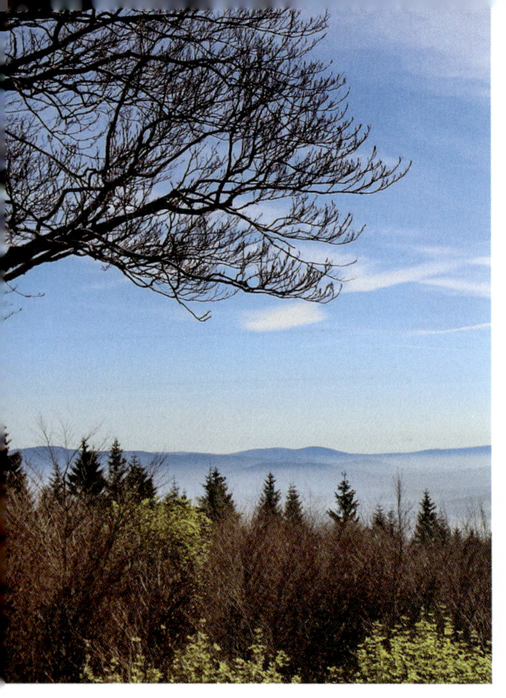

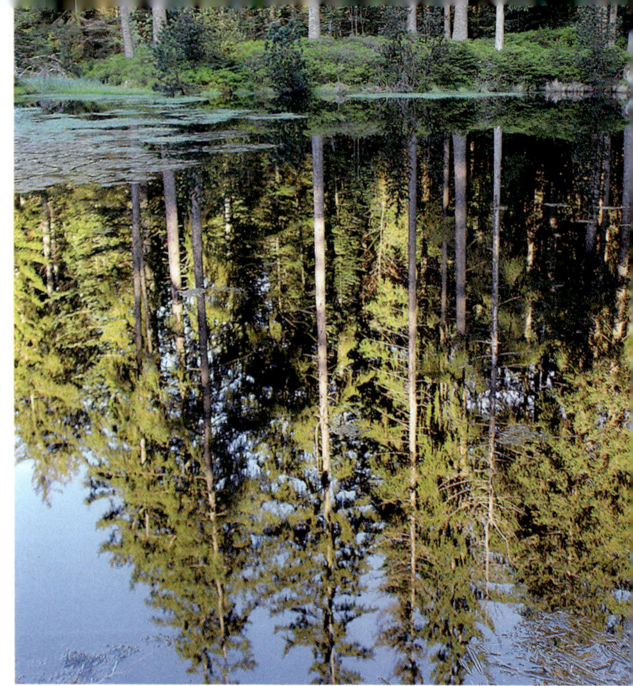

Der Turm auf dem Hirschenstein ist ein Ausguck über den Bayerwald.

seln wir den Weg nach 10 Metern nach links und nach 10 Metern wieder nach links und sehen erst jetzt den Mühlgraben mit dem Wellensymbol wieder, der von Oedwies herunterkommt. Da steht auch der Wegweiser in Richtung Oedwies. Wir bleiben nun immer am Mühlgraben, der in diesem Bereich auch mal aus den Felsen herausgeschlagen wurde, und überqueren weiter oben den Goldsteig, nachdem im Graben zeitweise auch mal kein Wasser mehr ist. In dem folgenden Buchenwald verliert sich der Graben und an einer Wegkreuzung steigen wir nach links in Richtung Oedwies hinauf. Nach dem Wald öffnet sich die große Schachtenwiese und gibt den Blick frei auf das 4 **Forsthaus Oedwies**. Auch hier stehen Picknicktische für eine Rast bereit.

Die echten Schachtenwiesen entstanden durch jahrhundertelange Überweidung. Die Bauern versuchten in rauem Klima und auf kargem Boden ihre Existenz zu sichern. Gedüngt wurde in den Hochlagen nicht. So kam es zu ausgemagerten, zum Teil bis zur Heide degradierten Viehweiden. Für nährstoffarme Böden typische Pflanzen stellten sich ein. Für das Vieh nicht verwertbares Borstgras, Ungarischer Enzian und Böhmischer Enzian überzogen die Schachtenwiesen. Felsen, Lesesteinhaufen und einzelne Bäume unterbrechen oft die heideähnlichen Flächen. Diese Strukturen bilden wertvolle Biotope oder Trittsteine für Insekten, Vögel, Fledermäuse, Reptilien und Kleingetier. Hier am Forsthaus Oedwies handelt es sich eher um eine den Schachten ähnliche Mähwiese, deren Ertrag für die Überwinterung des Viehs gebraucht wurde. Auf diesen hageren Mähwiesen gibt es auch an-

Die Schachten

Die hoch gelegenen Schachten entstanden durch intensive Beweidung, die noch bis in die 1950er-Jahre betrieben wurde. Die ausgemagerten Wiesen mit Borstgrasvegetation sind zum Teil bis zur Heide entwertet. Dennoch stellen diese Flächen mit den Steinblöcken, solitären Bäumen, Ameisenhaufen und Lesesteinhügeln erhaltenswerte Trittsteine für Insekten, Vögel, Reptilien und Fledermausarten dar.

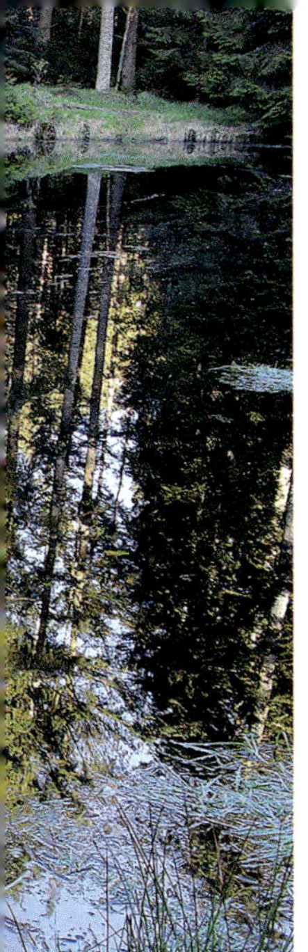

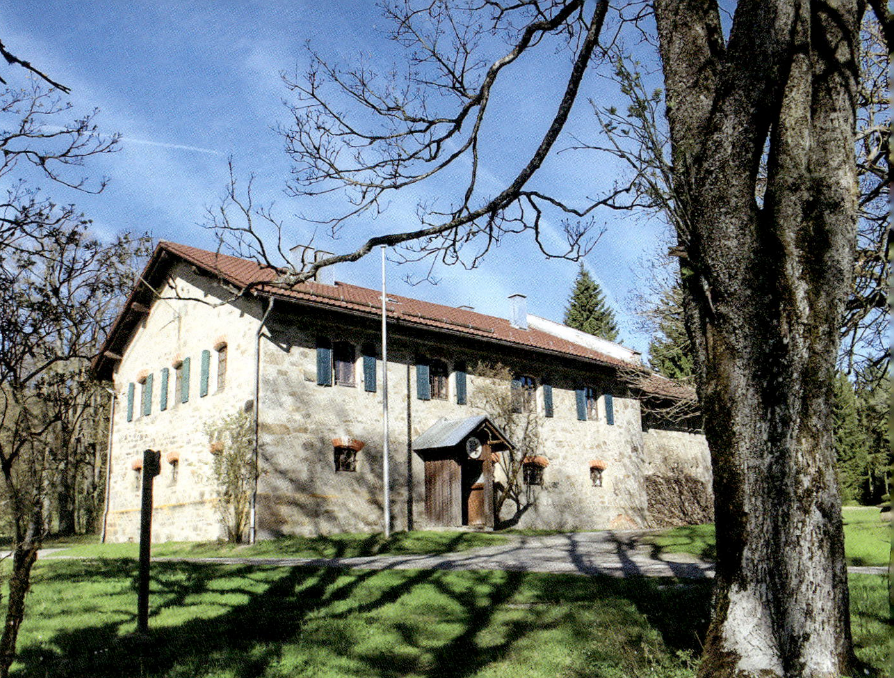

Das Forsthaus Oedwies steht auf einer historischen Schachten-Mähwiese.

Mitte: Verkehrte Spiegelwelt im romantischen Grimmeisenweiher

dere Pflanzenarten wie die Arnika, das Ruchgras, die Schwarze Teufelskralle und Nelken. Auf feuchteren Standorten tut sich die Schwarze Teufelskralle neben dem Pfeifengras und Wiesenknopf besonders hervor. Auch der seltene Teufelsabbiss hat auf den feuchten Wiesen sein Vorkommen. Heute ist diese historische Bewirtschaftungsform vergessen und der Wald gewinnt die Flächen der Schachtenwiesen zurück. Um diese Lebensräume mit der besonderen Flora zu erhalten, werden inzwischen Schutzmaßnahmen wie erneute Entwaldung ergriffen.

Auf den Hirschenstein Vom Forsthaus aus wandern wir nach Südwesten mit den Wegnummern 8 und 4 in Richtung Hirschenstein. An einer T-Kreuzung bleiben wir geradeaus. Bei einer Kreuzung mit offener Schutzhütte laufen wir halb rechts und haben auch bald den flachen 5 Hirschenstein mit einigen Picknicktischen erreicht. Der Aussichtsturm zeigt das Panorama vom Großen Falkenstein (Tour 18) im Norden, Rachel (Tour 20), Lusen (Tour 21) und Dreisessel (Tour 29) im Osten. Der weite Blick nach Süden streift über die Donauebene.

Zur Wegspinne Schuhfleck Rechts neben dem Aussichtsturm leitet die Wegnummer 8 über Felsen hinunter in Richtung Schuhfleck. Eine Forststraße wird überquert und dann sind wir auch bald wieder an der 3 Wegspinne Schuhfleck.

Zum Parkplatz in Grandsberg Diesmal bleiben wir einfach geradeaus über die Wegspinne mit der Wegnummer 3 leicht aufwärts in Richtung Grandsberg. Die Forststraße fällt dann wieder ab und an einer Wegkreuzung steht links die Hütte am Margarethenbrunn mit guter Aussicht in die Donauebene. Jetzt geht es geradeaus mit Wegnummer 4 steil abwärts. Der Waldrand lässt immer wieder den Blick auf die Donauebene durch. Links unten ist dann auch der Berggasthof Menauer zu sehen und gleich sind wir am Parkplatz E Grandsberg zurück.

Aussichten im Deggendorfer Land

Unterwegs auf dem Bernrieder Panoramaweg

Leicht 3:30 Std. 430 m 11,0 km

Tourencharakter
Leichte, vorwiegend sonnige Rundtour, überwiegend auf Naturwegen, Forststraßen und Asphaltsträßchen durch Wälder, Wiesen, Felder und Ortsgebiet, durchgehend markiert mit dem roten Punkt und der Nummer 9 des Bernrieder Panoramawegs

Ausgangs-/Endpunkt
Touristinfo Bernried, 400 m

Höchster Punkt
»Am Schwammerl«, 510 m

Anfahrt
Pkw: Von der A 3 Ausfahrt Schwarzach auf der St 2147 und SR 33 nach Nordosten über Albertsried nach Bernried. Parkplatz GPS: N48°55'12" E012°52'56"
Bus: Linie 4113 von Deggendorf nach Bernried (www.bahn.de)

Gehzeiten
Touristinfo Bernried – Pommersberg 0:35 Std. – Amtsfleck 0:25 Std. – »Am Schwammerl« 0:20 Std. – Böbrach 1:00 Std. – Touristinfo Bernried 1:10 Std.

Beste Jahreszeit
April bis Oktober

Einkehr
Landhotel Restaurant Winterl, Engerlgasse 18, 94505 Bernried, Tel. 09905/261, www.hotel-winterl.de; Café Pension Baumgartner, Engerlgasse 20, 94505 Bernried, Tel. 09905/250; Restaurant Leibspeiserei, Böbrach 39, 94505 Bernried, Tel. 09905/204

Karten
Kompass: Bayerischer Wald, Karte 198/2, 1:50 000

Hinweise
Schon im zeitigen Frühling erfreuen die Frühjahrsblüher an den Bächen und Wegen.

Der Panoramaweg im Bernrieder Winkel zeigt an Aussichtspunkten die Donauebene, bei guter Sicht in der Ferne auch die Alpen. Rund um die Bernrieder Rodung führt die Strecke an Einkehrmöglichkeiten, Rastplätzen und beschaulichen Orten vorbei.

Nach Pommersberg Vom Parkplatz an der Ⓐ **Touristinfo** in Bernried beginnen wir die Rundwanderung in der Engerlgasse abwärts, in Richtung Süden am guten Hotel Restaurant Winterl vorbei. Die Markierung ist von Anfang bis Ende der rote Punkt des Bernrieder Panoramawegs mit der Nummer 9. An der Kreuzung vor der Kirche nehmen wir links den Fußweg, der unterhalb der Kirche entlangläuft und über eine Treppe hinabführt. Vor dem Supermarkt gehen wir auf der Bayerwaldstraße nach rechts und an der Kreuzung auf der Deggendorfer Straße geradeaus über den Bernrieder Bach, der das gesamte Bernrieder Becken durchfließt. Nach dem Autohaus Biller wenden wir uns links in Richtung Pommersberg. Nach dem Tennisplatz wandern wir rechts am Zaun des Campingplatzes entlang und über Wiesen aufwärts an einem Rotwildgehege vorbei. An der Kreuzung gehen wir links auf dem Asphaltsträßchen weiter hoch. Am Waldrand steht das Schild ❶ **Pommersberg** und wir laufen nach links in Richtung Amtsfleck.

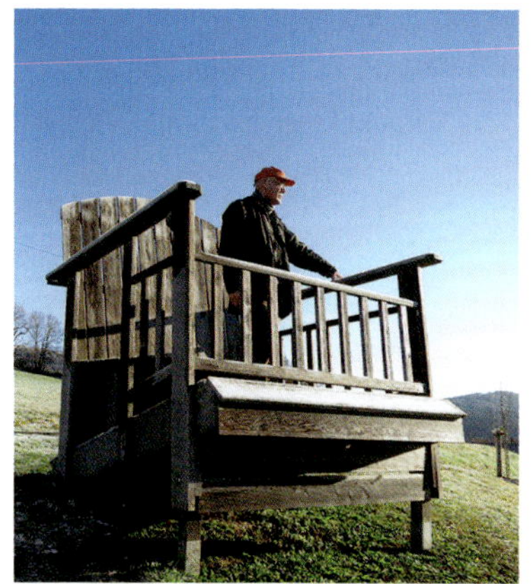

Nach Amtsfleck An einer T-Kreuzung hinter den Häusern von Pommersberg wandern wir rechts hinauf und an der T-Kreuzung nach dem Trafohäuschen nach links. In der Wiese steht ein Sessel für Riesen, in dessen Innern eine Picknickbank eingebaut ist. Hier ist eine Pause aber auch richtig gut, denn die Aussicht über das Bernrieder Becken, die Hügel des Vorderen Bayerischen Waldes und die Donauebene ist herrlich. Vor dem Stadel an der Kreuzung in ❷ **Amtsfleck** gehen wir links in Richtung Böbrach hinunter.

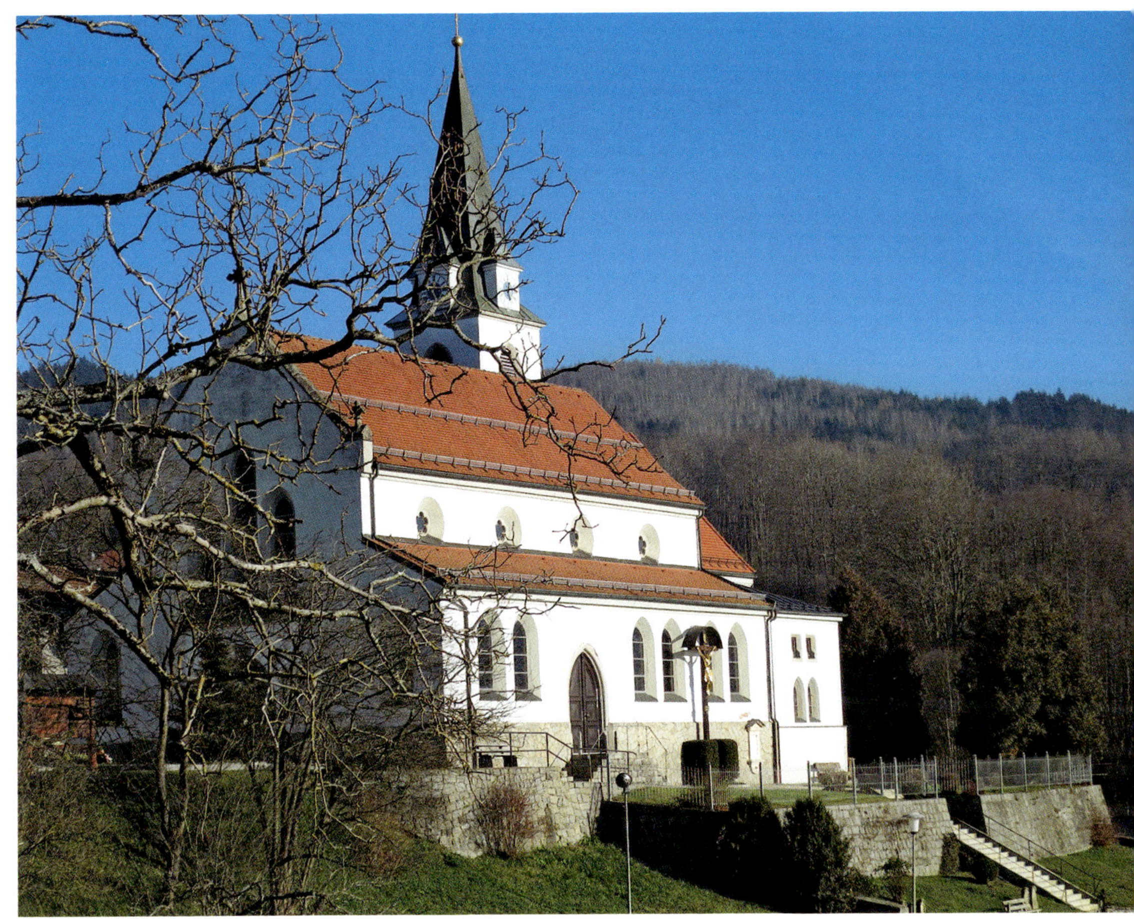

Die neugotische Kirche Sankt Katharina in Bernried

Linke Seite: In dem Sessel für Riesen ist eine Picknickbank eingebaut und die gute Aussicht sowieso.

Zum Picknickplatz »Am Schwammerl« An einer T-Kreuzung vor einem leer stehenden Haus müssen wir wieder rechts hinauf in Richtung Am Schwammerl. Die Stelle **3 Am Schwammerl** ist ein beliebter Picknickplatz mit großem Tisch und einem Dach, natürlich in Pilzform.

Nach Böbrach Weiter auf dem Asphaltsträßchen passieren wir den Wasserbehälter von Bernried und gehen an zwei Weggabelungen im Wald jeweils links. An einer weiteren Gabel mit Aussicht nach Böbrach hinüber bleiben wir rechts aufwärts, bis wir bei einer T-Kreuzung in den offenen Feldern rechts hinaufmüssen. Oben an der Hangkante steht eine Ruhebank für die großartige Aussicht über die Landschaft um Böbrach.

Weiter geht es nun ein wenig abwärts nach Rieth, wo wir nach dem ersten Haus links durch den Hof

Das Wasserschloss Egg

Schloss Egg, das bereits als Filmkulisse diente, ist einen Besuch wert. Im 11. Jahrhundert als Wasserburg angelegt, ist die Feste eine im Kern vollständig erhaltene, mittelalterliche Burganlage. Im 19. Jahrhundert erfuhr sie eine Romantisierung. Da Schloss Egg im Besitz der Familie des ehemaligen Konsuls von China ist, wird darin auch eine asiatische Ausstellung gezeigt (www.schloss-egg.de).

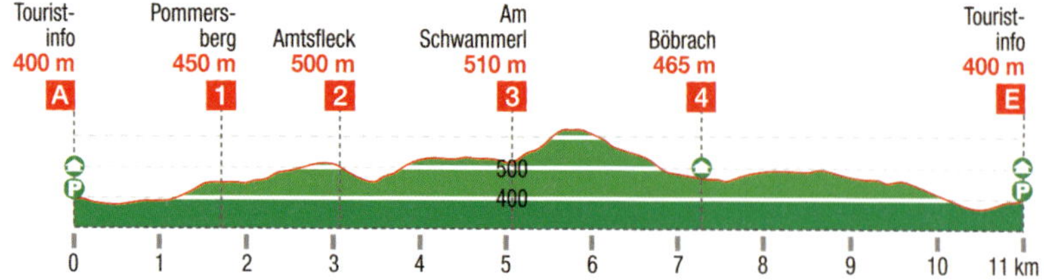

gehen und entlang einer Weide mit zotteligen, schottischen Hochlandrindern hinauflaufen. Der Wiesenweg zieht sich am Waldrand entlang. Im Wald nehmen wir die Forststraße nach links in Richtung Böbrach. Nach der Querung eines Bächleins gehen wir auf dem Forstweg links steil hinunter und bewegen uns über große Wiesen auf Böbrach zu. Kurz vor dem Ort kommen wir über den Bohrwiesbach. An der Kreuzung mit Feldkreuz in 4 **Böbrach** wandern wir links abwärts über den Böbracher Bach in Richtung Bernried.

Zur Touristinfo in Bernried An einer T-Kreuzung bleiben wir geradeaus und gehen an der Kreuzung mit Bushaltestelle wieder geradeaus in Richtung Krin. In einer höher liegenden Rechtskurve steht an einem Feldkreuz ein schattiger Picknicktisch mit schöner Sicht über Böbrach und über die Herde im Rotwildgehege. An der T-Kreu-

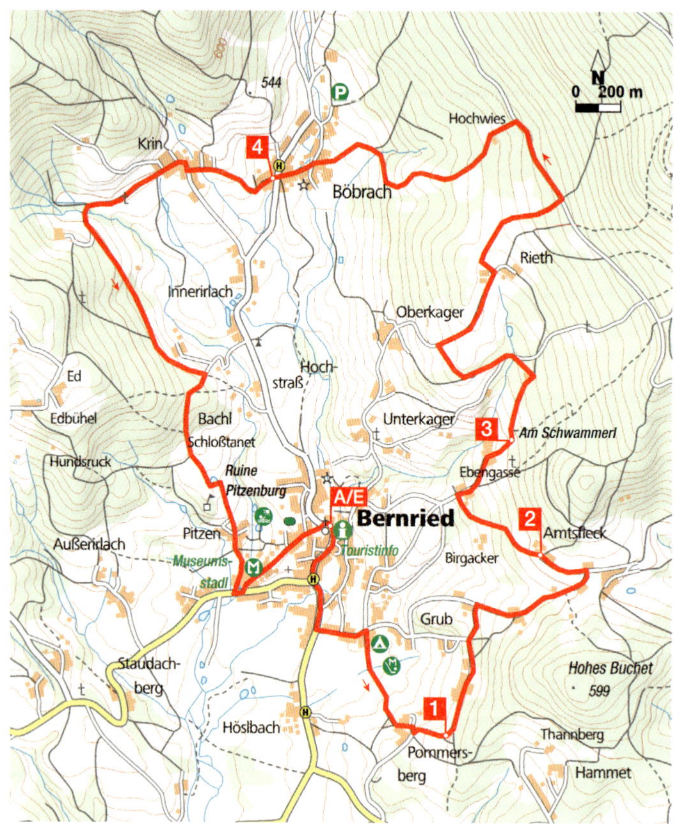

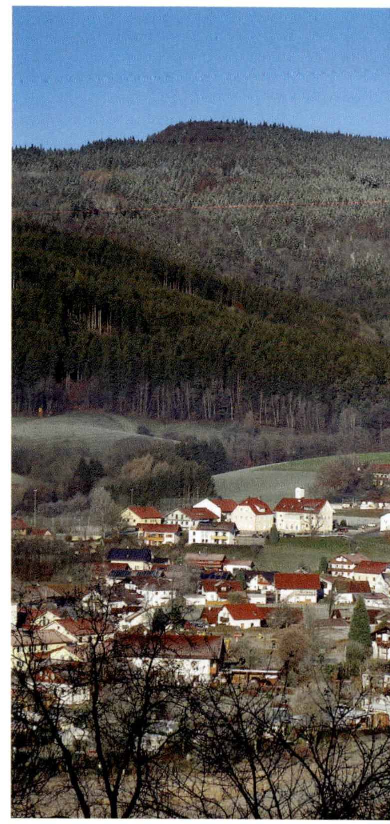

zung in Krin wandern wir rechts und kommen nach der Ansiedlung an einem Picknicktisch neben einem modernen Feldkreuz vorbei. Bei der Ortsbezeichnung Kasloch überqueren wir den Schwarzbach und müssen nach einer Linkskurve mit der Nummer 9 auf den Waldweg nach links hinunter in Richtung Bernried. An einer Gabelung bleiben wir links am Waldrand entlang abwärts und steigen 50 Meter vor einem Gehöft rechts in Richtung Pitzen in den Wald hoch. An einer Gabelung im Wald gehen wir links und gleich an einer Kreuzung geradeaus mit der Nummer 9 hinunter. Über Wiesen laufen wir weiter hinab. Kurz vor dem ersten Hof sehen wir auf dem mit Laubwald bewachsenen Hügel auf der rechten Seite die Reste der kleinen Pitzenburg aus dem 12. Jahrhundert, die wahrscheinlich im Dreißigjährigen Krieg zerstört wurde. In Bernried können wir vor der Feuerwehr nach links durch den Hof des Museumsstadels gehen. In dem Land- und Handwerkmuseum sind über 200 alte Werkzeuge und Gegenstände ausgestellt wie auch alte Handwerkskunst.

Aus dem Hof führt auf der anderen Seite am Stadel schließlich ein Fußweg über den Schwarzbach hinaus in Richtung Schwimmbad, wo eine Kneippanlage für angenehm kühle Füße sorgt. Dann steigen wir den Hang hinauf und kommen in Bernried an den Friedhof, wo wir auf dem Alkofer Weg nach links zur Kreuzung vor der Kirche kommen. Hier noch mal nach links und wir sind zurück an der E Touristinfo in Bernried.

Mitte: Vom Weiler Pommersberg aus schauen wir über das gesamte Bernrieder Becken.

Im Museumsstadel Bernried gibt es allerhand Altes zu sehen.

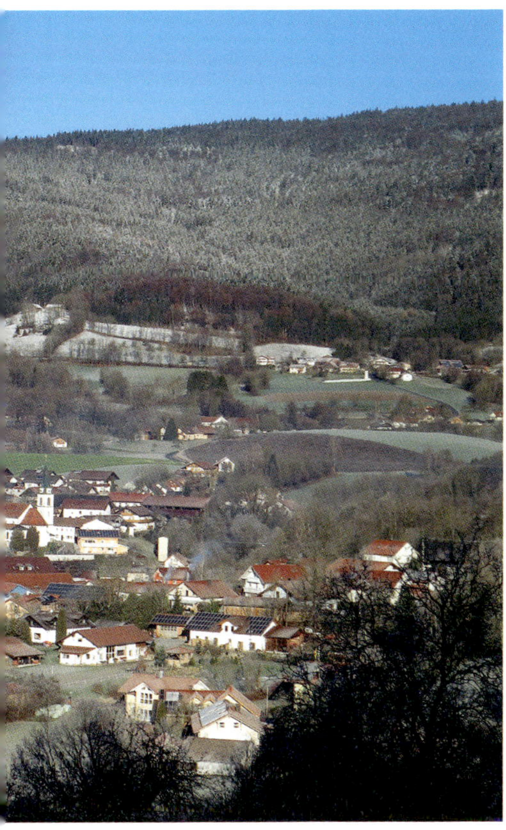

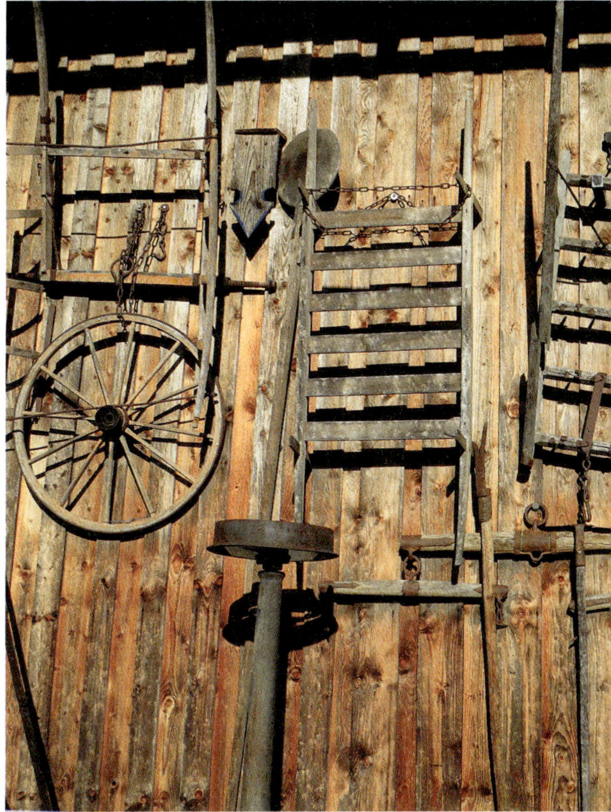

Teufelstisch und Wallfahrtsort

Trubel und Ruhe um Bischofsmais

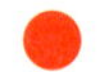   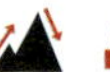 

Mittel 3:20 Std. 310 m 9,7 km

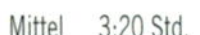

Tourencharakter
Mittelschwere, teils sonnige, teils schattige Rundtour, größtenteils auf Naturwegen und Forststraßen durch Wälder, Wiesen und Ortsgebiet, meistens markiert mit den Nummern 3 und 13 sowie dem Rad-Symbol des Böhmwegs. Im Bereich des Teufelstisches felsige und steile Abschnitte

Ausgangs-/Endpunkt
Parkplatz Kurpark, 685 m

Höchster Punkt
Teufelstisch, 901 m

Anfahrt
Pkw: Von der A 3 Ausfahrt Deggendorf auf der B 11 und St 2135 nach Nordosten über Rusel nach Bischofsmais. Parkplatz GPS: N48°55'12" E013°04'46"
Bus: Linie 4116 von Deggendorf (www.bahn.de)

Gehzeiten
Parkplatz Kurpark – Teufelstisch 1:30 Std. – Farnbach 0:20 Std. – Schutzhütte 0:40 Std. – Sankt Hermann 0:25 Std. – Parkplatz Kurpark 0:25 Std.

Beste Jahreszeit
April bis Oktober

Einkehr
Landgasthaus Hirmonshof, Hauptstraße 26, 94253 Bischofsmais, Tel. 09920/94030; Gasthof Zur Alten Post, Dorfstraße 2, 94253 Bischofsmais, Tel. 09920/94020, www.alte-post.com

Karten
Kompass: Bayerischer Wald, Karte 198/2, 1:50 000

Hinweise
Am Teufelstisch und am Berggrat sind wegen felsiger Bereiche Bergschuhe und Trittsicherheit erforderlich.

Bischofsmais ist im Winter und Sommer ein stark besuchter Fremdenverkehrsort, deutlich zu sehen am Geißkopf, der von Pisten und Mountainbikerouten zerfurcht ist. Aber es gibt auch stille Wanderungen und herrliche Naturschönheiten wie den Teufelstisch.

Zum Teufelstisch Vom Parkplatz am **A Kurpark** hinter dem Rathaus starten wir in nordwestliche Richtung am Granitobjekt »Teufelstisch mit Stühlen« vorbei zum Aussichtshügel, auf dem ein 35 Tonnen schwerer Wackelstein liegt. Danach gehen wir rechts nach Norden und an der Fahrenbacher Straße links. Am Wirtshaus Waidler Stüberl biegen wir links in die Straße Oberdorf ab, wandern zur Pension Berghof und rechts in Richtung Teufelstisch mit der Wegnummer 3 in die Wiesen hinaus. An der Weggabel nach dem Fahrenbacher Bach bleiben wir geradeaus und nun im Wald stetig aufwärts. An einer T-Kreuzung schlendern wir links mit der Nummer 3 jetzt eben dahin. An einer weiteren T-Kreuzung mit Blick auf ein Hotel in Wastlsäg biegen wir mit der Nummer 3 nach rechts und bleiben an Abzweigen immer auf dem ansteigenden Weg.
Ab einer T-Kreuzung müssen wir rechts steil auf einem Pfad nach oben in Richtung Teufelstisch, begleitet von der Nummer 3. Weiter oben verläuft der Weg schwierig durch ein Blockmeer über Felsen hinweg. Nach dem felsigen Stück gehen wir nur 10 Meter nach rechts und dann auf dem schwer erkennbaren Steig den steilen Hang durch ein baumbestandenes Blockmeer nach oben. An einem Baum sind an der Rückseite die Nummer 3 und ein Pfeil angezeichnet.

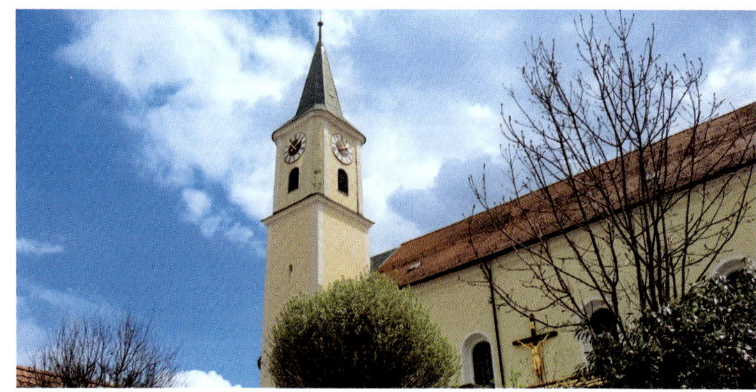

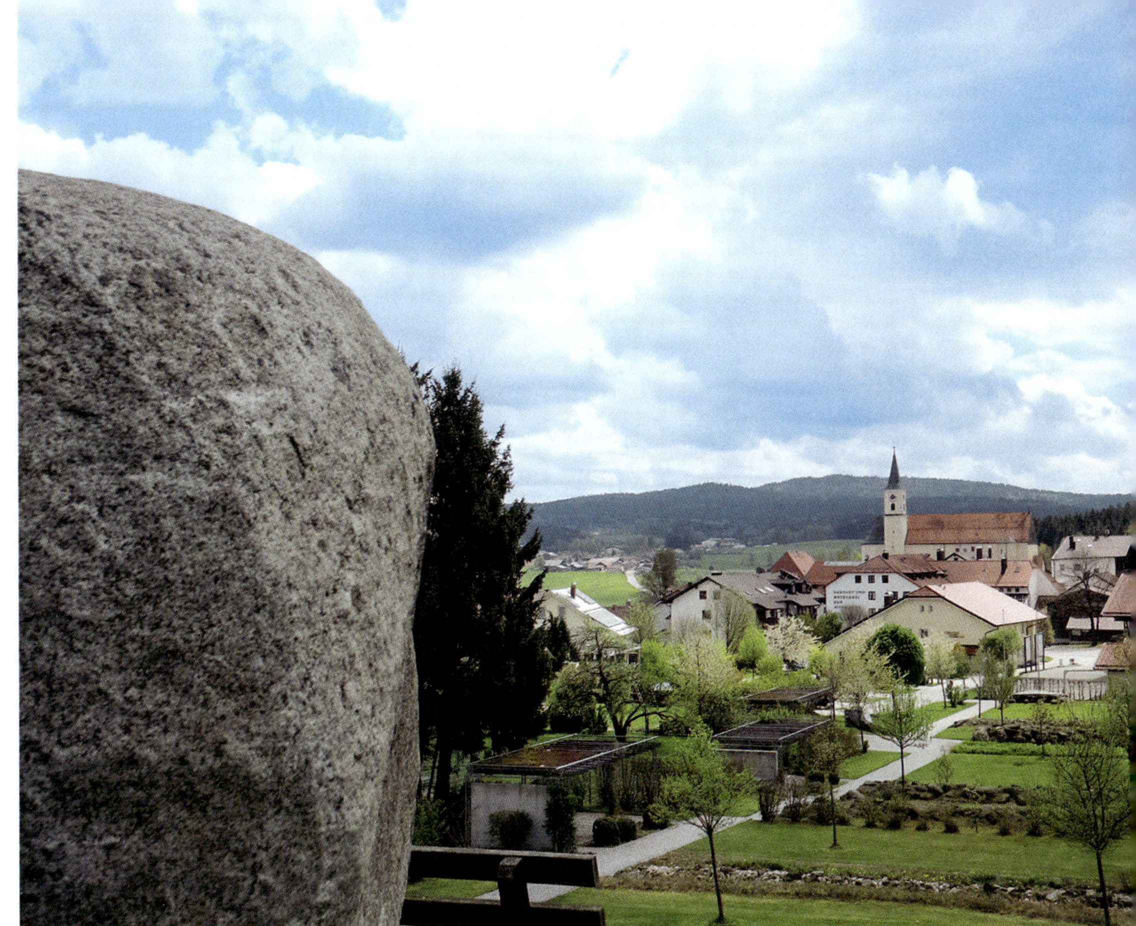

Am Wackelstein mit Aussicht über Bischofsmais

Linke Seite: Die Pfarrkirche Sankt Jakobus und Sankt Hermann in Bischofsmais ist gleich zwei Heiligen geweiht.

Weiter oben gibt es größere Schäden im Fichtenbestand durch den Borkenkäfer. Vor einem großen Felsentisch geht es nach links. Doch der Felsentisch darf nicht übersehen werden, weil sich von der Bank dort oben ein fantastisches Panorama öffnet. Der Kleine und Große Arber (Tour 17) und weiter rechts der Große Falkenstein (Tour 18) sind zu sehen. Später am Grat in nordwestliche Richtung stehen mächtige Felsen, an denen die Wollsackverwitterung stattgefunden hat, am Weg. Der geologische Fachausdruck veranschaulicht gut die wie aufgestapelte Wollsäcke aufeinanderliegenden Felsen. Jahrtausende der Abtragung und Erosion haben die Felsen am Grat freigelegt und verwittert. Ein besonders skurriles Exemplar ist der sagenhafte 1 Teufelstisch.

Hermanns Einsiedelei

Sankt Hermann ist die älteste Wallfahrtsstätte des Bayerischen Waldes. 1322 baute der Einsiedler Hermann eine Klause zu Ehren des Heiligen Hermann. Nach seinem Tod entwickelte sich die Einsiedelei mit der heiligen Quelle zu einem Wallfahrtsort und hatte seine stärkste Bedeutung im 18. Jahrhundert. Heute punktet vor allen Dingen im August die »Hirmonkirwa« bei Tausenden Einheimischen und Gästen.

Zum Farnbach Weiter geht es am felsigen Grat entlang. Zwischendurch gibt es freie Blicke hinüber auf den Geißkopf mit seinen Skipisten. An einer T-Kreuzung verlassen wir den Grat nach links steil abwärts in Richtung Habischried. Unten auf der Forststraße wandern wir rechts weiter, vorbei an einem

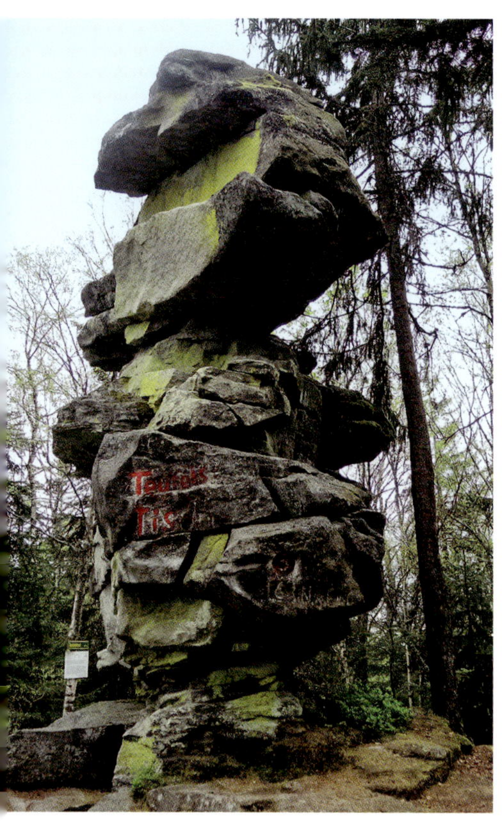

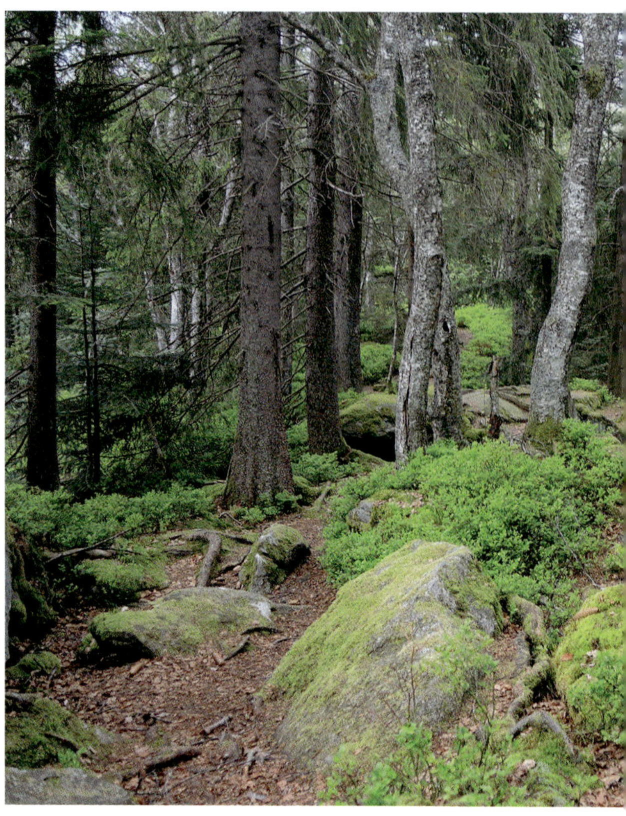

Der bizarre Teufelstisch ist ein Phänomen der Verwitterung.

Mitte: Der Weg am Grat führt an mächtigen Felsen entlang.

Marienschrein, und geradeaus über eine große Wiese. Nach dem Ende der Wiese müssen wir an einer Weggabel links in Richtung Unterbreitenau. Nach 150 Metern schwenken wir links auf die lange gerade Forststraße ohne Markierung nach Süden ein und überqueren bald auf einer Brücke den 2 Farnbach.

Zur Schutzhütte am Hermannsschopfweg Die lange gerade Forststraße endet an der Habischrieder Straße, die wir überqueren und parallel dazu nach links weiterlaufen. Nach dem alten Hof Jägerwies steigen wir rechts die Forststraße Hermannsschopfweg hinauf. An der höchsten Stelle steht die 3 Schutzhütte am Hermannsschopfweg.

Zur Wallfahrtskirche Sankt Hermann Geradeaus weiter geht es nun wieder abwärts, zweimal an Kreuzungen geradeaus und an einer spitzen Weggabel nach links mit der Nummer 13 auf einem alten Forstweg hinunter. Nach einer Linkskurve im Wiesengrund taucht die 4 Wallfahrtskirche Sankt Hermann auf. Die erste Klause entstand hier 1322. Die große Wallfahrtskirche wurde erst nach dem Dreißigjährigen Krieg gebaut, um die wachsende Schar der Pilger aufnehmen zu können. Die Rundkapelle über der Hermann-Quelle stammt aus dem 17. Jahrhundert. Der heilige Hermann ist bis heute der Schutzpatron von Bischofsmais.

An der Wallfahrtskirche Sankt Hermann taucht nun auch das Wegsymbol des Böhmwegs auf. Schon vor der Besiedelung des Bayerischen Waldes im 7. Jahrhun-

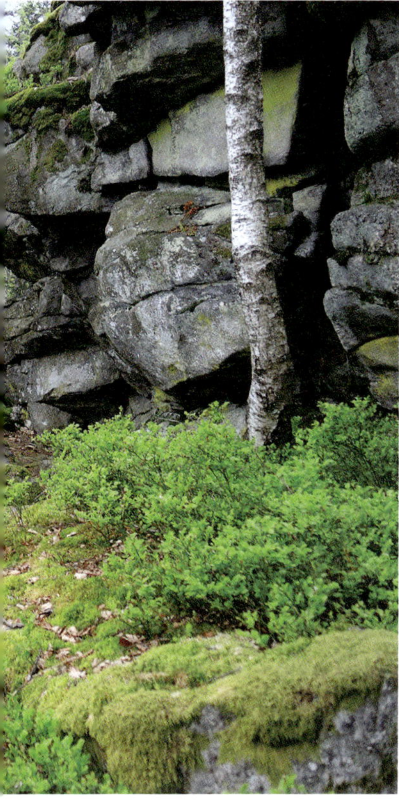

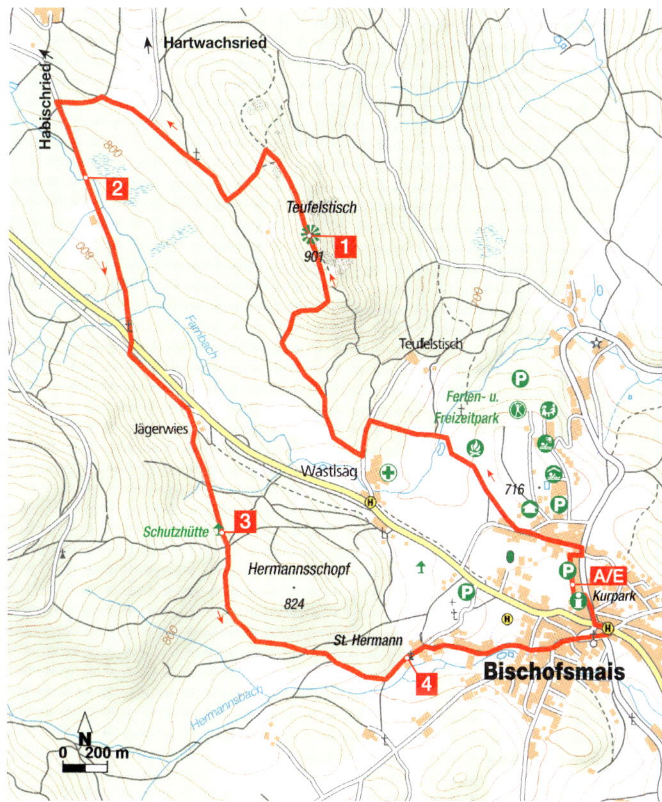

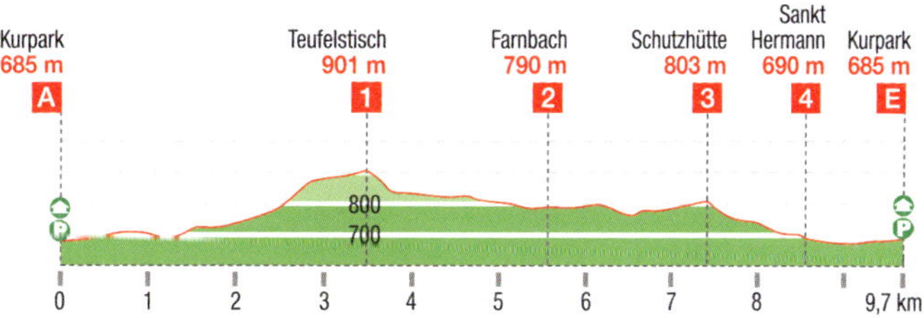

dert gab es Handelswege nach Böhmen, woran dieser als Wanderweg beschilderte historische Böhmweg erinnert. Die ersten Siedler waren dann die eindringenden Germanen, an deren Stammesführer die Orte mit den Endungen »-ing« erinnern wie etwa Lalling. Die Ortsnamen mit den Endungen »-mais« bedeuten »Holzschlag«, ausgehend vom Verb »maißen«, was im Althochdeutschen die Bedeutung von »Bäume fällen« hat. Es handelt sich also um Siedlungen, die vor hunderten von Jahren auf Rodungen entstanden sind.

Zum Kurpark Nach der Kirche Sankt Hermann gehen wir an der Kreuzung rechts in den St.-Hermann-Weg und haben bald den Turm der Kirche von Bischoffsmais als nahes Ziel vor Augen. Rechts neben der Straße begleitet der plätschernde Hermannsbach die Wanderer. An der Kreuzung in Bischofsmais gehen wir links die Dorfstraße hoch und am höchsten Punkt nach rechts auf den Kirchplatz. Vor der Kirche und vor dem historischen Baderhaus steigen wir links die Treppe hinunter und überqueren am Gasthaus Zur alten Post die Hauptstraße. Etwas nach links steht das Rathaus von Bodenmais, vor dem wir auf dem kleinen Gehweg am Brunnen vorbei zum Parkplatz am E Kurpark zurückfinden.

Gläserner Wald und Burgruine

Weißenstein bietet drei Attraktionen

Leicht 2:20 Std. 210 m 7,5 km

Tourencharakter
Leichte, sonnige Rundtour, größtenteils auf Natur-, Feldwegen und Forststraßen durch Wälder, Wiesen und Ortsgebiet, meistens markiert mit den Symbolen des Pandurensteigs und des Böhmwegs

Ausgangs-/Endpunkt
Parkplatz am Gläsernen Wald, 725 m

Höchster Punkt
Dichtergrab, 750 m

Anfahrt
Pkw: Von der A 3 Ausfahrt Deggendorf auf der St 2135 nach Norden über Regen und dort auf der REG 2 nach Weißenstein. Parkplatz GPS: N48°57'02" E013°08'36"
Bahn: Von Deggendorf nach Regen und mit dem Bus der Linie 7141 nach Weißenstein (www.bahn.de, www.bus-bahn-fahrplan.de/fahrplan-regen/37-840794/bus-7141-regen-stadtplatz-regen-weissenstein)

Gehzeiten
Gläserner Wald – Kattersdorf 0:35 Std. – Dichtergrab 0:55 Std. – Schild Naturschutzgebiet 0:20 Std. – Gläserner Wald 0:30 Std.

Beste Jahreszeit
April bis Oktober

Einkehr
Ritterschänke-Gasthof Zur Weißensteiner Alm, Weißenstein 121, 94209 Regen, Tel. 09921/ 9718768

Karten
Kompass: Bayerischer Wald, Karte 198/3, 1:50 000

Hinweise
Das Museum im »Fressenden Haus« zeigt Nachlässe des Dichters Siegfried von Vegesack (1888–1974) sowie volkstümliche und zeitgenössische Kunst.

Diese Wanderung entlang des Pfahls, eines Härtlingszuges quer durch den Bayerischen Wald, zeichnet die Quarzfelsen mit der Burgruine als Panorama nach. Der Gläserne Wald ist mit seinen Lichtspielen ein modernes Glanzstück.

Nach Kattersdorf Vom Parkplatz am Ⓐ **Gläsernen Wald** queren wir die Straße und schauen uns erst mal die frei stehende Dorfkapelle mit den Totenbrettern an. Dann folgen wir am Fuß der Burgruine, die auf den Felsen des Pfahls steht, nach rechts dem Pandurensteig. Ein Waldweg unterbricht die Felsen des Pfahls; wir nutzen die Gelegenheit und gehen auf der linken Seite des Pfahls weiter in Richtung March. Auf dem kaum befahrenen Asphaltsträßchen wandern wir geradeaus weiter am Thurnhof vorbei nach ❶ **Kattersdorf**.

Zum Dichtergrab Kurz nach dem Ortsschild von Kattersdorf laufen wir links in Richtung Eggenried. Nach zwei Gartenhäuschen nehmen wir links den Weg mit der Nummer 3 in den Wald hinein in Richtung Wei-

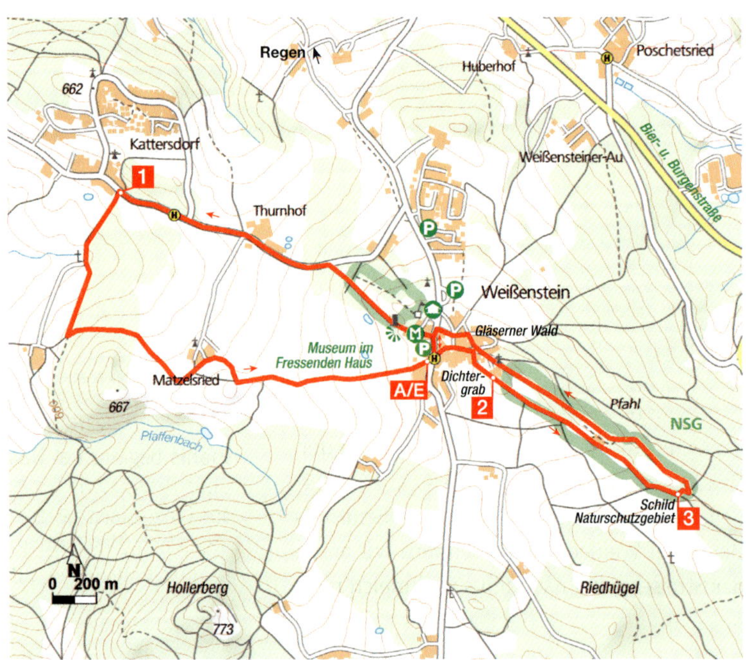

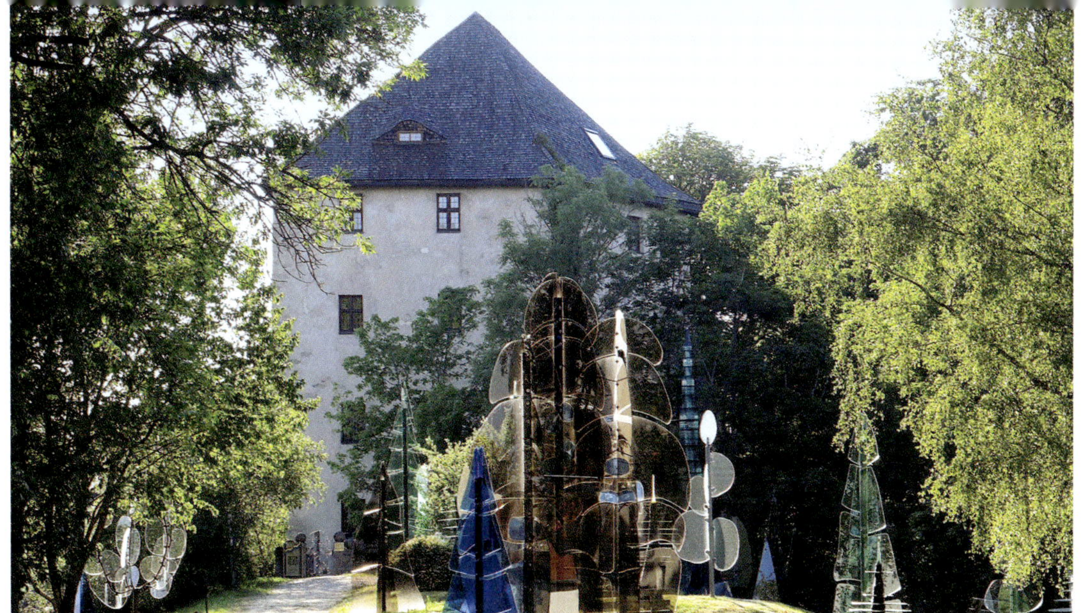

ßenstein. An einer T-Kreuzung wenden wir uns nach links auf den Böhmweg mit dem Radsymbol. Dann geht es durch den Hof Matzelsried und über weite Wiesen direkt auf die Burg zu. In Weißenstein laufen wir auf der Straße links und nach 50 Metern vor dem ehemaligen Burghotel Weißenstein rechts die Straße aufwärts in Richtung Falkenstein. An einer Straßengabelung vor dem Gasthaus Weißensteiner Alm gehen wir rechts hinauf in Richtung Grabstätte Siegfried von Vegesack. Vor dem Haus Nr. 127 wandern wir rechts auf dem Feldweg höher und merken, dass wir wieder auf dem Kamm des Pfahls sind, der hier nicht so deutlich hervortritt. Links im Wald liegt das 2 Dichtergrab des Siegfried von Vegesack. Die Betonfundamente trugen einst ein Windrad zur Stromerzeugung für das Haus des Dichters.

Vor dem Museum »Fressendes Haus« steht der »Gläserne Wald«.

Zum Schild »Naturschutzgebiet« Weiter geht es auf dem Pandurensteig, der nach links hinunter den Pfahl quert. Wir aber bleiben oben am Feldrand. An einer Weggabel verlassen wir den Feldrand und bleiben eng am Pfahl. Das Ende des Naturschutzgebietes um den Pfahl wird mit dem 3 Schild »Naturschutzgebiet« angezeigt.

Zum Gläsernen Wald An der Gabelung nach dem Schild gehen wir nach links und nach der Querung des Pfahls wieder links auf den Pandurensteig. Bis zum Schluss am Gläsernen Wald bleiben wir auf dieser Seite des Pfahls. In Weißenstein schlendern wir an einer Straßengabel nach links und gleich nach dem Haus nach rechts zum Parkplatz am E Gläsernen Wald vor dem Dichterturm.

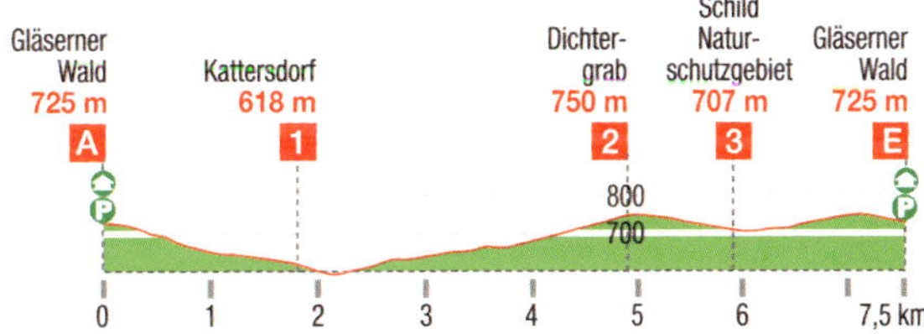

150 Kilometer Quarz

Die durchgehende geologische Quarzformation des Pfahls beginnt bei Nabburg in der Oberpfalz und führt über Passau durch das österreichische Mühlviertel bis vor Linz. Meist ist er nur als Höhenzug erkennbar. Bei Viechtach (Wanderung 4) und hier bei Weißenstein tritt er am deutlichsten zutage. Mit der Burgruine Weißenstein erreicht er mit über 700 Metern über dem Meer auch seinen höchsten Punkt.

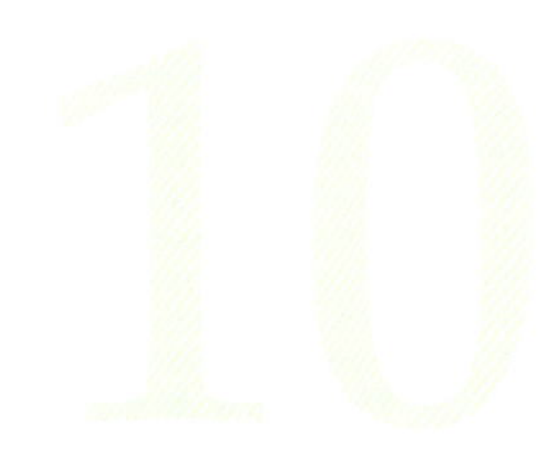

»Broada Jagariegel«-Schau

Der erste Tausender im Lallinger Winkel

 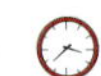   

Leicht 2:20 Std. 300 m 6,5 km

Tourencharakter
Leichte, vorwiegend schattige Rundtour, größtenteils auf Naturwegen und Forststraßen durch Wälder und über Wiesen, meistens markiert mit dem Symbol des Goldsteigs und den Nummern 21, 18, 28 und 15

Ausgangs-/Endpunkt
Parkplatz Steinberg, 825 m

Höchster Punkt
Brotjacklriegel, 1011 m

Anfahrt
Pkw: Von der A 3 Ausfahrt Iggensbach auf der St 2322 nach Norden über Schöllnach und auf der St 2134 nach Langfurth. Steinberg-Parkplatz GPS: N48°49'16" E013°11'56" **Bus:** Linie 4120 von Deggendorf (www.bahn.de)

Gehzeiten
Langfurth – Brotjacklriegel 0:35 Std. – Café Wimmer in Ölberg 0:35 Std. – Liebmannsberg 0:45 Std. – Langfurth 0:25 Std.

Beste Jahreszeit
April bis Oktober

Einkehr
Imbissstube Turmstüberl, Brotjacklriegelweg Aussichtsturm, 94572 Schöfweg, Tel. 0171/3256055, www.region-sonnenwald.de; Panoramahotel Café Wimmer, Ölberg 22, 94508 Schöllnach, Tel. 09907/89120, www.hotel-wimmer.de

Karten
Kompass: Bayerischer Wald, Karte 198/3, 1:50 000

Hinweise
Der Aussichtsturm und das Turmstüberl auf dem Brotjacklriegel sind von April bis Mitte November täglich 10–18 Uhr geöffnet, im Winter nur an den Wochenenden.

Heutzutage wird der viel besuchte Berg im Vorderen Bayerischen Wald Brotjacklriegel genannt, was sich aus dem bayerischen »Broada Jagariegel« entwickelt hat. Super ist das Panorama vom Aussichtsturm über den Bayerischen Wald und die Donauebene.

Aufstieg zum Brotjacklriegel Vom Steinberg-Parkplatz am Südende von Ⓐ **Langfurth** starten wir über die Landstraße FRG 30 auf dem Goldsteig in Richtung Brotjacklriegel, rechts vom Hotel Langfurther Hof bergan. Weiter oben hilft dann noch die Wegnummer 21. Nach dem Aufstieg über die Skipiste geht es im Fichten-Tannen-Buchen-Mischwald weniger steil dahin. Dann führt der Weg durch große Mähwiesen, auf denen das seltene, mehrfarbige Holunderknabenkraut steht. An einer Weggabel an einem Haus folgen wir dem Goldsteig und den Nummern 18 und 21 nach rechts und erreichen bald den Aussichtsturm auf dem ❶ **Brotjacklriegel**. Das 360°-Panorama vom Turm ist fantastisch. Der Blick schweift von den Bergen des Bayerischen Waldes über die Donauebene und bei

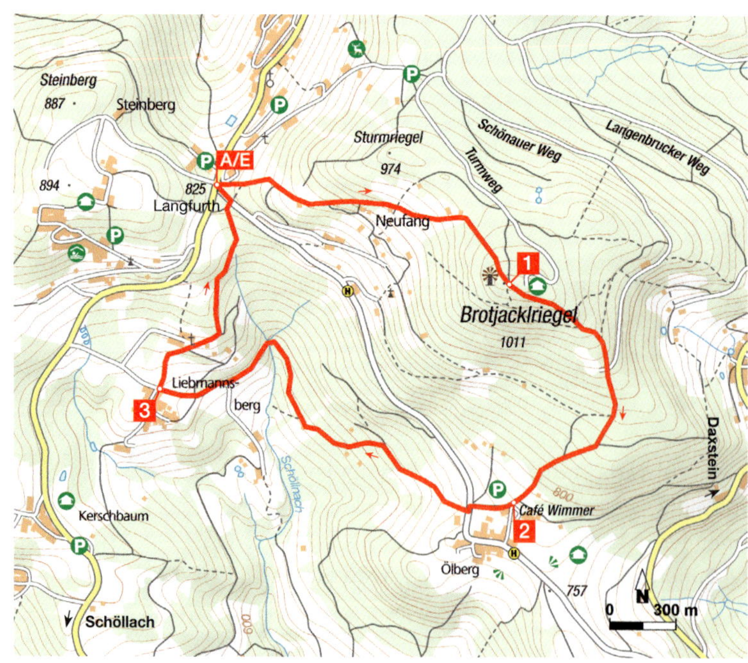

gutem Wetter bis zu den Alpen. Nur der Sendemast des Bayerischen Rundfunks überragt den Aussichtsturm um ein Mehrfaches. Die gemütliche Turmstube und die dazugehörige Terrasse haben auch ihre Anziehungskraft.

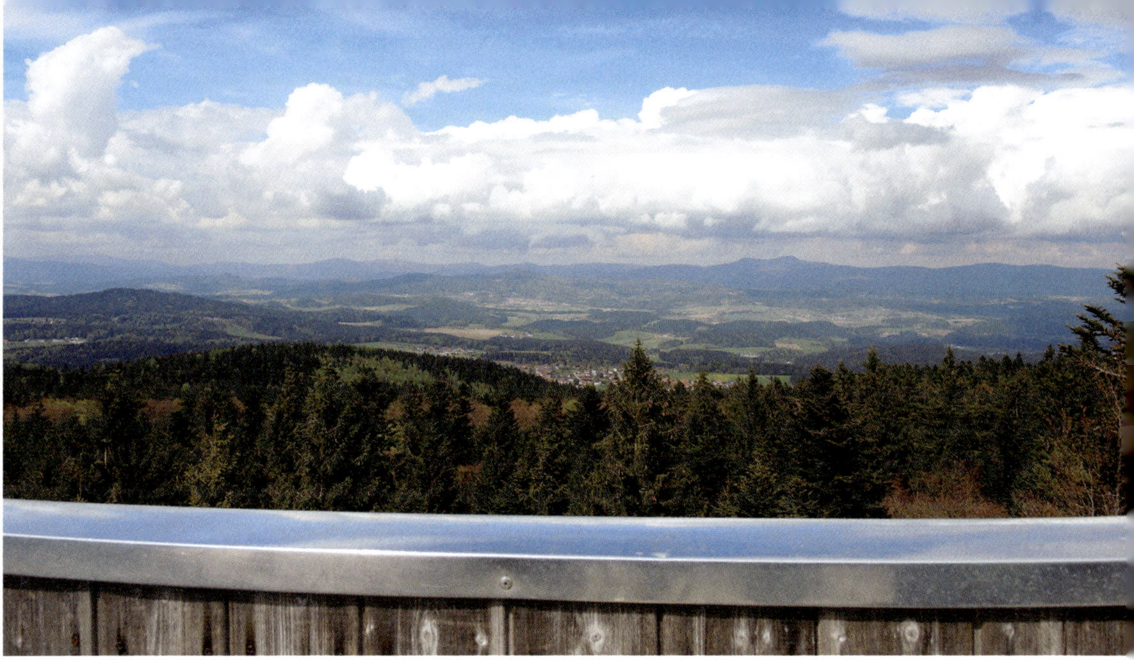

Blick vom Aussichtsturm zum Kleinen und Großen Arber

Zum Café Wimmer in Ölberg Rechts am Sendemast vorbei führt der Weg mit der Nummer 28 in Richtung Ölberg hinunter. An einer Kreuzung mit einer Forststraße bleiben wir geradeaus und nach 20 Metern an einer Gabelung rechts. An einer weiteren Kreuzung gehen wir rechts und dann öffnet sich an einer Bank der Blick über den kleinen Ort Ölberg und zum ❷ Café Wimmer.

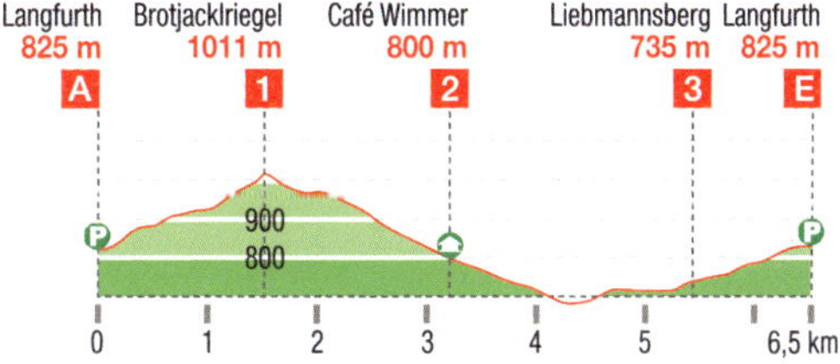

Nach Liebmannsberg Am Café Wimmer wandern wir rechts vorbei und überqueren nach links versetzt die Landstraße DEG 2128. Ab einer Weggabel nehmen wir den rechten besseren Forstweg durch Buchenmischwald. In der folgenden feuchten Geländerinne entspringen die Quellbäche der Schöllnach, die in die Ohe fließt. Auf den feuchten Böden fühlt sich der Waldmeister wohl. Vor Liebmannsberg bleiben wir geradeaus bis zum Bushäuschen in ❸ Liebmannsberg.

Nach Langfurth Vor dem Häuschen gehen wir rechts aufwärts in Richtung Steinberg und nehmen im Wald an einer Gabelung den linken Weg mit der Nummer 15 nach Langfurth. An der nächsten Gabel laufen wir rechts und der Weg wird zu einem kleinen Pfad. Schnell ist wieder der Parkplatz in Ⓔ Langfurth erreicht.

Auf Jackls Spuren

Der Sonnwald-Erlebnispfad ist vor allen Dingen mit Kindern eine gute Wegvariante. Vom Sturmriegel zum Brotjacklriegel begleitet uns der Kobold Jackl auf dem Pfad über zehn Stationen für Aktivitäten und Lernen durch den Wald. Die Sage erzählt über diesen Gnom, der bei der Belagerung durch die Schweden einen nicht versiegenden Brotvorrat hatte. Später verwandelte er die Schweden in Felsblöcke.

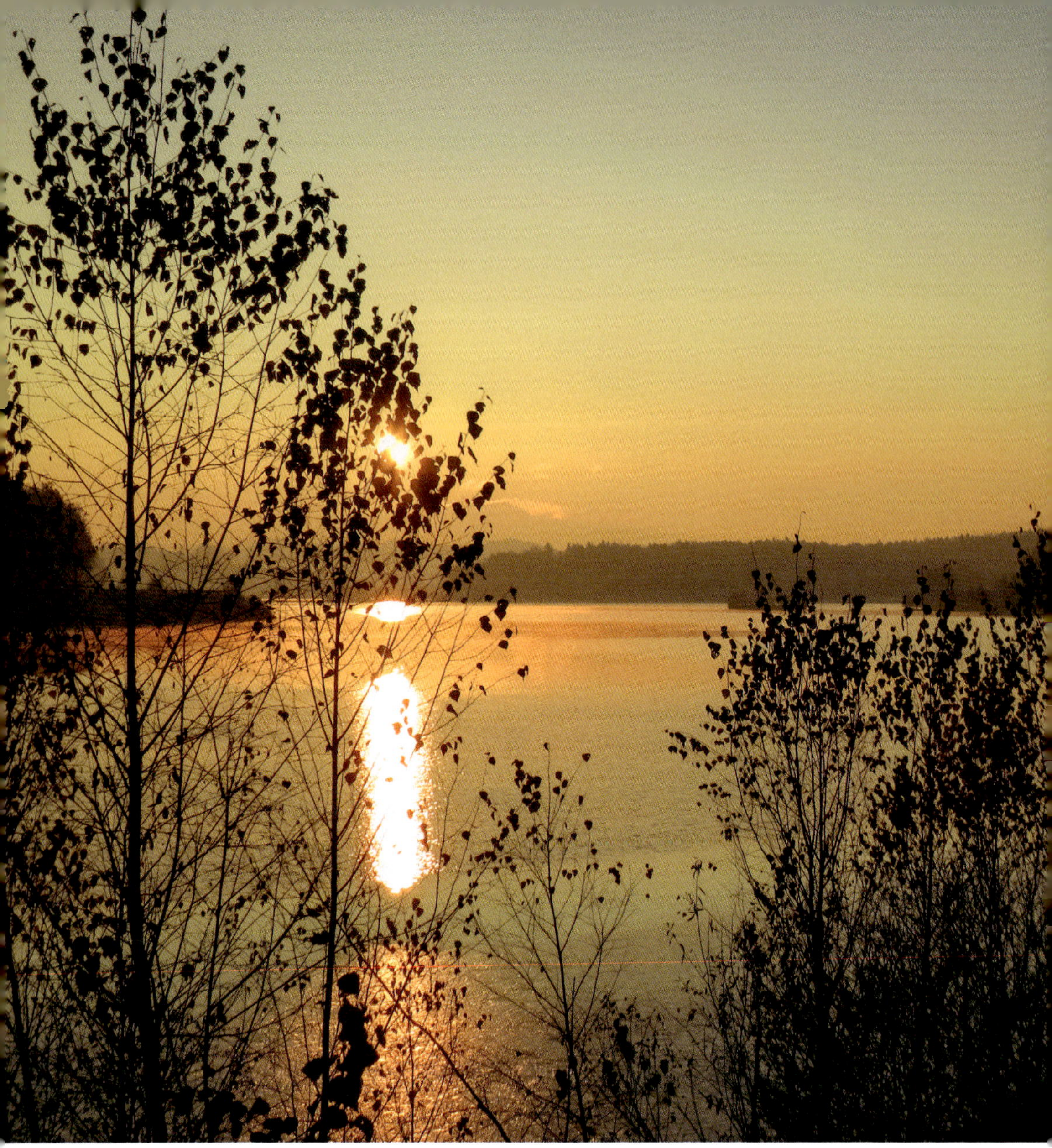

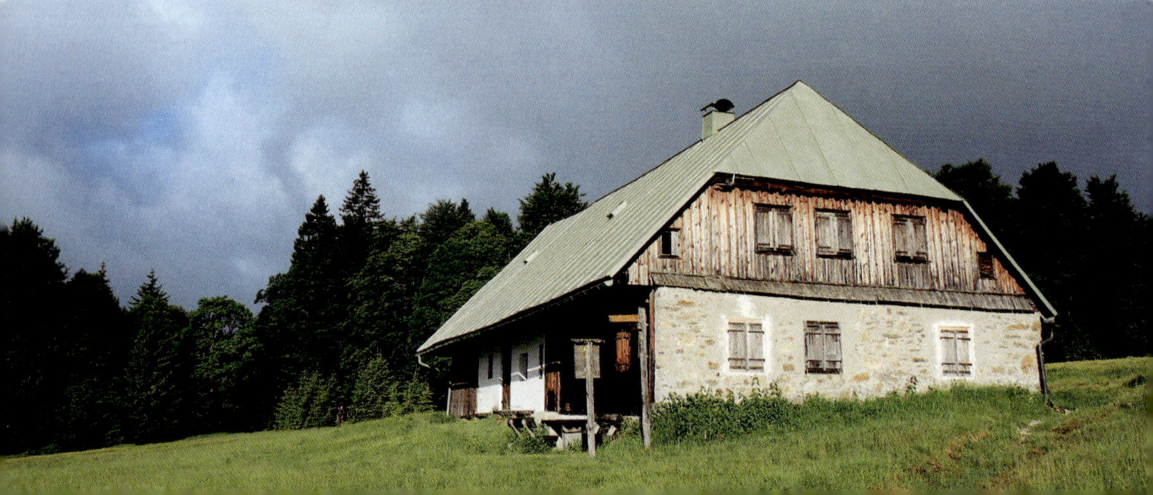

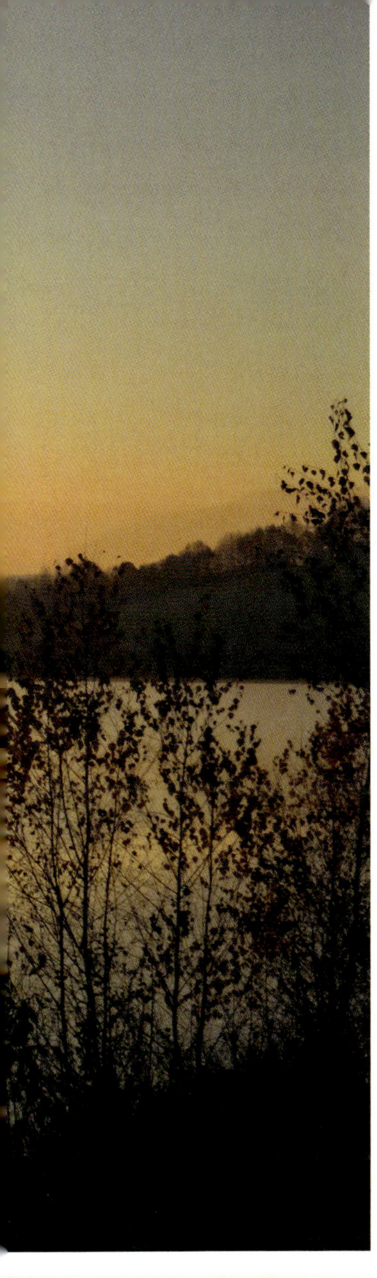

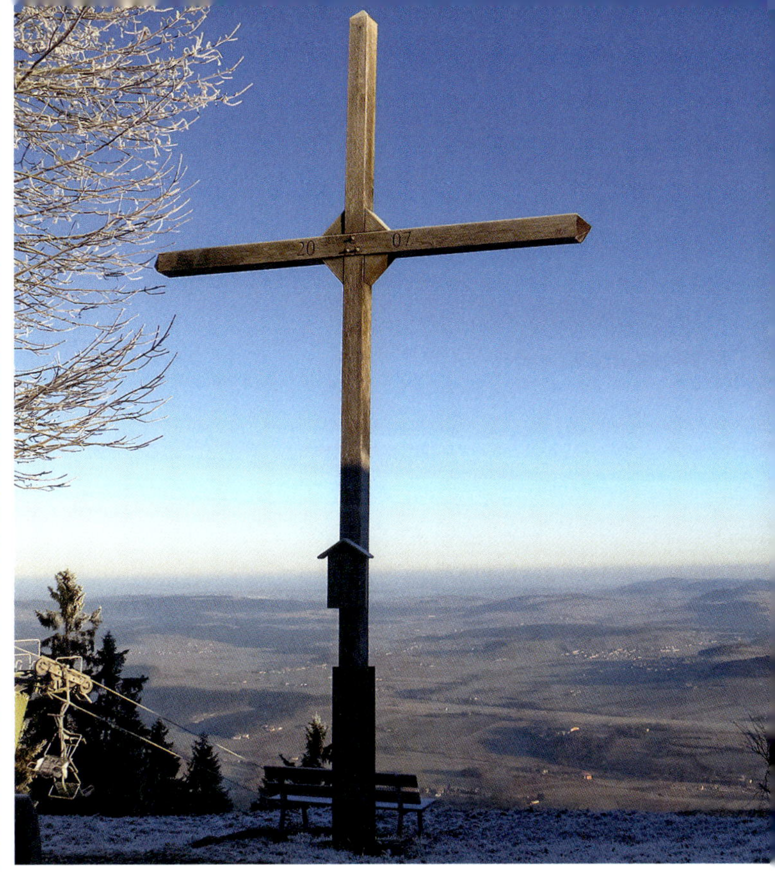

Hinterer Bayerischer Wald

Bezauberndes Morgenlicht am Drachensee (Wanderung 12) (o. li.). Ausblick vom Gipfelkreuz des Ahornriegels neben dem Berghaus Hohenbogen (Wanderung 13) (o. re.). Auf der Schachtenwiese am Schachtenhaus (Wanderung 19) (u. re.). Der »Leuchtturm der Menschlichkeit« ist ein Symbol der Versöhnung (Wanderung 11) (u. li.).

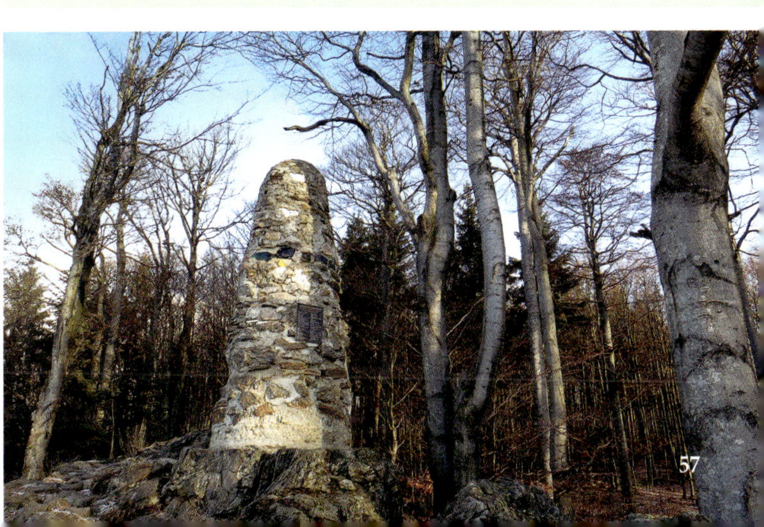

11

Zum gläsernen Gipfelkreuz

Grenzwanderungen und Dreiwappenfels

 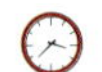   

Leicht 3:00 Std. 410 m 8,7 km

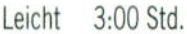

Tourencharakter
Leichte, vorwiegend schattige Rundtour auf Naturwegen und Forststraßen durch Wälder, meistens rot-weiß und mit der Bezeichnung Fu41, dem Symbol des Goldsteigs und Fu9 markiert. Leichte Klettereien auf die Aussichtsfelsen

Ausgangs-/Endpunkt
Kapelle in Voithenberg, 650 m

Höchster Punkt
Kreuzfelsen, 938 m

Anfahrt
Pkw: Von der A 3 Ausfahrt Straubing auf der B 20 nach Norden über Stallwang nach Furth im Wald und auf der Von-Voithenberg-Straße (CHA 40) nach Voithenberg. Parkplatz GPS: N49°19‘43“ E012°48‘23“ **Bahn:** Von Regensburg nur bis Furth im Wald (www.bahn.de)

Gehzeiten
Voithenberg – Reiseck 0:50 Std. – »Leuchtturm der Menschlichkeit« 0:20 Std. – Berghof Gibacht 0:15 Std. – Kreuzfelsen 0:25 Std. – Dreiwappenfels 0:15 Std. – Voithenberg 0:55 Std.

Beste Jahreszeit
April bis Oktober

Einkehr
Berghof Gibacht (Glasschmiede und Galerie), Gibacht 31, 93449 Waldmünchen, Tel. 09972/903983, www.gibacht.com; Wirtschaft Am Voithenberg im Golfclub, Voithenberg 3, 93437 Furth im Wald, Tel. 09973/8031500, www.gc-furth.de

Karten
Kompass: Bayerischer Wald, Karte 198/1, 1:50 000

Hinweise
Nehmen Sie Ihren Ausweis mit.

Churbayern, das Königreich Böhmen und das Herzogtum Pfalz waren 1764 an dem Grenzvertrag am Gibacht beteiligt. 1766 wurden die drei Wappen in den Fels geschlagen. Das gläserne Kreuz und der »Leuchtturm der Menschlichkeit« stammen aus jüngerer Zeit.

Auf das Reiseck Von der Kapelle Mariä Heimsuchung in Ⓐ **Voithenberg** starten wir nach Westen bergauf in Richtung Gibacht. Gleich nach der Kapelle benutzen wir dafür den Weg links von der Forststraße mit der Markierung Fu41. Nach 50 Metern halten wir uns rechts hinauf und queren in hohem Buchenwald eine Forststraße. Der Hohlweg entpuppt sich als alte Schlittentrasse, auf der früher im Winter auf Hörnerschlitten das Holz zu Tal gebracht wurde. Ein Marterl zeigt mit eindrucksvollem Bild die Gefährlichkeit dieser Unternehmungen.
An Abzweigen und Kreuzungen bleiben wir immer geradeaus aufwärts, queren eine Forststraße und kommen am plätschernden Steinernen Brünnl vorbei. Danach überqueren wir dreimal die Kehren einer Forst-

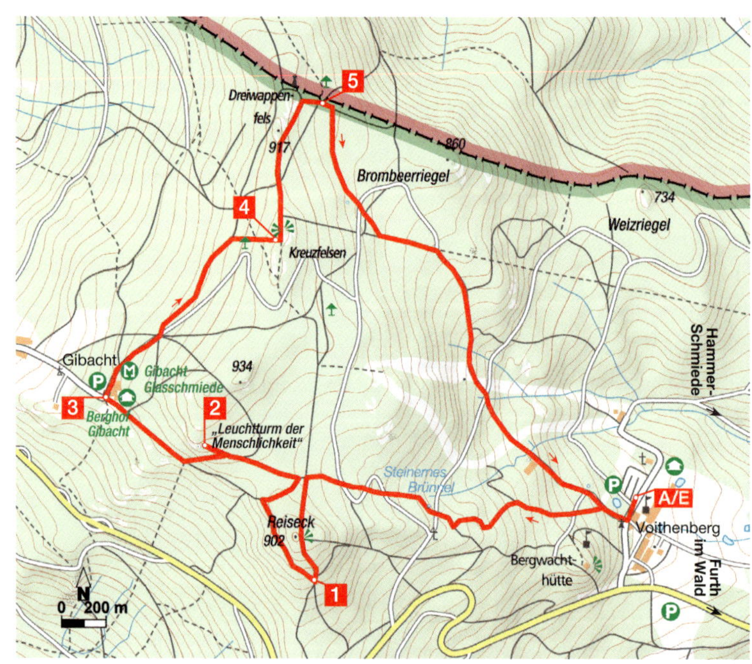

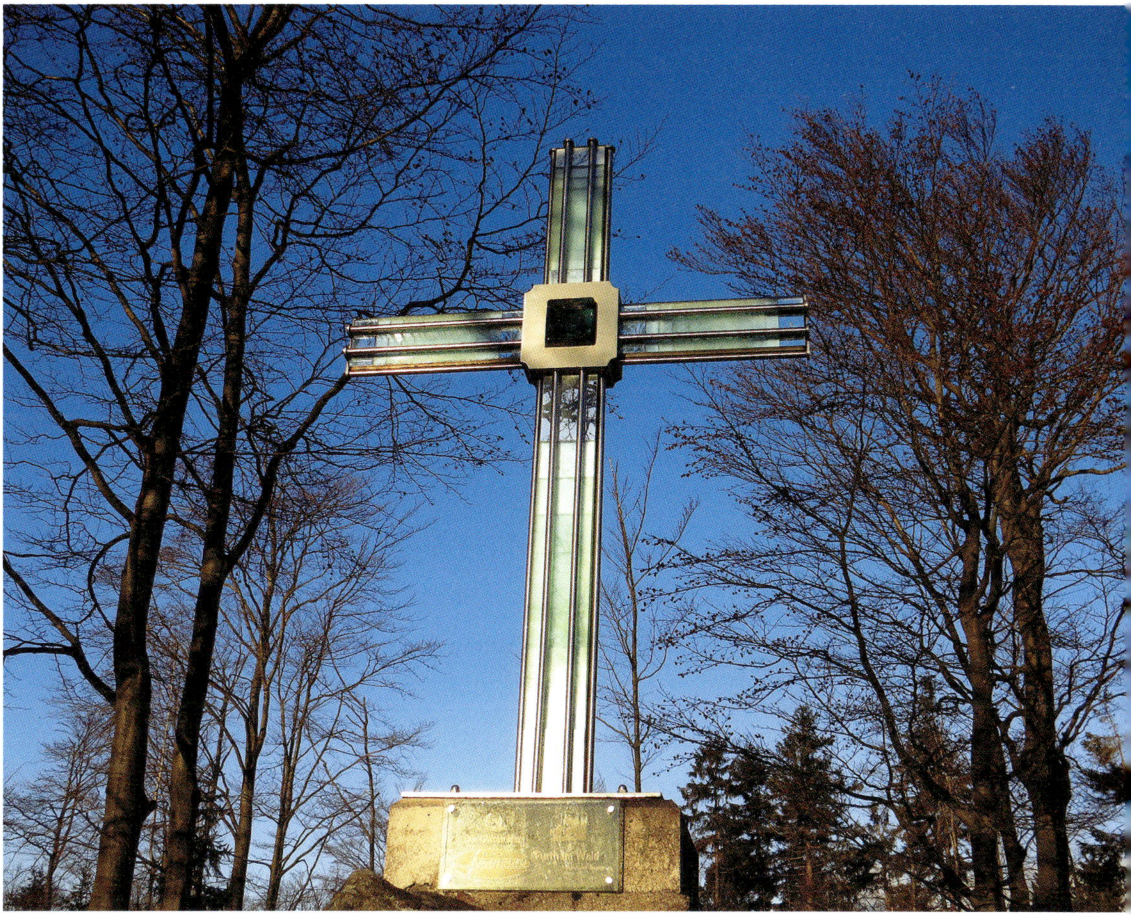

straße und kürzen sie dadurch ab. An einer modernen, offenen Schutzhütte stoßen wir auf den Goldsteig, folgen diesem nach links aufwärts und erreichen den Gipfel des **1** **Reisecks**. Das gläserne Gipfelkreuz ist einzigartig. So richtig kommt es zur Geltung, wenn das Morgenlicht das durchscheinende Glas erfasst und widerspiegelt. Die Aussicht reicht über Furth im Wald zum Hohen Bogen mit den Radartürmen (Tour 13) und Großem Osser (Tour 15), Kaitersberg (Tour 14) bis zum Arber (Tour 17).

Das gläserne Gipfelkreuz auf dem Reiseck ist ein künstlerisches Unikat.

Zum »Leuchtturm der Menschlichkeit« Vom gläsernen Kreuz bewegen wir uns weiter nach Westen auf dem Weg mit der Markierung Fu9 nach Gibacht. An einer Weggabel bleiben wir geradeaus und queren eine Forststraße in Richtung Leuchtturm. Bei einer weiteren Gabelung gehen wir rechts einen kurzen Abstecher hinauf zum 200 Meter entfernten **2** **»Leuchtturm der Menschlichkeit«** auf dem Tannenriegel. In den Turm wurden Steine aus der

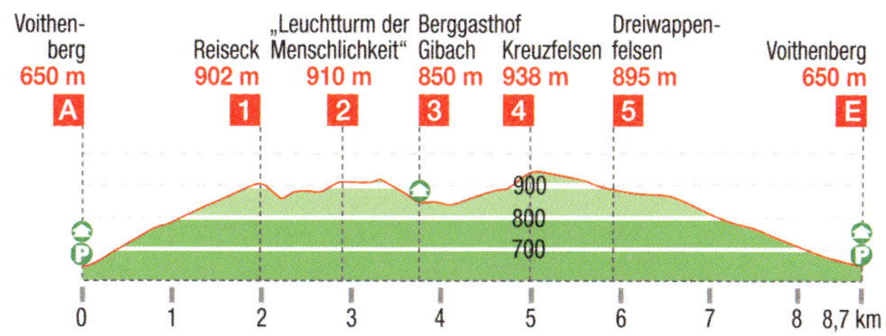

ganzen Welt vermauert. Die handgegossenen Glaselemente sind nachts von innen beleuchtet. Der Turm ist der Versöhnung der Völker und Religionen gewidmet. Hier zeigt das Panorama das Chambtal und das Oberpfälzer Hügelland.

Zum Berghof Gibacht Zurück vom Abstecher laufen wir rechts hinunter und dann auf einer Forststraße weiter zum 3 **Berghof Gibacht**. Das ehemalige Forsthaus ist Einkehrmöglichkeit, Glasschmiede und Galerie zugleich.

Sehenswerte Hammerschmiede

Der Voithenberghammer wurde 1823 von Freiherrn von Voithenberg errichtet. 1926 erstarb der Betrieb der Schmiede mit einst drei Wasserrädern. Heute zeigt sich bei Vorführungen die Hammerschmiede wieder voll arbeitsfähig. 1978 hatte die Stadt Furth im Wald den Voithenberghammer erworben, grundrenoviert und zum Industriemuseum ausgebaut (www.hammerschmiede-furth.de, GPS: N49°20‘05“ E012°49‘36“).

Auf den Kreuzfelsen Am Berghof Gibacht wandern wir nach rechts auf der Forststraße aufwärts in Richtung Dreiwappen weiter. An einer Gabelung nehmen wir den rechten Weg und an der Kreuzung mit der Hütte den Weg nach links auf dem Goldsteig, der im Winter zugleich Loipe ist. Bei einer Kreuzung mit einem Schutzpavillon steigen wir rechts hinauf in Richtung Kreuzfelsen. Oben gehen wir dann nach links und erreichen auf dem Goldsteig den markanten 4 **Kreuzfelsen**. Ein Geländer hilft Mutigen, den Fels zu besteigen. Nahe der Grenze schauen wir hier über den Böhmerwald.

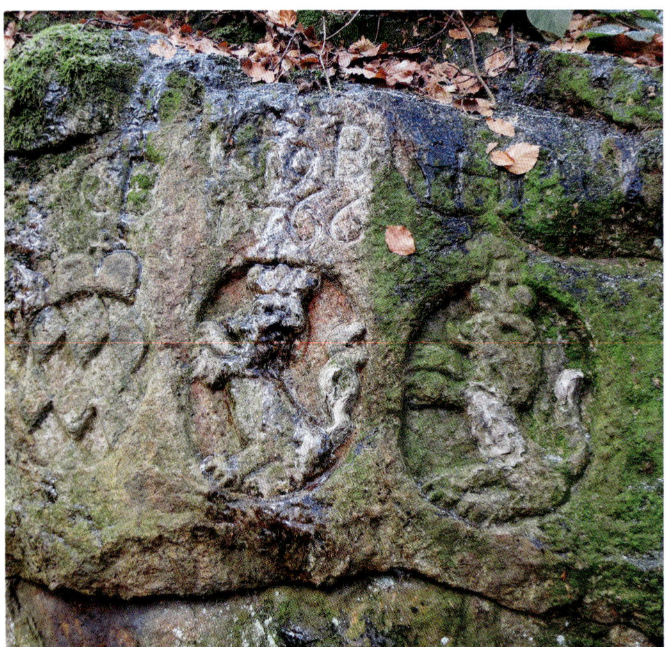

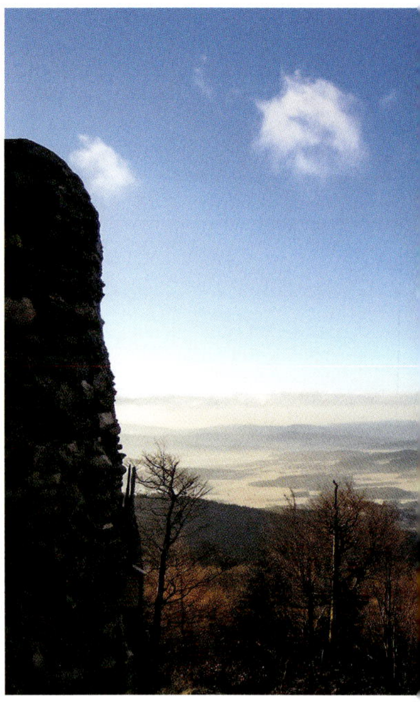

Die drei Wappen trotzen seit 1766 der Witterung und dem Frost.

Zum Dreiwappenfelsen Vom Kreuzfelsen aus bleiben wir auf dem Grenzweg mit den weißen Grenzsteinen. Es ist die Grenze zwischen den Waldungen der »Voith von

Voithenbergschen Gutsverwaltung« und dem Bayerischen Staatswald. Die alten Grenzsteine tragen auf einer Seite die eingemeißelten Buchstaben »KW«, was sich noch auf den Königlichen Wald bezieht. Einer der Steine zeigt daher auch die Jahreszahl 1837. Die Buchstaben sind stets zur Seite des königlichen Besitzes gewandt.
Der weitere Weg führt am Pfennigfelsen vorbei, der eine Öffnung mit Scharnier trägt. Wanderer legen einen Pfennig hinein, um wieder hierherzukommen. Wer den Felsen besteigt, kann bis Waldmünchen schauen. Dann erreichen wir die Staatsgrenze und laufen auf ihr nach rechts. An einer offenen Schutzhütte steht rechts der 5 **Dreiwappenfelsen**. Eine Tafel an dem Felsen erklärt die drei Wappen, die an den bayerisch-böhmischen Grenzvertrag zwischen Kaiserin Maria Theresia und dem Bayerischen Kurfürst Max III. vom 3. März 1764 erinnern. Infolge des neuen Grenzvertrags wurde der Grenzverlauf neu vermessen und 1766 wurden die Wappen in den Fels geschlagen.

Nach Voithenberg Weiter geht es nun auf der Staatsgrenze nach Osten und nach 200 Metern mit der Markierung Fu9 nach rechts. An einer Gabelung laufen wir links hinunter an einer kleinen glucksenden Quelle vorbei und überqueren eine Forst-

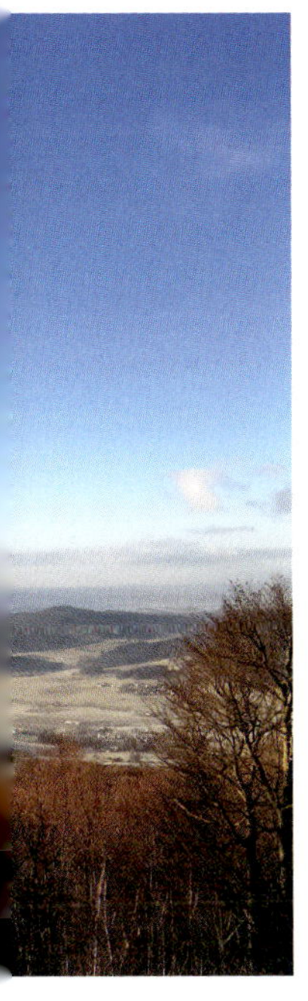

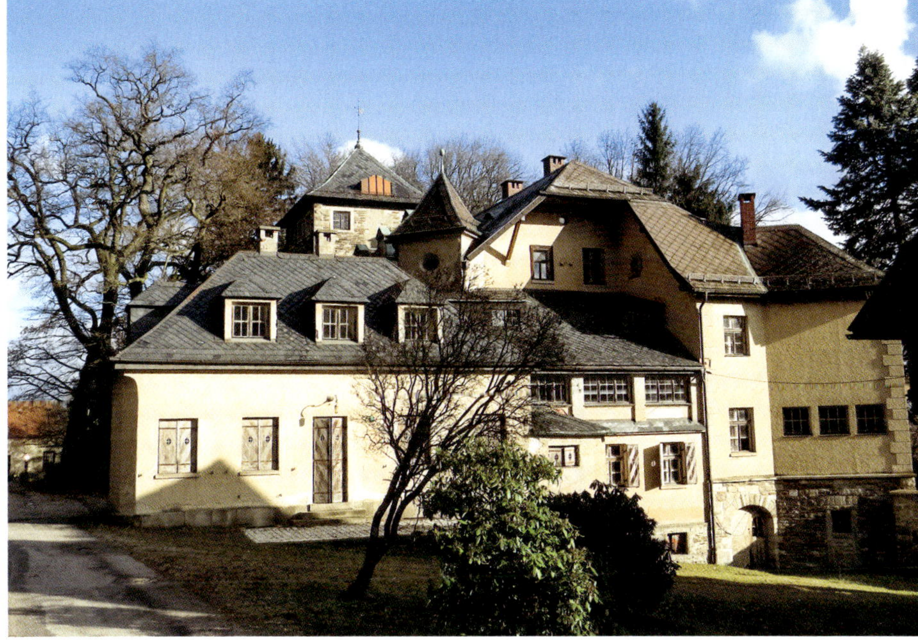

straße. Im folgenden Wald knickt der Weg nach links ab und endet dann auf einer Forststraße, der wir nach rechts abwärtsfolgen. Die Forststraße überquert eine Abfahrt und eine Lifttrasse und danach geradeaus eine Kreuzung. Nach einer zweiten Lifttrasse plätschert ein eiskalter Bach – eine Erquickung für die Füße.
200 Meter vor der Kapelle wird eine Quelle zu einer fünf Meter hohen Fontäne gezwungen. In der kalten Jahreszeit erzeugt der Sprühnebel bizarre Gebilde. Schließlich haben wir die Kapelle Mariä Heimsuchung in E **Voithenberg** erreicht.

Das alte Schloss Voithenberg steht am Beginn der Wanderung.

Mitte: Vom Leuchtturm schauen wir über das Chambtal in das Oberpfälzer Hügelland.

Drachensee und Aussichtsturm

Zum Ausguck Bayernwarte auf dem Dieberg

Leicht 2:20 Std. 310 m 7,7 km

Tourencharakter
Leichte, vorwiegend schattige Rundtour, größtenteils auf Naturwegen und Forststraßen durch Wälder und Wiesen, meistens markiert mit dem rot-weißen Zeichen und Fu1. Beim Abstieg von der Dieberghütte und am Bergkamm teilweise steiniger Weg

Ausgangs-/Endpunkt
Drachensee, 410 m

Höchster Punkt
Bayernwarte, 638 m

Anfahrt
Pkw: Von der A 3 Ausfahrt Straubing auf der B 20 nach Norden über Stallwang nach Furth im Wald und auf der Daberger Straße (CHA 4) zum Drachensee. Parkplatz GPS: N49°18'50" E012°52'04" **Bahn:** Von Regensburg bis Furth im Wald (www.bahn.de)

Gehzeiten
Drachensee – Hackerlkapelle 0:30 Std. – Bayernwarte 0:30 Std. – Dieberghütte 0:15 Std. – Bahnübergang 0:25 Std. – Campingplatz Einberg 0:20 Std. – Drachensee 0:20 Std.

Beste Jahreszeit
April bis Oktober

Einkehr
Café Zur Mühle (mit Mühlenladen), Seuchau 4, 93437 Furth im Wald, Tel. 09973/3133, www.cafe-drachensee.de; Dieberghütte (nur zeitweise bewirtschaftet), Dieberg; Imbissstube Camping Einberg, Daberger Straße, 93437 Furth im Wald, Tel. 09973/1811, www.campingeinberg.de

Karten
Kompass: Bayerischer Wald, Karte 198/1, 1:50 000

Der Wasserspeicher Drachensee bei Furth im Wald hat sich als Naherholungsgebiet etabliert. Der Wildgarten mit Unterwasserbeobachtungsstation und der Aussichtsturm Bayernwarte mit Fernsicht nach Böhmen sind touristische Anlaufpunkte der Region.

Aufstieg zur Hackerlkapelle Vom Parkplatz am Ⓐ **Drachensee** sehen wir auf der gegenüberliegenden Seite unser erstes Zwischenziel. Es ist das hohe Mühlengebäude mit dem Café Zur Mühle. Wir starten also nach links am See entlang, der das Wasser des Champbaches auffängt. Zum einen soll der See eine Attraktion für den Fremdenverkehr sein und zum anderen hält er Hochwasser zurück. Eine eindrucksvolle rostbraune Brückenskulptur beherrscht das Westufer des Sees. Sie ist eine künstlerische Auseinandersetzung mit dem Drachen-Mythos. Der Drache symbolisiert »das Böse, das aus dem Osten kommt«. Der Brückenbogen spannt sich versöhnlich nach Osten.

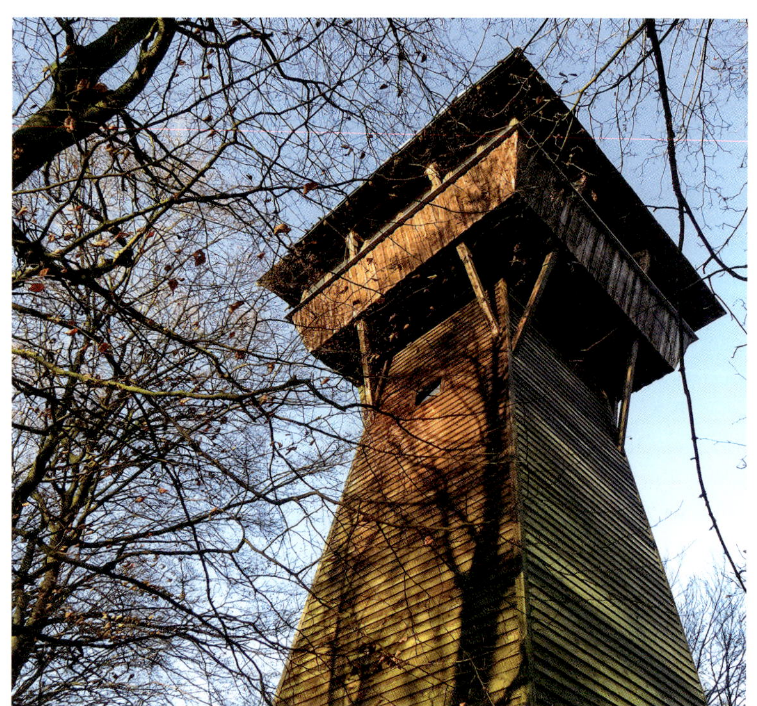

Am fernen Ostende des Sees befindet sich eine ökologische Regenerationszone, die vielen Wasservögeln neuen Lebensraum bietet. In Beobachtungsstationen kann die Vogelwelt beobachtet werden. In der Staumauer, die wir jetzt überschreiten, befindet sich eine Durchströmturbine, die kontinuierlich immerhin 115 Kilowatt leistet. Nach der Staumauer müssen wir 200 Meter neben der Straße laufen, dann können wir links auf den parallel verlaufenden Schotterweg ausweichen. Nach dem zweiten Haus und noch 100 Meter vor dem Mühlencafé steigen wir links den kleinen Weg hinauf. Oberhalb des großen Mühlengebäudes nehmen wir den Weg links in den

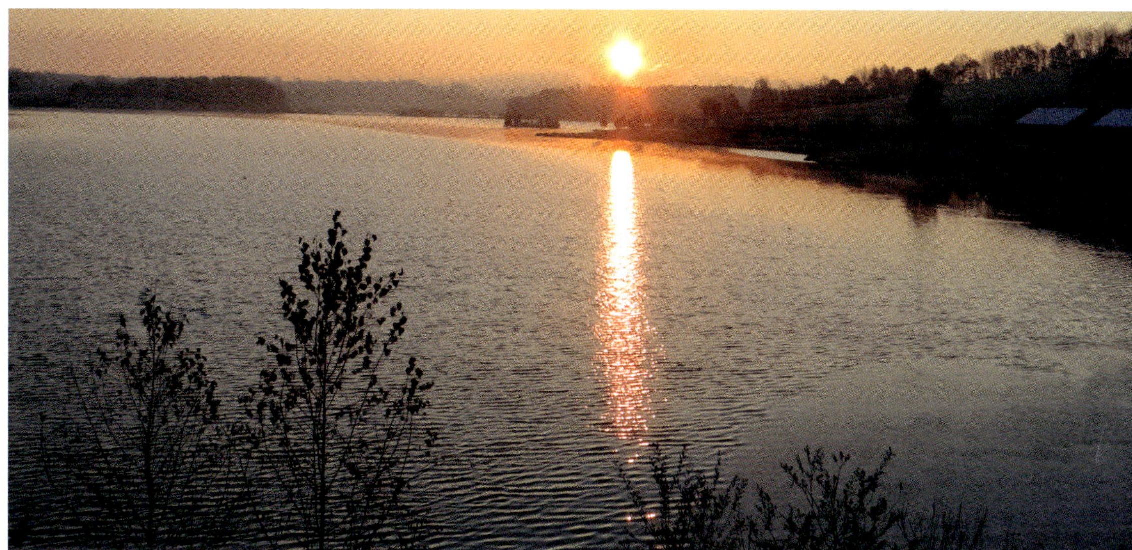

Wald aufwärts. Die Markierung ist rot-weiß und der Wegweiser zeigt in Richtung Dieberg und Aussichtsturm. Weiter oben queren wir über einen Tunnel die Bahnlinie und kommen zur versteckten ❶ Hackerlkapelle.

Bezauberndes Morgenlicht am Drachensee

Linke Seite: Die Bayernwarte überragt die Baumkronen.

Aufstieg zur Bayernwarte Neben der Kapelle steigen wir den alten Hohlweg in Richtung Norden in den Wald hinauf. Es ist der uralte Tillmitschauer Steig nach Böhmen hinüber. Bei einer Gabelung im Hochwald wandern wir rechts aufwärts weiter. An einer Kreuzung auf ebener Fläche bleiben wir geradeaus und an einer Gabelung in einer kleinen Buchenjugend halten wir uns links hinauf. Der letzte Anstieg zum Aussichtsturm Bayernwarte verläuft steil, aber schattig in hohem Buchenwald. Die ❷ Bayernwarte ist 20 Meter hoch und ermöglicht den Blick über die Baumwipfel hinweg auf die umliegenden Berge des Bayerischen Waldes und des Böhmerwaldes. Im Westen liegt Voithenberg mit der deutlichen

Der Wildgarten

Der Wildgarten liegt direkt am Wanderweg und an der Champ. Aus einem unterirdischen Beobachtungsstand können Besucher unmittelbar unter den Wasserspiegel eines Weihers schauen. Verschiedenste Fische zeigen sich hier in ihrem Lebensraum. Auf einer Fläche von zehn Hektar sind um den Teich Biotope angelegt und künstlerische Figuren ausgestellt (Eintritt 4 Euro, Tel. 09973/2933, www.wildgarten-furth.de).

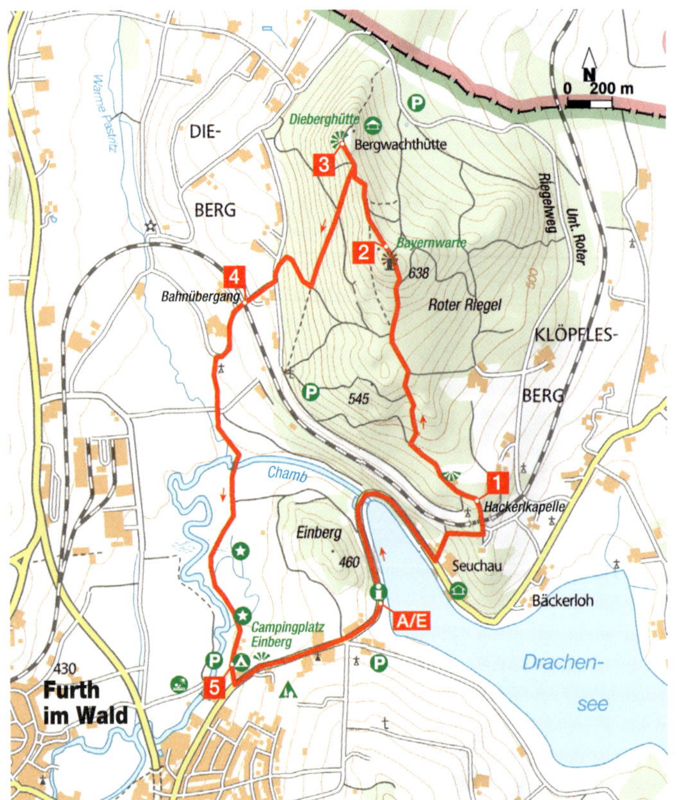

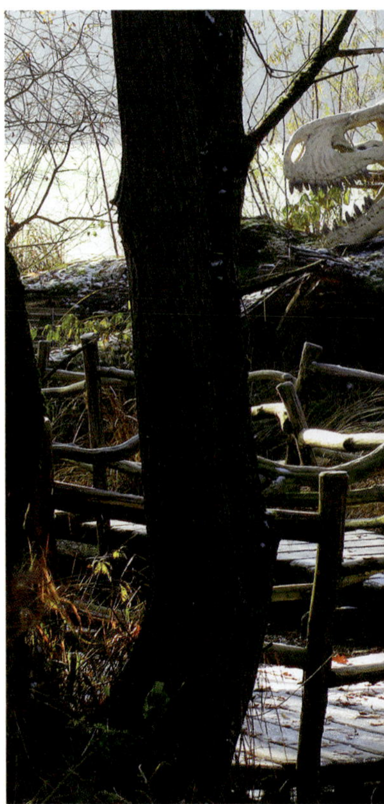

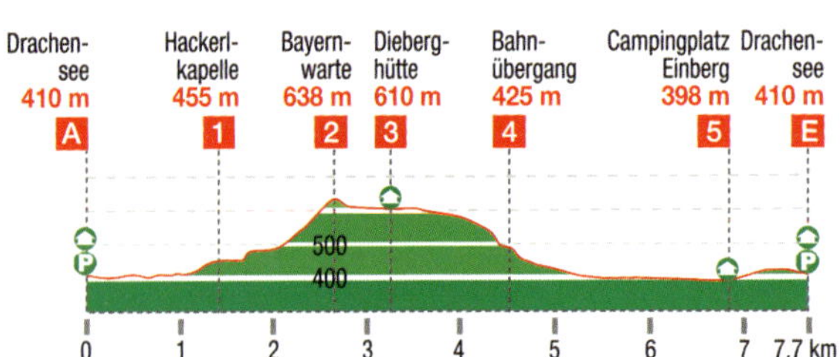

Spur der Liftanlage und weiter rechts das Gebiet des Dreiwappenfelsen (Tour 11). Noch weiter rechts sehen wir über der Grenze den Čerkov mit dem Radarturm auf der Spitze. Im Süden schauen wir auf den Hohen Bogen mit seinen zwei Türmen (Tour 13). Unten breitet sich im Talboden Furth im Wald aus.

Zur Dieberghütte Am kleinen Antennen-Relaishäuschen vorbei wandern wir auf dem Dieberger Rundweg vom Turm weg leicht abwärts nach Norden und bleiben nach 20 Metern geradeaus auf dem Kamm, aus dem die Granitblöcke herauserodiert sind. An einer Weggabel mit Aussicht nach Furth im Wald hinunter bleiben wir ebenfalls geradeaus immer auf dem deutlichen Kammweg. Zur ❸ **Dieberghütte** – bei gutem Wetter ein guter Picknickplatz – ist es dann noch ein kleiner Anstieg. 1938 stand hier oben ein Aussichtsturm der Wehrmacht zur Luftüberwachung. Das ehemalige Unterkunftsgebäude wurde von der Bergwacht zur heutigen Dieberger Hütte ausgebaut.

Abstieg zum Bahnübergang Dann gehen wir wieder 150 Meter zurück und an der Gabelung rechts auf dem Herbert-Hartl-Steig mit der Markierung Fu1 abwärts. An

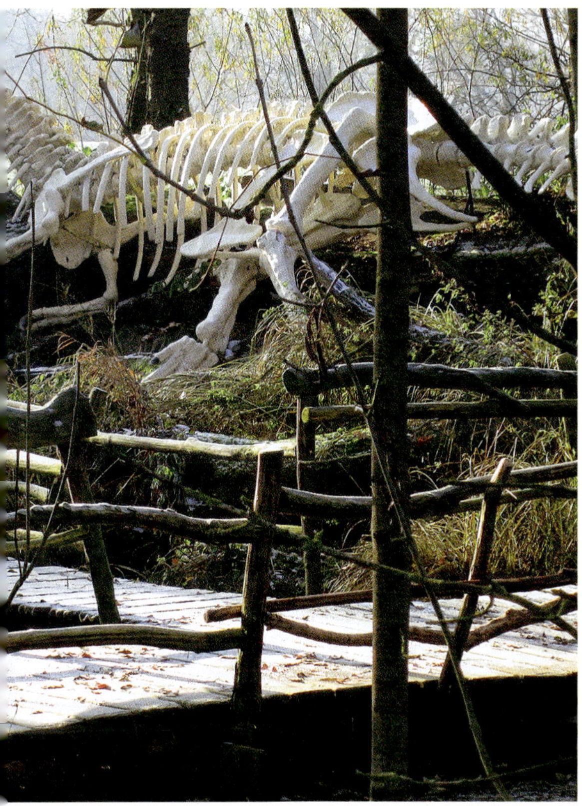

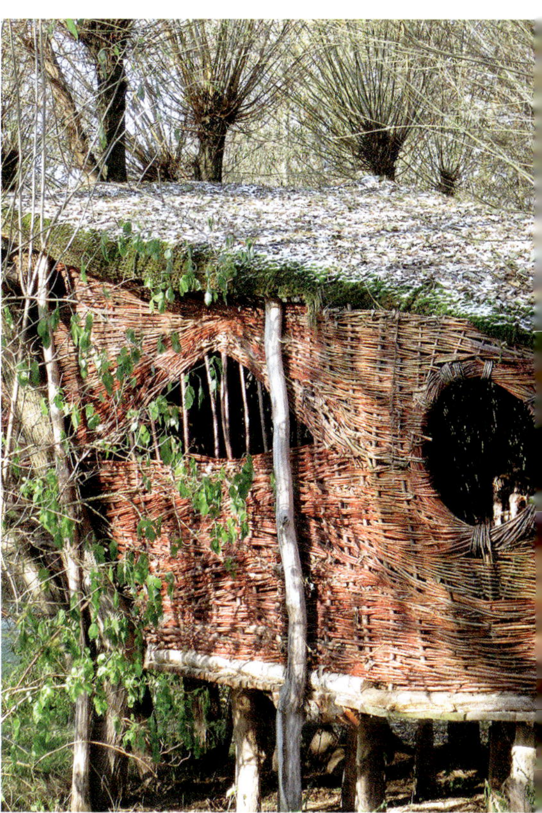

einer Weggabel im Hochwald folgen wir den deutlichen Markierungen rechts und kommen unten auf ein Asphaltsträßchen. Hier nach links. An der Kreuzung gehen wir rechts und kommen über den schon lange sichtbaren 4 **Bahnübergang**.

Innovative Baumhäuser inmitten der Baumaterial liefernden Kopfweiden

Mitte: Der Saurier steht im Further Wildgarten.

Zum Campingplatz Einberg Am Ende einer engen Rechtskurve biegen wir links auf den Feldweg ein und passieren ein Feldkreuz. Ein Blick zurück über die Wiese zeigt noch einmal den Čerkov in Tschechien mit dem Radarturm und natürlich den Dieberg. Dann erreichen wir eine Wegkreuzung vor der Brücke über den Bach Warme Pastritz, die in Tschechien entspringt. Hier bleiben wir ohne Markierung geradeaus am Rand der Wiese, entlang des Geländers und Baches. Links voraus über die Wiese ist von der Luftseite aus die Staumauer des Drachensees zu sehen.

An der Mündung der Warmen Pastritz in den Champ queren wir auf dem Brückchen mit dem Namen Notsteg das kleine Flüsschen. Weiter auf dem Feldweg durchstreifen wir geradeaus weite Wiesenflächen. Links schimmert das große Knochengestell eines Sauriers durch die Büsche. Es steht im Further Wildgarten, an dessen Eingang wir aber erst weiter vorne vorbeikommen. Ein Besuch unter dem Motto »Mut zur Wildnis« ist empfehlenswert. Gleich danach erreichen wir den 5 **Campingplatz Einberg**.

Zum Drachensee Nach dem Camp wandern wir auf der Daberger Straße (CHA 4) nach links zum Parkplatz am E **Drachensee** zurück.

13

Vier Tausender auf einen Streich

Über den Hohen Bogen

Mittel 2:40 Std. 330 m 7,5 km

Tourencharakter
Mittelschwere, meist schattige Rundtour auf Naturwegen und Forststraßen durch Wälder und über Gipfel, meistens rot-weiß oder mit den Zeichen Ri11 und Nk3 markiert. Zum Teil sehr steinige Wege und einfache Gipfelkletterei

Ausgangs-/Endpunkt
Parkplatz Diensthütte, 880 m

Höchster Punkt
Schwarzriegel, 1079 m

Anfahrt
Pkw: Von der A 3 Ausfahrt Straubing auf der B 20 über Stallwang nach Norden. Nach Cham auf der CHA 13 und CHA 5 nach Osten zum Hohen Bogen. Parkplatz GPS: N49°14'20" E012°54'29"
Bahn: Von Regensburg nach Furth i. Wald und mit der Buslinie 590 nur nach Neukirchen b. Hl. Blut (www.bahn.de)

Gehzeiten
Parkplatz Forstdiensthütte – Bärenriegel 0:40 Std. – Eckstein 0:20 Std. – Schwarzriegel 0:10 Std. – Berghaus Hohenbogen 0:20 Std. – Parkplatz Forstdiensthütte 1:10 Std.

Beste Jahreszeit
April bis Oktober

Einkehr
Berghaus Hohenbogen, Hohenbogenstraße 2, 93453 Neukirchen b. Hl. Blut, Tel. 09947/621, www.berghaus-hohenbogen.de; Forstdiensthütte Hohenbogen, 93485 Rimbach, Tel. 09941/6743

Karten
Kompass: Bayerischer Wald, Karte 198/2, 1:50 000

Hinweise
Die Zufahrtsstraße zum Ausgangspunkt ist für Fahrzeuge über drei Tonnen gesperrt.

Das Bergmassiv Hoher Bogen über dem Tal des Regen riegelt den Bayerischen Wald in geologischer Hinsicht gegen die böhmische Gebirgsmasse ab. Das dichte Gestein Amphibolit lässt wenig Wasser eindringen, was sich dem Wanderer in vielen Quellen zeigt.

Auf den Bärenriegel Vom **A Parkplatz Forstdiensthütte** steigen wir die Straße aufwärts zur bewirtschafteten Forstdiensthütte Hohenbogen. Die Schreibweise des Bergrückens ist »Hoher Bogen«; die Forstdiensthütte und auch das Berghaus haben aber die veraltete Schreibweise »Hohenbogen« beibehalten. Der Name ist von den Grafen von Bogen abgeleitet, die im 12. Jahrhundert auf dem Burgstall am westlichen Ende des Hohen Bogens eine Burg errichtet hatten, von der aber fast nichts mehr zu sehen ist.

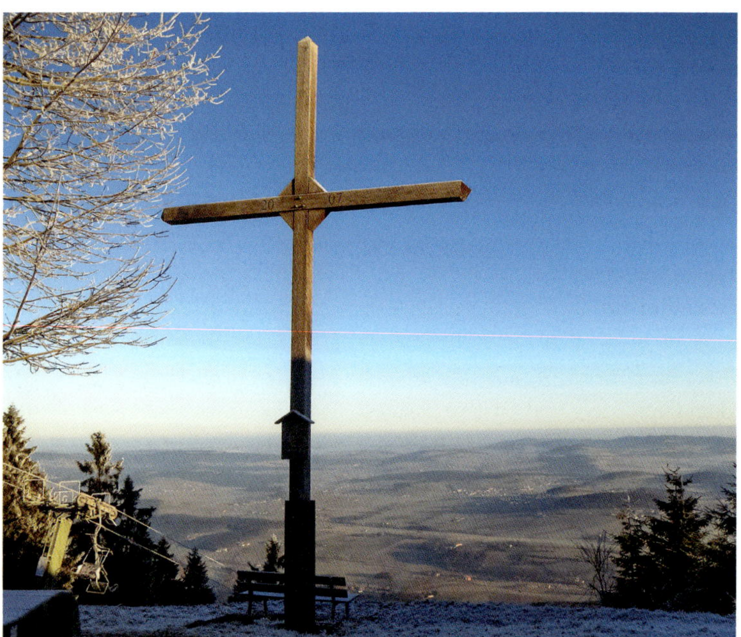

An der Forstdiensthütte Hohenbogen schwenken wir nach rechts auf den Weg der Höhenwanderung mit der Markierung Ri11 und Nk3 ein. Der

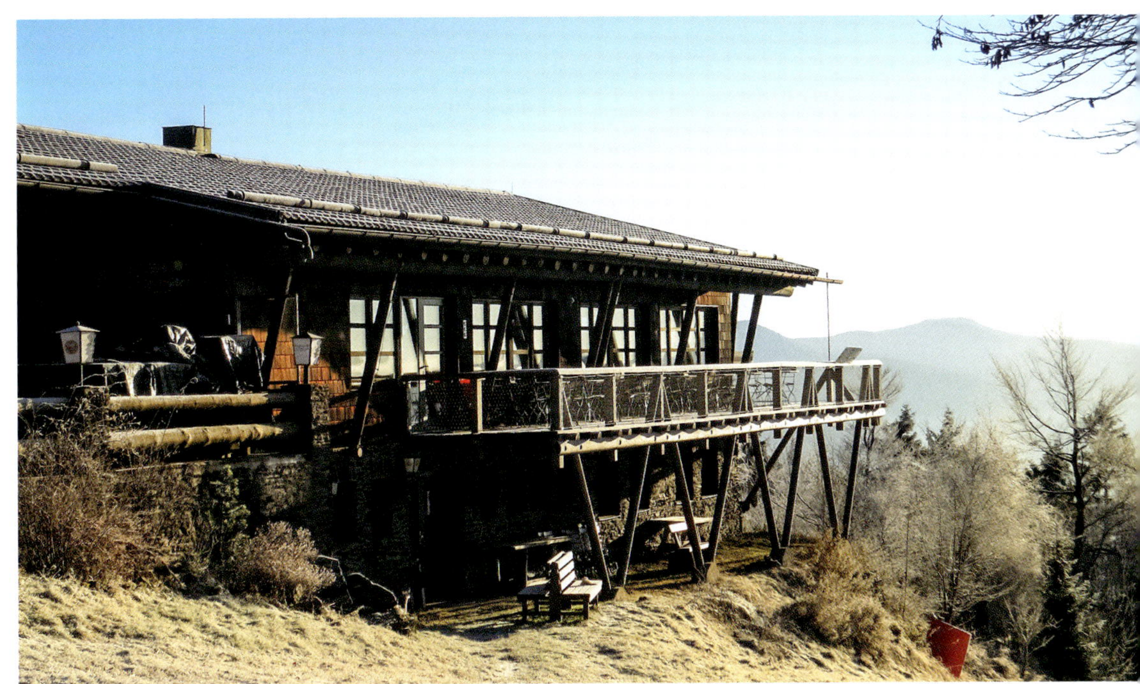

Das Berghaus Hohenbogen ist eine gute Einkehrmöglichkeit.

Linke Seite: Ausblick vom Gipfelkreuz des Ahornriegels neben dem Berghaus Hohenbogen

Weg zieht sehr steinig den Bergrücken hinauf. Auf einer Forststraße gehen wir nach links und schon nach 20 Metern nach rechts mit gleicher Markierung an einer kleinen Schutzhütte vorbei. 200 Meter nach der Forststraße müssen wir mit der Markierung Nk3 rechts hinauf. Ein Blick zurück zeigt den 976 Meter hohen Burgstall, auf dem der Bayerische Rundfunk den Sender Hoher Bogen betreibt. Eine Sage vermutet auf dem Burgstall einen verborgenen Schatz. Am Ende des Aufstiegs weist ein hölzerner Wegweiser in Richtung zum Bärenriegel nach links. Vom ❶ Bärenriegel aus reicht der Blick bis zu den Alpen.

Auf den Eckstein Weiter geht es auf dem Gipfelsteig und an einer Gabelung geradeaus mit der Markierung Ri11. Es folgt ein steiler Aufstieg auf das mit Betonplatten verunstaltete Gipfelplateau des ❷ Ecksteins, aber die Aussicht hinunter nach Neukirchen beim Heiligen Blut ist fantastisch.

Metamorpher Amphibolit

Der Hohe Bogen nimmt als Amphibolitmassiv eine geologische Sonderstellung ein. Amphibolit ist ein Gestein, das durch die metamorphe Umwandlung von Basalt oder Gabbro entstanden ist. Die Umwandlung von Gabbro zu Amphibolit geschah unter Hitze und Druck tief im Erdinnern. Die böhmische Gebirgsmasse mit dem übrigen Bayerischen Wald besteht aber überwiegend aus kristallinem Granit und Gneis.

Auf den Schwarzriegel In Richtung Südosten stehen die Radartürme geradezu surreal vor uns. Dies war ursprünglich ein NATO-Horchposten, der sogenannte »Fernmeldesektor F«. Wir gehen weiter am Zaun entlang und kommen zum Eingang der nun zivilen Anlage. Die neue luftige Außentreppe führt zur Aussichtsplattform in 50 Meter Höhe, wo eine herrliche Fernsicht in jede Richtung garantiert ist. Der Kassenautomat verlangt allerdings 6,00 €. Bei schlechtem Wetter und im Winter bleibt

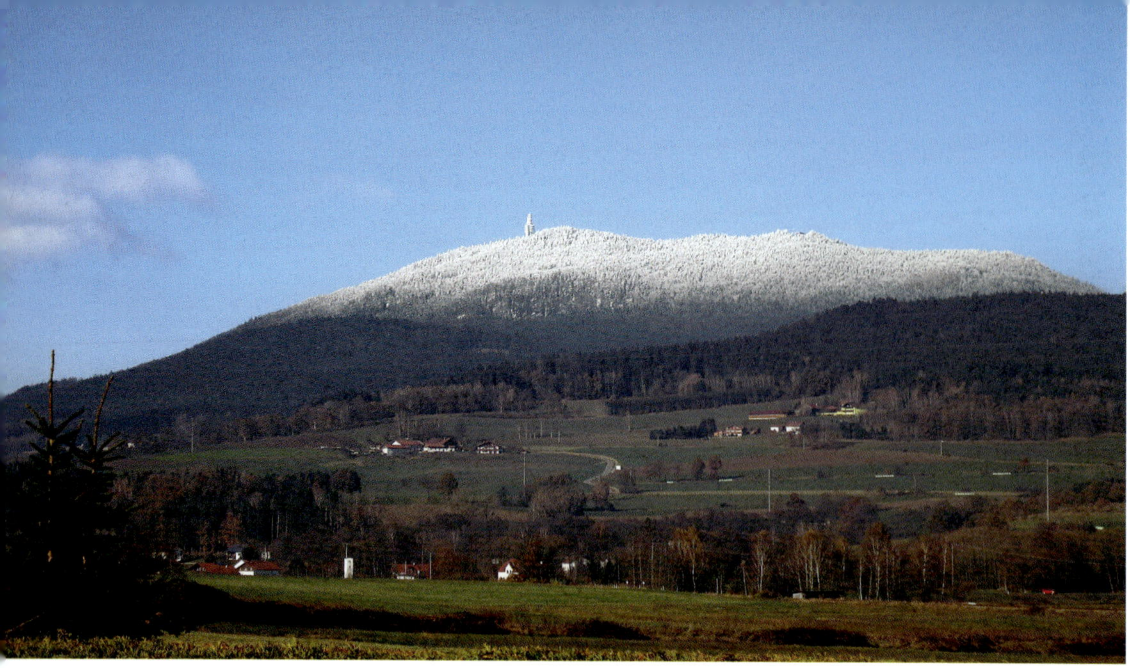

Die Radartürme auf dem Hohen Bogen ragen surreal aus dem Wald heraus.

die Plattform geschlossen. Die Anlage gibt auch Anlass, über ihre frühere Bestimmung nachzudenken. Es ging um die Konfrontation unterschiedlicher Ideologien. Die Türme waren Symbol für die Fehde zwischen Ost und West. Die neue Aussichtsplattform soll hingegen ein Symbol und Wunsch für eine vereinte Menschheit sein. Wir bleiben direkt weiter am Zaun, folgen ihm nach rechts und wenden uns etwa in seiner Mitte nach links auf den kleinen Pfad. Der Gipfelrücken des **3** **Schwarzriegels** ist ausgesprochen wildromantisch und wahrscheinlich der schönste Abschnitt dieser Tour. Bänke laden zur Rast in einmaliger Waldwildnis ein, mit Ausblick nach Neukirchen beim Heiligen Blut.

Zum Berghaus Hohenbogen Vom Schwarzriegel geht es in östliche Richtung natürlich wieder hinunter und letztlich auf einem Holzrückeweg nach links schwenkend zu einer Asphaltstraße, die wir geradeaus in Richtung Berghaus Hohenbogen über-

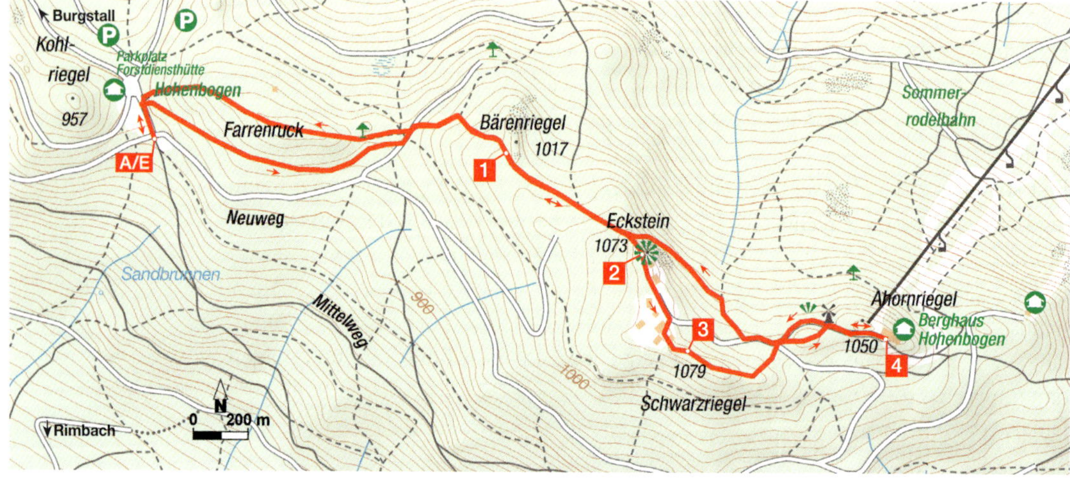

queren. Nach 20 Metern wandern wir rechts den Steig mit der Markierung Nk3 und Ri11 hinauf. Wieder kommen wir auf das Asphaltsträßchen zum Berghaus, dem wir nach rechts folgen und auch gleich das 4 **Berghaus Hohenbogen** erreichen. Die große Berghütte ist eine ausgezeichnete Einkehrmöglichkeit und das Panorama ist überwältigend.

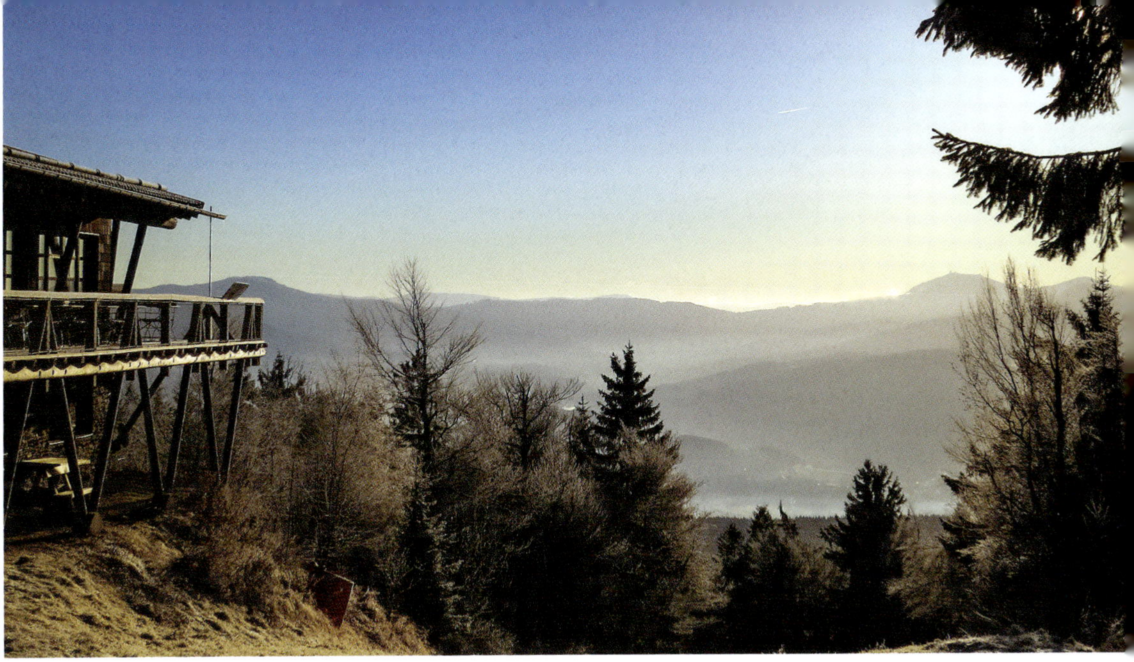

Aussicht am Berghaus Hohenbogen zum Arber

Zum Parkplatz Forstdiensthütte Auf dem Asphaltsträßchen wandern wir zurück, aber nun 15 Meter vor der Kreuzung mit der Zufahrtsstraße zu den Radartürmen nach rechts auf den kleinen Weg mit der Markierung Nk3 in Richtung Diensthütte. Der Weg unterhalb des Ecksteins vorbei ist wieder sehr steinig und erfordert volle Aufmerksamkeit. Dann treffen wir an einer Kreuzung auf den schon bekannten Weg und wenden uns auf diesem nach rechts. An der Forststraße gehen wir nun aber nicht nach links, woher wir gekommen sind, sondern queren sie und nehmen gleich den rechten Schlepperweg, der dann eine Linkskurve beschreibt und nach der Kurve abwärtsführt.

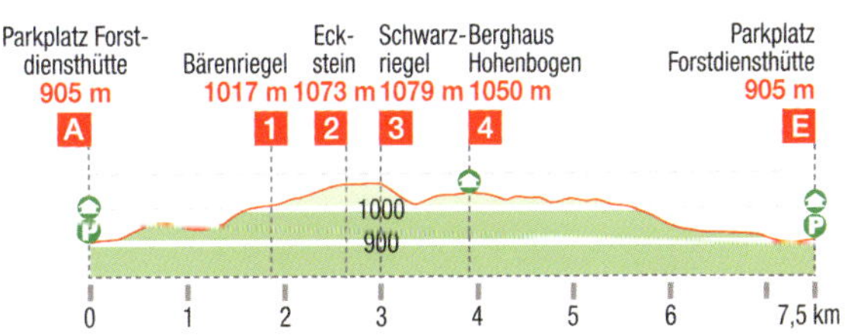

Erst später findet sich eine rot-weiße Markierung. An einer Weggabel nach einem Jagdansitz bleiben wir rechts abwärts und achten in der Folge auf den Abzweig eines kleinen Steiges an der linken Seite. Nur ein schwach roter Pfeil und eine rotweiße Markierung auf der Rückseite eines Baumes weisen den Weg auf den Auerhahnsteig, der im Wesentlichen auf gleicher Höhe bleibt. Der Auerhahnsteig geht in eine Schlepperspur über. An einem Abzweig nehmen wir die linke Spur und steigen dann zur Forstdiensthütte Hohenbogen hinab. Interessant sind das 1846 erbaute Holzhaus und die Einkehrmöglichkeit. Hier sind es nur noch 200 Meter hinunter zum E **Parkplatz Forstdiensthütte**.

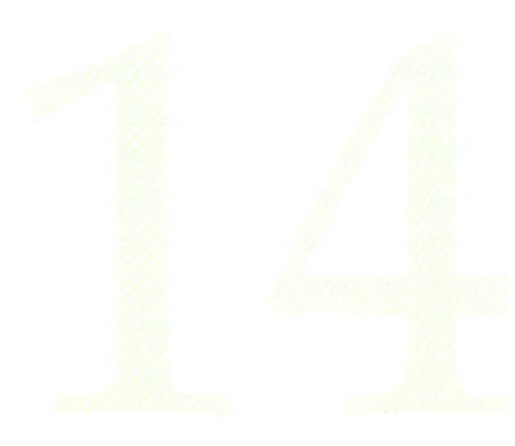

Bizarre Felsformationen im Gneis

Großer Riedelstein auf dem Kaitersberg

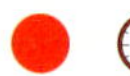   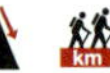 

Mittel 3:20 Std. 540 m 9,1 km

Tourencharakter
Mittelschwere, vorwiegend schattige Rundtour auf Naturwegen und Forststraßen durch Wälder und über Bergkämme, meistens rot-weiß markiert mit den Symbolen Ho1, Ar 10, Ho6 und dem Goldsteig-Symbol. Trittsicherheit und Schwindelfreiheit sind erforderlich.

Ausgangs-/Endpunkt
Hudlach, 810 m

Höchster Punkt
Großer Riedelstein, 1122 m

Anfahrt
Pkw: Von der A 3 Ausfahrt Straubing auf der B 20 nach Norden und der St 2140 nach Nordosten über Bad Kötzting nach Hudlach. Parkplatz GPS: N49°10'55" E012°56'38" **Bahn:** Über Cham nach Hohenwarth (www.bahn.de)

Gehzeiten
Hudlach – Mittagstein 0:45 Std. – Hoher Stein 0:45 Std. – Großer Riedelstein 0:35 Std. – Brunnen 0:30 Std. – Hudlach 0:45 Std.

Beste Jahreszeit
April bis Oktober

Einkehr
Berghaus Kötztinger Hütte, 93480 Hohenwarth, Tel. 09946/290, www.koetztinger-huette.de; Hotel Restaurant Birkenhof, Auf der Rast 7, 93497 Grafenwiesen, Tel. 09941/1582, www.hotel-birkenhof.de, Gasthaus Gut Eschlsaign, Eschlsaign 1, 93474 Arrach, Tel. 09943/1273

Karten
Kompass: Bayerischer Wald, Karte 198/2, 1:50 000

Hinweise
Die steilen und schwierigen Rauchröhren können auf leichtem Weg umgangen werden.

»O du mein Kaitersberg, O du mein Zellertal. Sehen möcht ich dich ein einziges Mal« – so heißt es im Kaitersberg-Lied. Die Panoramen vom Kaitersberg stellen schon etwas Besonderes dar. Die Rauchröhren sind die schwierigsten Kletterfelsen im Bayerwald.

Auf den Mittagstein Vom Parkplatz kurz vor **A** **Hudlach** steigen wir auf der Straße hinauf zur kleinen Ansiedlung Hudlach mit zwei Häusern. Nach dem Ortsschild wandern wir rechts mit der Markierung Ho1 die Forststraße hinauf in Richtung Kötztinger Hütte. An einer Gabelung bleiben wir geradeaus auf dem immer steiler werdenden Forstweg. Der Berghang mit seinen offen liegenden Felsen und altem Baumbestand vermittelt wilde Romantik. Auf der rechten Seite ergibt sich ein schöner Blick auf den Hohen Bogen (Tour 13). An einer Weggabel vor einem Marterl an einem großen Felsen müssen wir links hinauf und an einer T-Kreuzung mit Picknicktisch nach links auf dem Goldsteig in Richtung Mittagstein. Auf dem 1034 Meter hohen **1** **Mittagstein** erhebt sich ein Denkmal, von dem sich ein guter Ausblick in den Lamer Winkel hinunter ergibt.

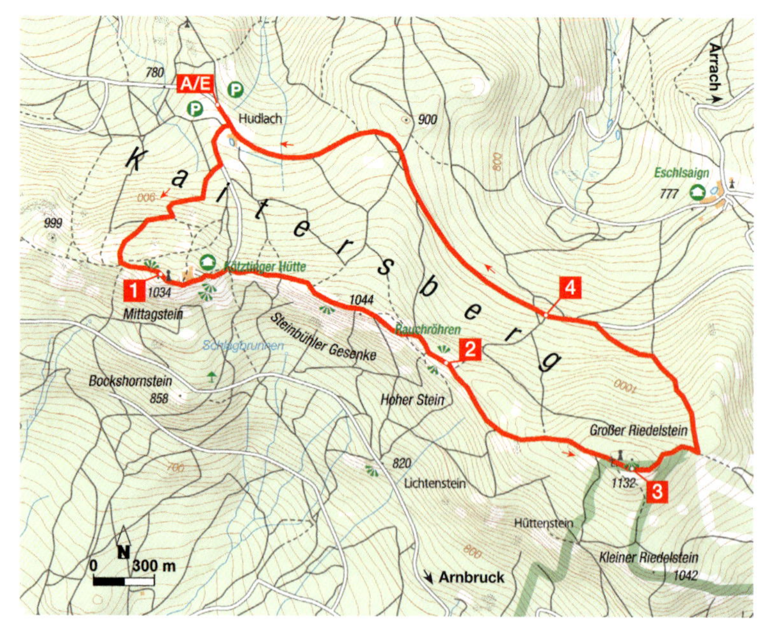

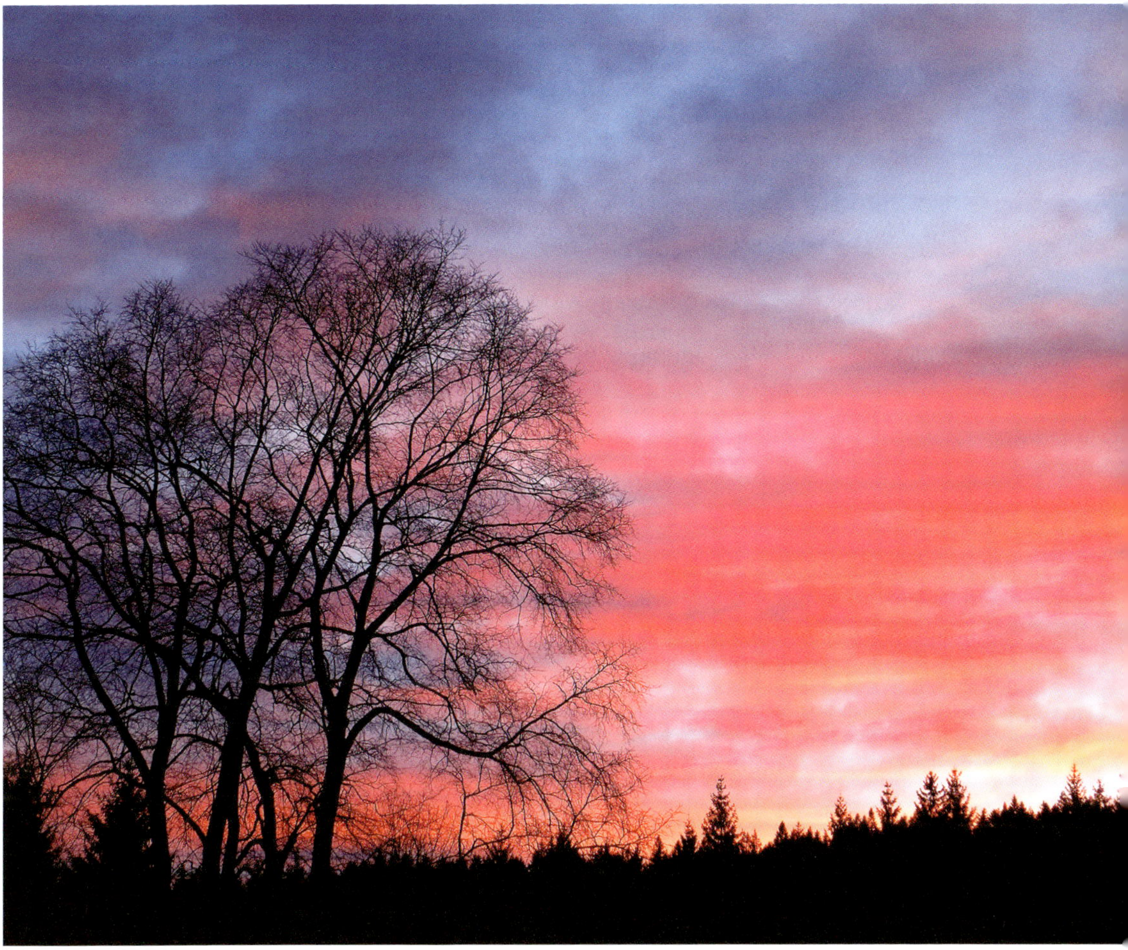

Morgenrot bei Hudlach. Ob das Wetter für die Wanderung halten wird?

Zum Hohen Stein An der bewirtschafteten Kötztinger Hütte geht es auf dem Goldsteig vorbei abwärts. Am zweiten Abzweig nach rechts wandern wir mit der Markierung des Goldsteigs auf dem Europawanderweg E6 in Richtung Rauchröhren und bleiben immer auf dem romantischen Kammweg. An einer Kreuzung müssen wir in Richtung Rauchröhren nach rechts hinauf. Am Steilabbruch der Steinbühler Gesenke laufen wir auf der Felskante, die für manche Wanderer schwindelerregend sein kann. 500 Meter tiefer liegt das Zellertal. Teilweise besteht Aussicht nach Norden zum Hohen Bogen und nach Süden in das Zellertal. Die Kaitersberg-Felshänge mit den geradezu »chaotischen« Felsgebieten des Steinbühler Gesenkes sind Schutzgebiet. Wegen des Lebensraumes der Luchse besteht ein Betretungsverbot.

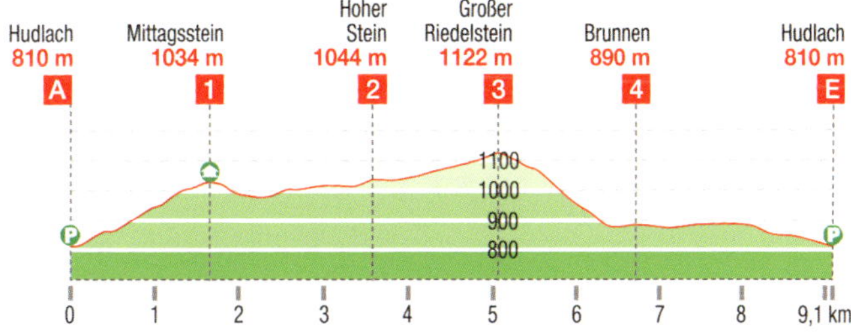

Auch leben hier oben Wanderfalken und Auerwild. Das Auerhuhn benötigt einen sehr abwechslungsreich strukturierten Lebensraum, der auf dem Kaitersberg gegeben ist. Bei Störungen zeigt das Auerwild sehr empfindliches Fluchtverhalten. Daher müssen wir unbedingt auf den Wegen bleiben und uns ruhig verhalten.

Der Weg könnte nicht romantischer sein. Zwischen riesigen Felsen windet sich der Steig aufwärts. An einer Weggabel gehen wir links weiter in Richtung Rauchröhren. Dies ist ein schwieriger Weg mit sogar alpinem Charakter. Wer bis hierher schon nahe an seine persönlichen Grenzen kam, sollte den rechten, leichteren Weg nehmen. Der schwierige Weg ist eine Kletterei hinauf auf den ❷ **Hohen Stein** oberhalb der Rauchröhren.

Gneis am Kaitersberg

Gneis ist das Gestein der bizarren Felsformationen auf dem Kaitersberg und durch Metamorphose unter hohem Druck und hohen Temperaturen aus anderen Gesteinen wie zum Beispiel Granit entstanden. Die Tektonik brachte den Gneis an die Erdoberfläche. An den Rauchröhren zeigt sich deutlich die Struktur von Granitgneis. Das vorherige kristalline Gefüge ist zu einer verpressten Schieferung geworden.

Auf den Großen Riedelstein Vom Hohen Stein geht es steil und schwierig durch die Rauchröhren hinunter. Das Naturdenkmal Rauchröhren wird durch zwei über 30 Meter hohe Felsen gebildet. Wenn Nebel oder Wolken bergwärts ziehen, steigen sie durch die Felsspalte wie durch einen Kamin nach oben. Die Felsen sind als beliebtes Klettergebiet stark frequentiert.

Hier stoßen wir auch wieder auf den leichteren Weg und gehen weiter nach Südosten in Richtung Großer Riedelstein. An der Schutzhütte vor dem felsigen Gipfelaufbau ist auch schon oben das große Denkmal zu sehen, das dem Dichter Maximilian

Von der Kötztinger Hütte aus ist das Zellertal zu überblicken.

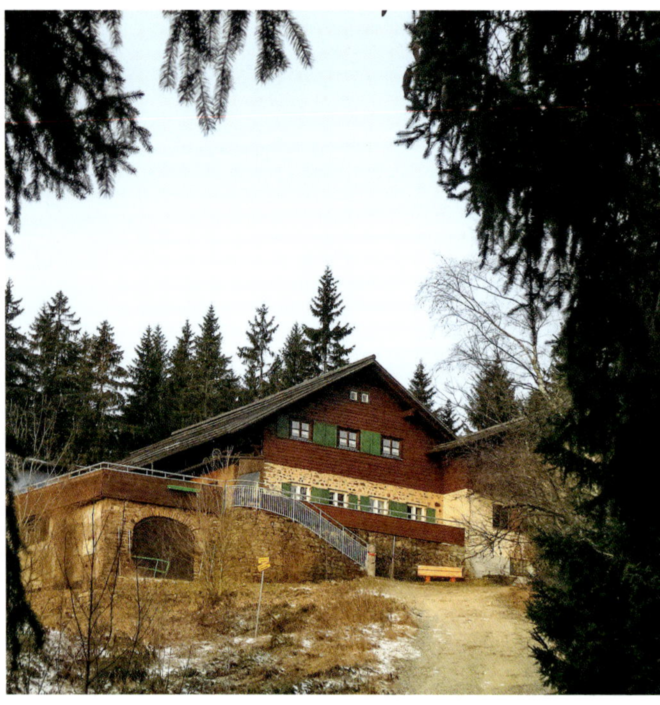

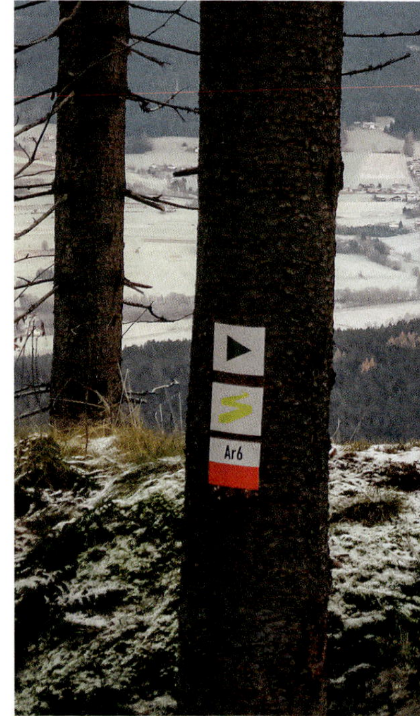

Schmidt, genannt »Waldschmidt« (1832–1919), gewidmet ist. Der ❸ **Große Riedelstein** ist von der Schutzhütte aus gesehen am besten rechts herum zu besteigen. Von dort kann man auf demselben Weg zum Mittagstein zurückkehren und in der Kötztinger Hütte einkehren. Dieser Weg muss nicht beschrieben werden. Aber es gibt auch eine schnelle Variante auf Forstwegen zurück nach Hudlach.

Zum Brunnen Wir bleiben auf dem Weg mit der Markierung Ar10 in Richtung Eschlsaign nach Osten. Am oberen Ende einer Lifttrasse biegen wir nach links und verlassen nach 50 Metern den markierten Weg geradeaus auf die Schlepperspur ohne Markierung steil abwärts. Dabei gehen wir direkt auf die 70 Meter hohen Radartürme auf dem Hohen Bogen zu. An einer Weggabel nehmen wir den rechten Weg noch steiler hinab. Unten treffen wir auf eine fast ebene Forststraße und folgen ihr mit der Markierung Ho6 nach links. An einem ❹ **Brunnen** können wir die Füße kühlen und auf der Picknickbank rasten.

Nach Hudlach Von der Forststraße aus könnten wir in einem Abstecher rechts in 15 Minuten das Gut Eschlsaign mit seinem schönen Biergarten erreichen und dort einkehren. Der Berggasthof Eschlsaign ist eine traditionsreiche Einkehr. Das Gut Eschlsaign liegt im Lamer Winkel und ist auch an einem Aussichtspunkt von der Forststraße aus zu sehen. Der einst abgeschieden liegende Lamer Winkel wurde im 13. Jahrhundert vom Kloster Rott gerodet und besiedelt. Glashütten, Glasschleifen und Hammerwerke siedelten sich im 19. Jahrhundert an. Heute ist der Lamer Winkel ein beliebtes Urlaubsgebiet, das durch die Oberpfalzbahn gut erschlossen ist. Die Forststraße bringt uns direkt nach Ⓔ **Hudlach** zurück.

Mitte: Blick vom Wanderweg hinunter nach Arrach

Die Felsen um die Rauchröhren sind ein begehrtes Klettergebiet.

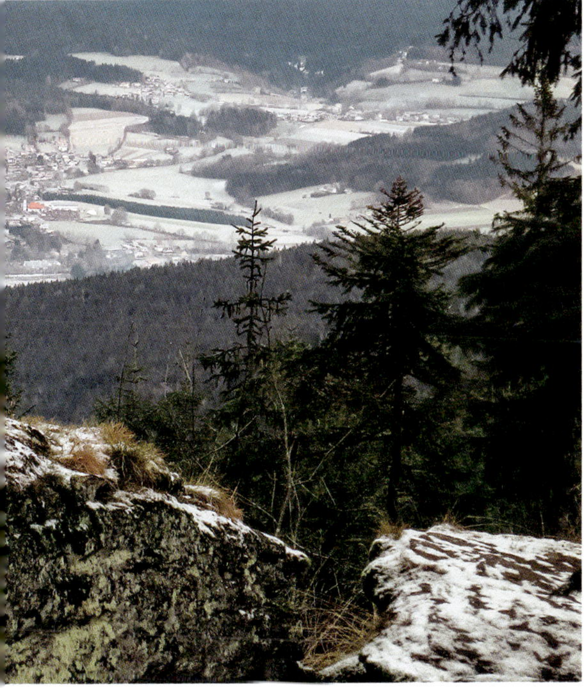

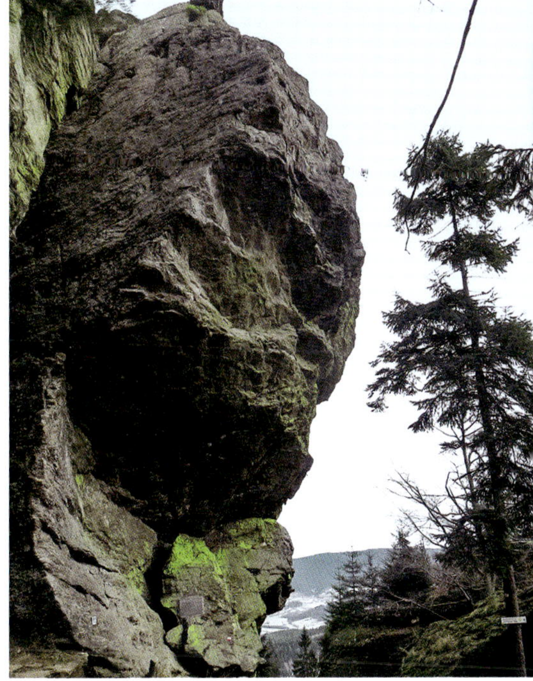

15

Panorama über dem Böhmerwald

Großer Osser – ein ganz besonderer Fels

Mittel 2:30 Std. 410 m 5,2 km

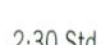

Tourencharakter
Mittelschwere, vorwiegend schattige Rundtour auf Naturwegen, Forststraßen durch Wälder und über kahle Gipfelbereiche und Felsen, markiert mit La1 und La3. Im Gipfelbereich felsige Partien

Ausgangs-/Endpunkt
Wanderparkplatz Auf'm Sattel, 920 m

Höchster Punkt
Großer Osser, 1293 m

Anfahrt
Pkw: Von der A 3 Ausfahrt Deggendorf Mitte auf der B 11 nach Norden, dann über Arrach nach Lam. Dort auf der Lambacher Straße zum Wanderparkplatz. GPS: N49°12'29" E013°05'16"
Bahn: Von Regensburg bis Lam (www.bahn.de)

Gehzeiten
Wanderparkplatz Auf'm Sattel – Kreuzung Künische Kapelle 1:00 Std. – Großer Osser 0:15 Std. – Kreuzung Künische Kapelle 0:15 Std. – Kleiner Osser 0:15 Std. – Osserwiese 0:15 Std. – Wanderparkplatz Auf'm Sattel 0:30 Std.

Beste Jahreszeit
Mai bis Oktober

Einkehr
Osserschutzhaus, Osser 1, 93462 Lahm, Tel. 09943/1351, www.waldverein-lam.de; Hotel Rösslwirt, Engelshütter Straße 1, 93462 Lahm, Tel. 09943/1275, www.roesslwirt.de

Karten
Kompass: Bayerischer Wald, Karte 198/2, 1:50 000

Hinweise
Bergschuhe und Trittsicherheit erforderlich

Der Osser ist stark besucht, denn er wird auch von Tschechien aus gerne bestiegen. Er schenkt uns ein herrliches Panorama über die Heimat der Bergwanderer aus dem Nachbarland und derer aus dem Bayerischen Wald. Ganz besonders ist die Geologie.

Zur Kreuzung an der Künischen Kapelle Vom Ⓐ **Wanderparkplatz Auf'm Sattel** steigen wir am Beginn des Parkplatzes nach Osten in Richtung Osser mit der Markierung La1 auf. Im Prinzip bleiben wir immer geradeaus und stetig aufwärts und kommen an einer Quelle am Teufelstritt vorbei. Die dazugehörige Sage wird auf einer Infotafel erzählt. Wahrscheinlich stammt die Felsritzung mit Jahreszahl eher von Hirten jener Zeit.
Eine größere Forststraße wird überquert, dann erreichen wir bald die ❶ **Kreuzung an der Künischen Kapelle**, die rechts versteckt im Wald liegt. Auf dem Weg zum Kleinen Osser kommen wir später direkt vorbei.

Auf den Großen Osser Wir bleiben an der Kreuzung an der Künischen Kapelle geradeaus und kommen zur Bergwachthütte mit Hubschrauber-

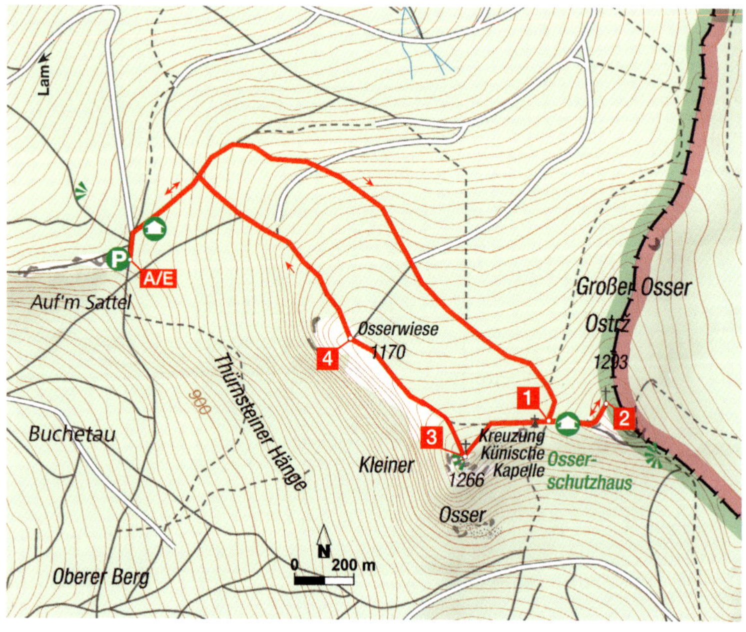

landeplatz unterhalb des felsigen Gipfelaufbaus des Großen Osser. Hier oben hat der Sturm Kyrill den Wald im Jahr 2007 flachgelegt. Nach der Bergwachthütte, die früher Zollstation war, gestaltet sich der Weg als felsiger Aufstieg, der zum Teil mit Geländer versehen ist. Dann steigen wir genau entlang der Grenze weiter hinauf. Kurz vor dem Gipfel kommen wir in einer Engstelle noch an dem »Berührstein« vorbei. Eine geschliffene Stelle kann gerne berührt werden und versinnbildlicht den Kontakt mit den Menschen und der Landschaft beiderseits der Grenze. Eine Aktionsgemeinschaft arbeitet hier an gemeinsamen Projekten (www.kuenisches-gebirge.de). Der Begriff »Künisches Gebirge« bezieht sich übrigens auf den Grenzwald »Königlicher Wald« und auf das Siedlungsgebiet der »Künischen Freibauern« aus Bayern, die einst der böhmische König Wratislav im 12. Jahrhundert hier ansiedelte.

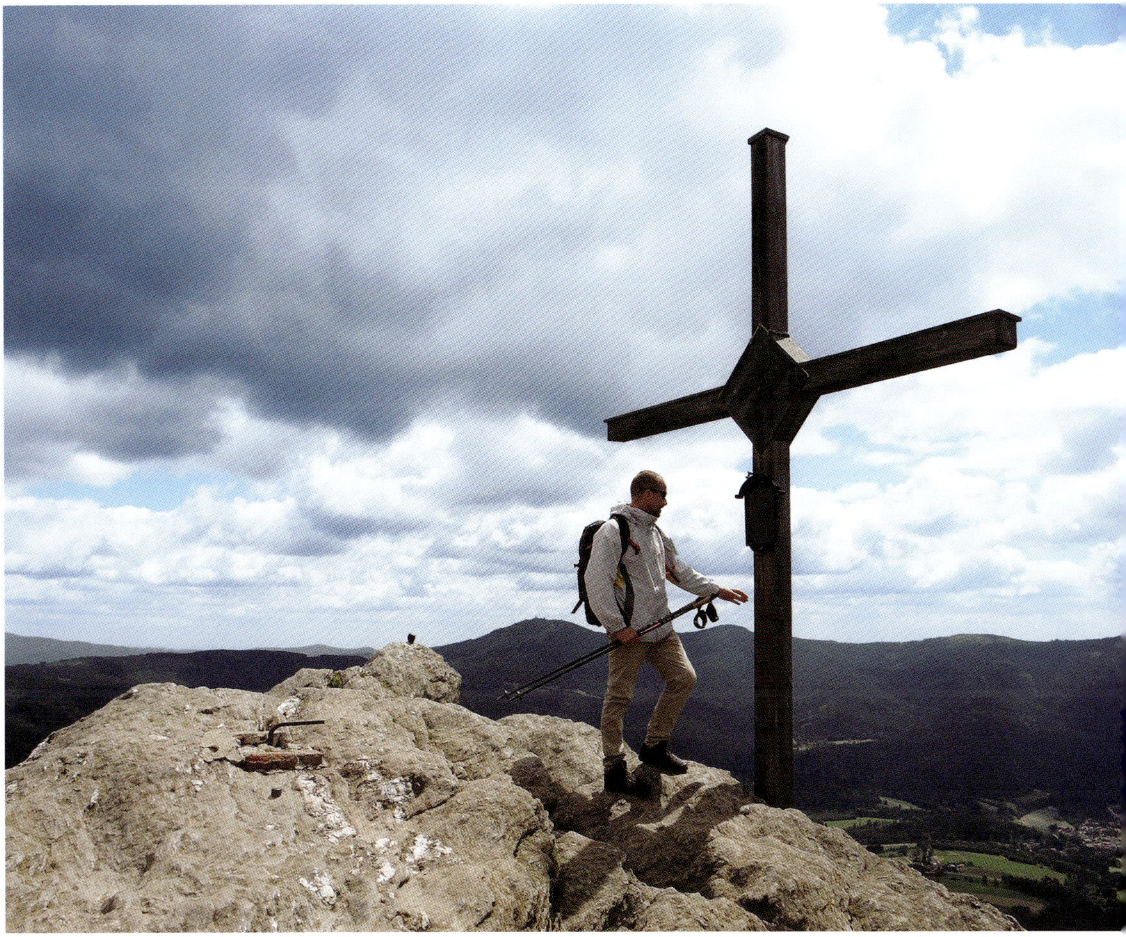

Am Gipfelkreuz des Großen Osser

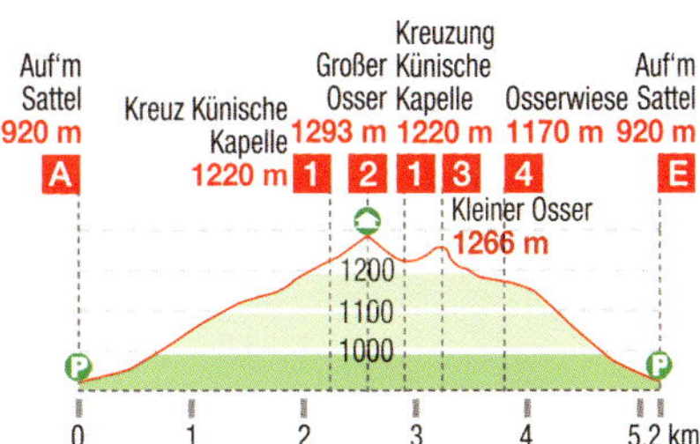

Jetzt ist auf der anderen Seite auch schon das Osserschutzhaus zu sehen. Wir aber klettern erst hinauf auf den Gipfel des 2 Großen Osser. Der Osser besteht aus hartem Quarzit und Glimmerschiefer und zeigt deshalb einen solch bizarren Gipfelauf-

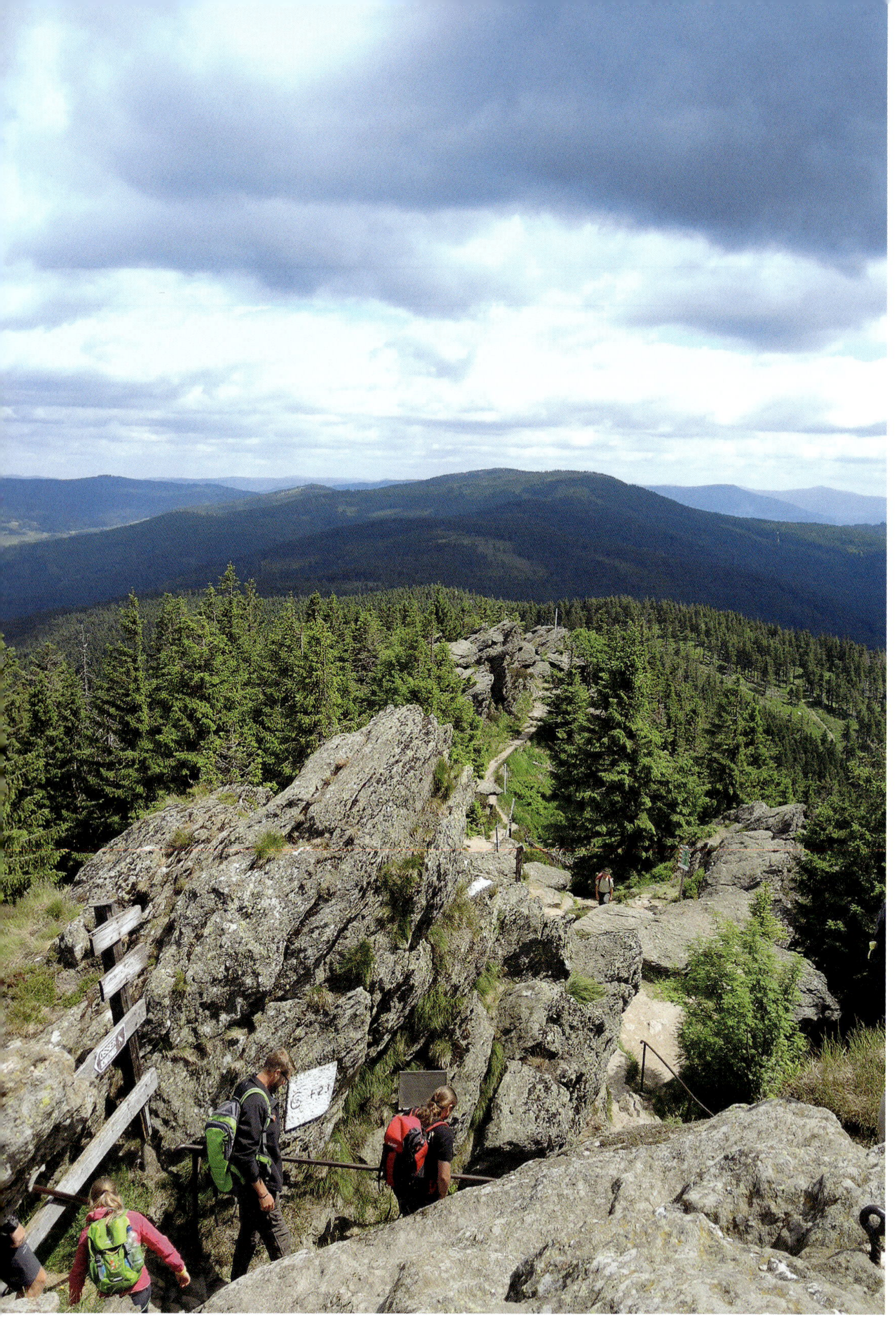

bau. Quarzit ist ein metamorphes Gestein, also Umwandlungsgestein, tief aus dem Erdinnern. Einst waren dies quarzreiche Sandsteine und tonige Ablagerungen eines Meeresbodens, die in den Phasen der Gebirgsbildung absanken, unter Druck und Hitze eine Verwandlung (Metamorphose) erlebten und wieder nach oben kamen. Andere Berge des Bayerischen Waldes sind aus Granit, der zwar auch hart ist, aber doch schneller verwittert als Quarzit.
Der Osser ist wirklich ein markanter Grenzberg. Der Grenzkammweg liegt nun deutlich unter uns. Er markiert die Wasserscheide über Moldau und Elbe zur Nordsee und über Regen und Donau zum Schwarzen Meer. Der Panoramablick schweift über den Böhmischen Wald und über den Bayerischen Wald bis zum Arber (Tour 17) und zu den anderen Gipfeln. Unten im Tal breitet sich der Lamer Winkel aus. Eine Einkehr auf der Terrasse des Osserschutzhauses ist wohlverdient.

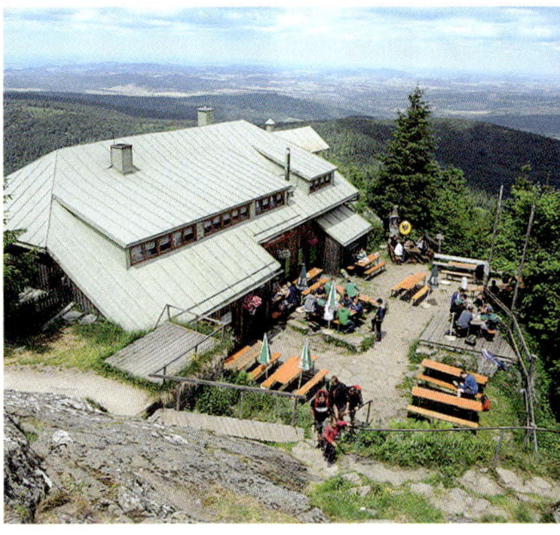

Das Osserschutzhaus ist eine gute Einkehr.

Zur Kreuzung an der Künischen Kapelle Der Weg zum Kleinen Osser führt wieder hinunter an der Bergwachthütte vorbei, erneut zur 1 Kreuzung an der Künischen Kapelle und jetzt links zur Kapelle. Sie wurde vom Bayerischen Waldverein 1986 aus Gneis vom Weißen Riegel, der weiter nördlich an der Grenze liegt, errichtet. Am ersten Sonntag im August findet hier alljährlich die Osserkirchweih statt. Interessant ist auch der alte Grenzstein mit dem bayerischen Wappen aus dem Jahr 1772 vor der Kapelle. Er stand allerdings früher direkt an der Grenze und wurde hierher als Schaustück versetzt.

Zum Kleinen Osser An der Künischen Kapelle gehen wir vorbei und müssen dann schwierige Wegstrecken meistern. Unendlich viele rutschige Wurzeln und Felsen erfordern unsere volle Aufmerksamkeit. Noch ein kleiner Aufstieg und wir stehen am großen Kreuz auf dem 3 Kleinen Osser. Zum Teil wiederholt sich die großartige Aussicht nach Lam hinunter. Auch die Osserwiese, unser nächstes Ziel, ist schon zu sehen. Hier auf dem Kleinen Osser sind offen liegende Quarzfelsen zu bemerken.

Zur Osserwiese Wir steigen vom Kleinen Osser ab und gehen nach Westen zur großen 4 Osserwiese, von der hin und wieder Gleitschirmflieger starten. Die Osserwiese ist ein herrlicher Aussichtsplatz oberhalb der steilen Thürnsteiner Hänge. Noch vor 60 Jahren wurden hier im Sommer Rinder aufgetrieben. Solche ehemaligen Weideflächen werden im Bayerischen Wald Schachten genannt. Auf ihnen macht sich heute eine Borstgraspflanzengesellschaft breit. Solche Flächen dienen auch dem Auerhuhn als wechselnder Lebensraum und müssen als Landschaftserhaltungsmaßnahme von Baum- und Strauchbewuchs frei gehalten werden. Auch der Bergpieper, sonst nur in den Alpen vorkommend, findet hier seine Bleibe. Selbstverständlich bleiben Wanderer daher gerne auf den Wegen.

Zum Wanderparkplatz Auf'm Sattel Nach der Osserwiese wandern wir geradeaus abwärts und treffen schließlich auf den bekannten Aufstiegsweg. Auf diesem geht es nun hinunter zum E Wanderparkplatz Auf'm Sattel.

Linke Seite: Vom Großen Osser ist der Grenzkammweg zu überblicken.

16

Stiller Tausender-Gipfel

Übers Schwarzeck zum Waldwiesmarterl

 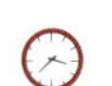 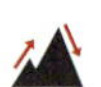 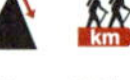 

Mittel 3:10 Std. 310 m 8,5 km

Tourencharakter
Mittelschwere, vorwiegend schattige Rundtour auf Naturwegen, Felsensteigen und Forststraßen durch Wälder und über Felsgebiet mit leichten Klettereien, markiert mit dem Symbol des Goldsteigs und den Nummern 10 und Lo7

Ausgangs-/Endpunkt
Parkplatz Schareben, 1019 m

Höchster Punkt
Schwarzeck, 1238 m

Anfahrt
Pkw: Von der A 3 Ausfahrt Bogen auf der St 2139 nach Norden über Viechtach und auf der St 2326 und St 2132 über Arnbruck zur Berghütte Schareben. Parkplatz GPS: N49°07'47.2" E13°03'08.3" **Bahn:** Bis Bodenmais, dann mit dem Bus, aber nur bis Drachselsried, am Wochenende nur mit Ruftaxi möglich (www.bahn.de)

Gehzeiten
Berghütte Schareben – Schwarzeck 1:20 Std. – Waldwiesmarterl 0:40 Std. – Hängender Riegel 0:30 Std. – Berghütte Schareben 0:40 Std.

Beste Jahreszeit
Mai bis Oktober

Einkehr
Berghütte Schareben, Schareben 2, 94256 Drachselsried, Tel. 09945/1037, www.berghuette-schareben.de; Gaststätte Zum Dorfwirt, Wittelsbacher Str. 4, 93471 Arnbruck, Tel. 09945/905410, www.dorfwirt-arnbruck.de

Karten
Kompass: Bayerischer Wald, Karte 198/2, 1:50 000

Der anspruchsvolle Weg auf den Sattel vor dem Gipfel zeigt im Südwesten abwechselnd die Orte im Zellertal und den Lamer Winkel im Norden. Vom Schwarzeck ist der Osser vor dem Böhmerwald zu sehen. An klaren Tagen reicht der Blick bis zu den Alpen.

Auf das Schwarzeck Hinter der **Ⓐ Berghütte Schareben** beginnt unser Weg nach Nordosten mit der Wegnummer 10 mit dem grünen Pfeil und dem blauen Symbol des Zubringers zum Goldsteig in Richtung Heugstatt aufwärts. Dies ist auch der Fernwanderweg E6 vom Kaitersberg zum Arber, der aber vorerst nur in der Karte so bezeichnet ist. An einigen Abzweigen bleiben wir auf dem geraden Hauptweg bergan. Der alte Forstweg endet an einer neuen Forststraße und wir wandern auf dieser geradeaus weiter. An einer Kreuzung mit einer nächsten Forststraße bleiben wir geradeaus auf dem kleinen aufwärtsführenden Weg in Richtung Schwarzeck. An der Kreuzung auf dem Reischflecksattel zwischen Schwarzeck und Hörndl wenden wir uns nach links auf den Goldsteig in Richtung Schwarzeck. Der Weg ist nur noch ein schmaler Pfad und führt

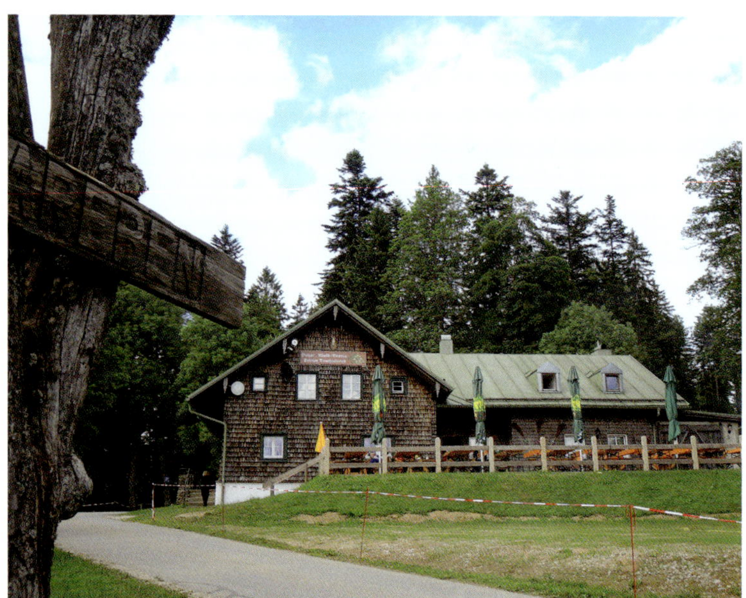

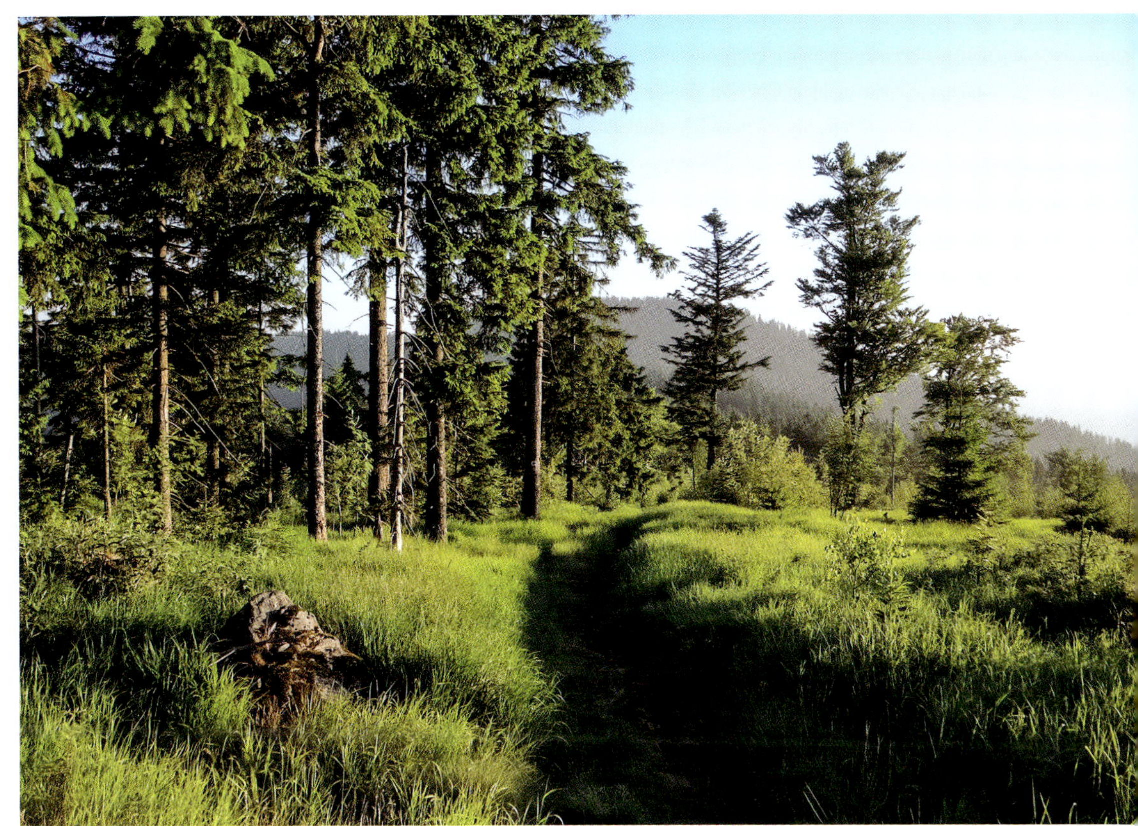

Auf dem Goldsteig vor dem Schwarzeck

Linke Seite: Die Berghütte Schareben unterhalb des Plattenriegels

an einer Kreuzung mit Schutzhütte geradeaus weiter in Richtung Mühlriegel. Zu dem nun ebenen Pfad gesellt sich die Markierung Lo7. An einem Abzweig gehen wir in Richtung Mühlriegel rechts durch Jungwald in wildromantischem Felsgebiet. Das Gestein ist hier Gneis mit Quarzeinschlüssen. Ein Eichelhäher protestiert lautstark gegen die frühen Eindringlinge in seine stille Welt.

Der Steig wird durch Hochwald über Felsen hinauf immer steiler und verläuft dann schließlich auf dem felsigen, herauserodierten Gipfelkamm des 1 Schwarzecks. Das metamorphe Gestein Gneis ist hier vorherrschend. Das Tiefengestein wurde vor Millionen von Jahren durch tektonische Vorgänge gehoben und durch Verwitterung im Tertiär freigelegt. Der Gipfelkamm bildet die Grenze zwischen den Landkreisen Cham in der Oberpfalz und Regen in Niederbayern und zugleich die Gemeindegrenze zwischen Lohberg und Arnbruck. Der Gipfel besteht aus zwei Gipfelfelsen, die am ersten Aussichtspunkt das Zellertal mit dem Kaitersberg (Tour 14) zeigen und 100 Meter weiter am modernen Gipfelkreuz den Ausblick nach Norden über Lam und den Lamer Winkel zum Großen Osser

Die Berghütte Schareben

Die gemütliche Berghütte Schareben ist ein ehemaliges Forstdienstanwesen aus dem 19. Jahrhundert. Die Arbeiterstube war für den personalintensiven Holzeinschlag jener Zeit nötig, und für die Pferde gab es einen Stall. Seit 1960 wird das Gebäude als Berghütte mit Übernachtungsmöglichkeit betrieben. Besitzer ist der Waldverein Drachselsried. Die Speisekarte taugt gut für hungrige Wanderer!

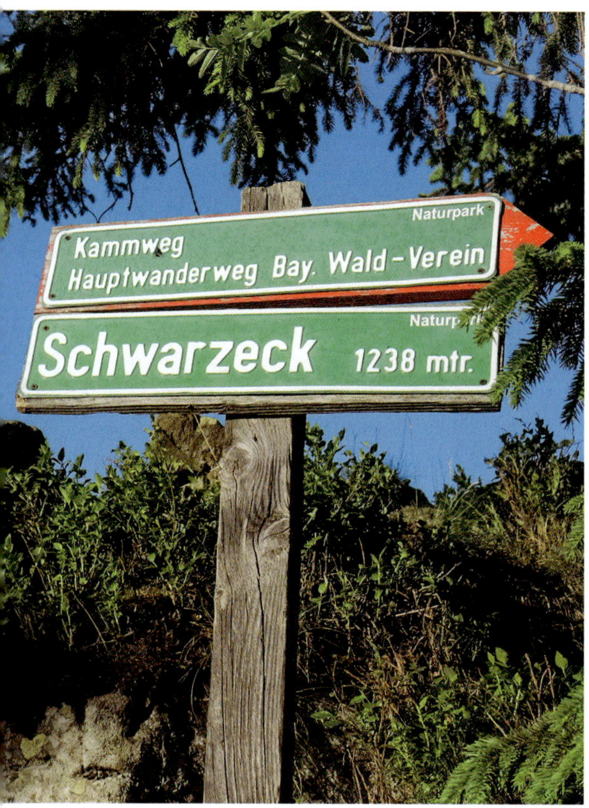

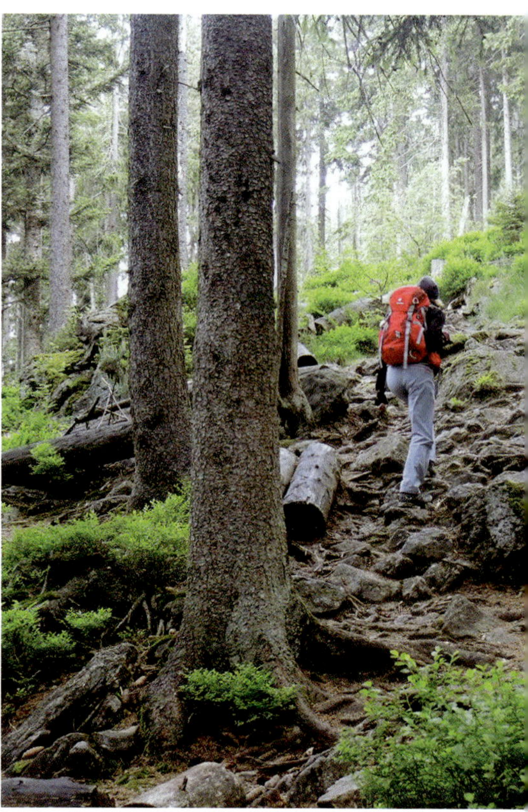

Wegweiser auf dem Schwarzeck

Mitte: Steiniger Aufstieg auf den Gipfelkamm des Schwarzeck

(Tour 15) und über Lohberg in den Böhmerwald öffnen. Der klimatisch begünstigte Lamer Winkel gehörte zu den ersten Besiedelungsgebieten im Hinteren Bayerischen Wald. Lam wurde bereits 1279 erstmals urkundlich erwähnt. Hier oben wird in der herrlichen Ruhe klar, dass das Schwarzeck zu den weniger bekannten Bergen des Hinteren Bayerischen Waldes zählt.

Zum Waldwiesmarterl Weiter geht es auf einem steilen Felsensteig mit leichten Klettereien über Felsen hinunter in Richtung Waldwiesmarterl. Ein lauter Trommelwirbel eines Spechtes bremst unseren Weg. Er lässt uns ungewöhnlich nahe heran und zeigt sich schließlich als seltener Dreizehenspecht, ein Gewinner der vielen Totholzbäume. Der nun einfache und ebene Weg verleitet nach dem schwierigen Gelände zu einem gemütlichen Schlendern. An dem 40 Jahre alten 2 Waldwiesmarterl steht an der Kreuzung auch eine Schutzhütte. Das Waldwiesmarterl ist eine Gedenkstätte für die verstorbenen Mitglieder des Waldvereins. Das Bußkreuz stand früher auf dem Arnbrucker Friedhof. Hier gibt es auch einen Wanderstempel.

Zum Hängenden Riegel Am Waldwiesmarterl wenden wir uns nach links auf dem Weg mit der Nummer 10 in Richtung Arnbruck. Es ist das Steinerne Gaßl, das in gerader Linie hinunterführt. Eine Lücke im Wald gibt den Blick nach Arnbruck hinab frei. Der Weg wird immer steiler und stößt bald auf eine neue Forststraße, der wir nach links in Richtung Schareben folgen. Fast unmerklich wird der Waldwies-

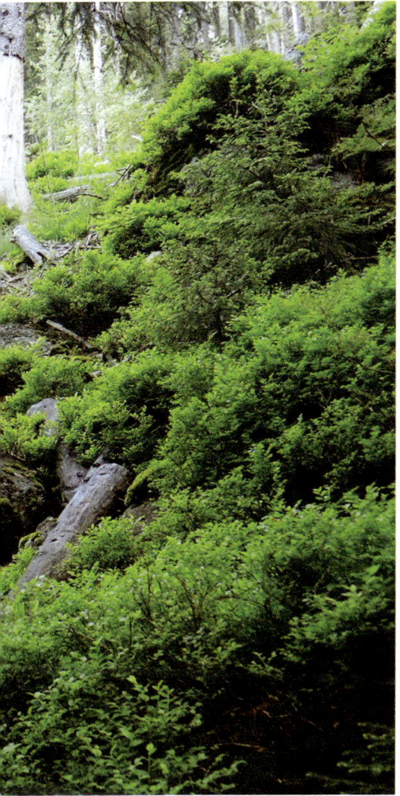

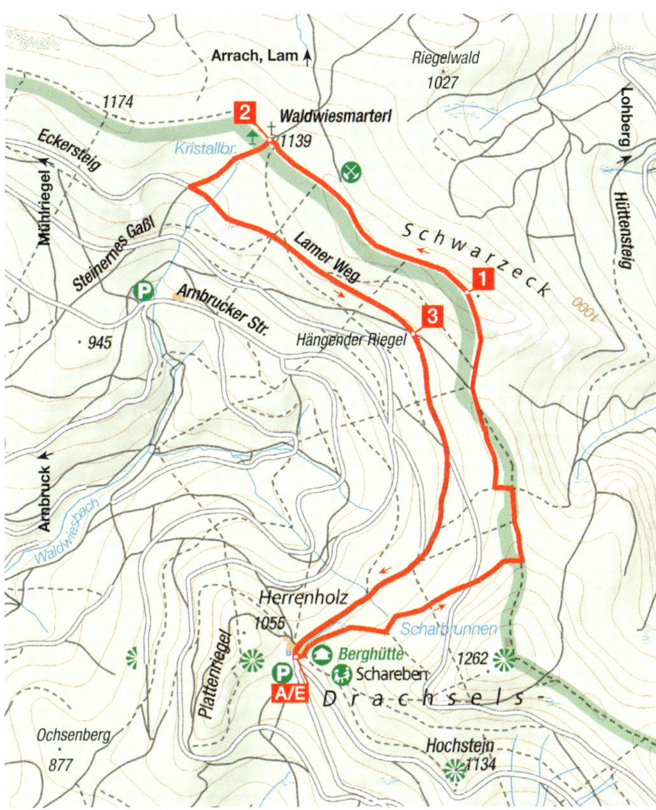

bach überquert. Ein hohes Felsmassiv zwingt den staunenden Blick nach oben. Es ist der ❸ **Hängende Riegel**, ein imposanter Gneisfels.

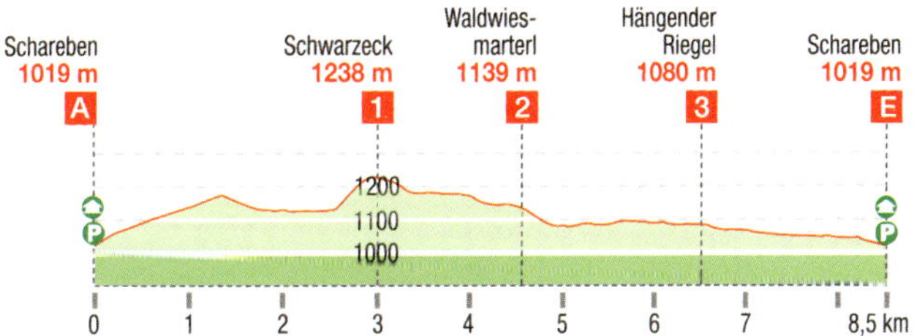

Zur Berghütte Schareben Neben der Forststraße erfreut der aparte Rippenfarn, der auf schattige Standorte in feuchten Nadelwäldern angewiesen ist. Als Besonderheit hat er unterschiedliche Wedelformen. Die senkrechten Wedel sind sporentragend; die liegenden Wedel überdauern den Winter, liegen aber flach am Boden und sind steril. Meist sind auch noch die abgestorbenen Wedel des Vorjahres zu sehen. Geradezu fantastisch fragil wirkt die winzige Becherflechte, die jedoch ledrig stabil und standfest ist. Wegen ihres Aussehens wird sie auch Trompetenflechte genannt. Die Trompeten werden höchstens zwei Zentimeter groß. Sie wächst auf morschem Holz und tritt interessanterweise auch an frischen Wegböschungen wie hier an der Forststraße auf. Allein in Mitteleuropa soll es über 70 Arten dieser Gattung geben.

An einer Weggabel gehen wir rechts abwärts und an einer Kreuzung bleiben wir geradeaus bergab. Bald erreichen wir die einladende Terrasse der Ⓔ **Berghütte Schareben**. Nach der Wanderung bietet an der Hütte die Wassertretanlage mit eiskaltem Bergwasser immer eine gute Erfrischung.

17

Eiszeitlicher See und Waldkönig

Vom Arbersee auf den Arber

Mittel 3:50 Std. 550 m 9,0 km

Tourencharakter
Mittelschwere, vorwiegend schattige Rundtour auf Naturwegen und Forststraßen durch Wälder und Felsgebiet, markiert mit den Nummern 9, 5, 1 und dem Symbol des Goldsteigs. Anspruchsvoller Aufstieg in der Seewand mit leichten Klettereien

Ausgangs-/Endpunkt
Großer Arbersee, 935 m

Höchster Punkt
Großer Arber, 1456 m

Anfahrt
Pkw: Von der A 3 Ausfahrt Bogen auf der St 2139 nach Norden über Bodenmais zum Arbersee. Parkplatz GPS: N49°06'00" E13°09'36" **Bahn:** Über Zwiesel nach Bodenmais und Bus 6198 (15. Mai bis 31. Oktober) zum Arbersee (www.bahn.de)

Gehzeiten
Großer Arbersee – Schutzhütte am Seesteig 1:30 Std. – Großer Arber 0:50 Std. – Bergbahnstation 0:15 Std. – Brennesfichte 0:25 Std. – Großer Arbersee 0:50 Std.

Beste Jahreszeit
Juni bis September

Einkehr
Arberschutzhaus, Großer Arber 4, 94252 Bayerisch Eisenstein, Tel. 09925/904010, www.arberschutzhaus.de; Eisensteiner Hütte, Arber 1, 94252 Bayerisch Eisenstein, Tel. 09925/94140, www.arber.de; Wirtshaus Arberseehaus, Arberseestraße 42, 94252 Bayerisch Eisenstein, Tel. 09925/227, www.arbersee.arber.de

Karten
Kompass: Bayerischer Wald, Karte 198/2, 1:50 000

Der Große Arber, viel verehrter König des Bayerwaldes, ist mit 1456 Metern der höchste Berg des Bayerischen Waldes. Er steht auf der Grenze zwischen Niederbayern und der Oberpfalz. Der Arbersee begleitet den anspruchsvollen Zugang auf den Gipfel.

Zur Schutzhütte am Seesteig Diese Wanderung beginnen wir links, auf der Südseite am Ⓐ **Großen Arbersee** vorbei. An der Nordseite des Sees ragt die über 400 Meter hohe Seewand auf, die wir zu bezwingen haben. Noch am See zweigt links ein Weg mit der Nummer 9 in Richtung Bretterschachten ab. Schon nach 10 Metern müssen wir rechts auf einem Pfad in den Wald hinauf. Eine Forststraße wird überquert und an der zweiten Forststraße folgen wir dieser ohne Markierung nach rechts aufwärts. An einer Gabelung bleiben wir geradeaus und betreten am Ende der Forststraße auf einem kleinen Pfad das Auerwildschutzgebiet und Naturwaldreservat. Die Wegnummer 5 erscheint erst später.

Das Auerwild benötigt einen großen komplexen Lebensraum mit offenen Flächen im lichten Wald, sandigen Stellen für die Federpflege, einem Balzplatz, einzelnen Bäumen zum Aufbäumen als Ruheplatz für die Nacht und vielen Bereichen mit Beeren für die Ernährung. In diesem empfindlichen Lebensraum dürfen auf keinen Fall die ausgezeichneten Wege verlassen werden. Der Steig führt durch fantastische Wald- und Felswildnis die Seewand hinauf. Riesige Bäume umfassen mit ihren Wurzeln die Felsen, die auch eine spezielle Felsspaltenvegetation tragen. Baumschwämme, Moose, Farne und Flechten in großer Anzahl fesseln das Auge. Am Wanderer zieht gewissermaßen ein Urwaldpanorama vorbei. Es ist einer der schönsten wildromantischen Pfade des Bayerischen Waldes. Aber der Felsensteig erfordert volle Aufmerksamkeit und an einigen Stellen wird besser die Hand zur Stabilisierung angelegt.

Weiter oben wird ein Bächlein überquert und der Pfad verläuft flacher durch lichten Wald. Er endet an einem querenden Fahrweg, an dem gegenüber die ❶ **Schutzhütte am Seesteig** steht.

Auf den Großen Arber Auf der Fahrspur gehen wir rechts leicht abwärts, begleitet von der Wegnummer 1. Dann steigt der Weg zur Überwindung der letzten 200 Höhenmeter zum Gipfel an. An zwei Abzweigen an der Bodenmaiser Mulde bleiben wir geradeaus aufwärts. Der Weg wird zeit-

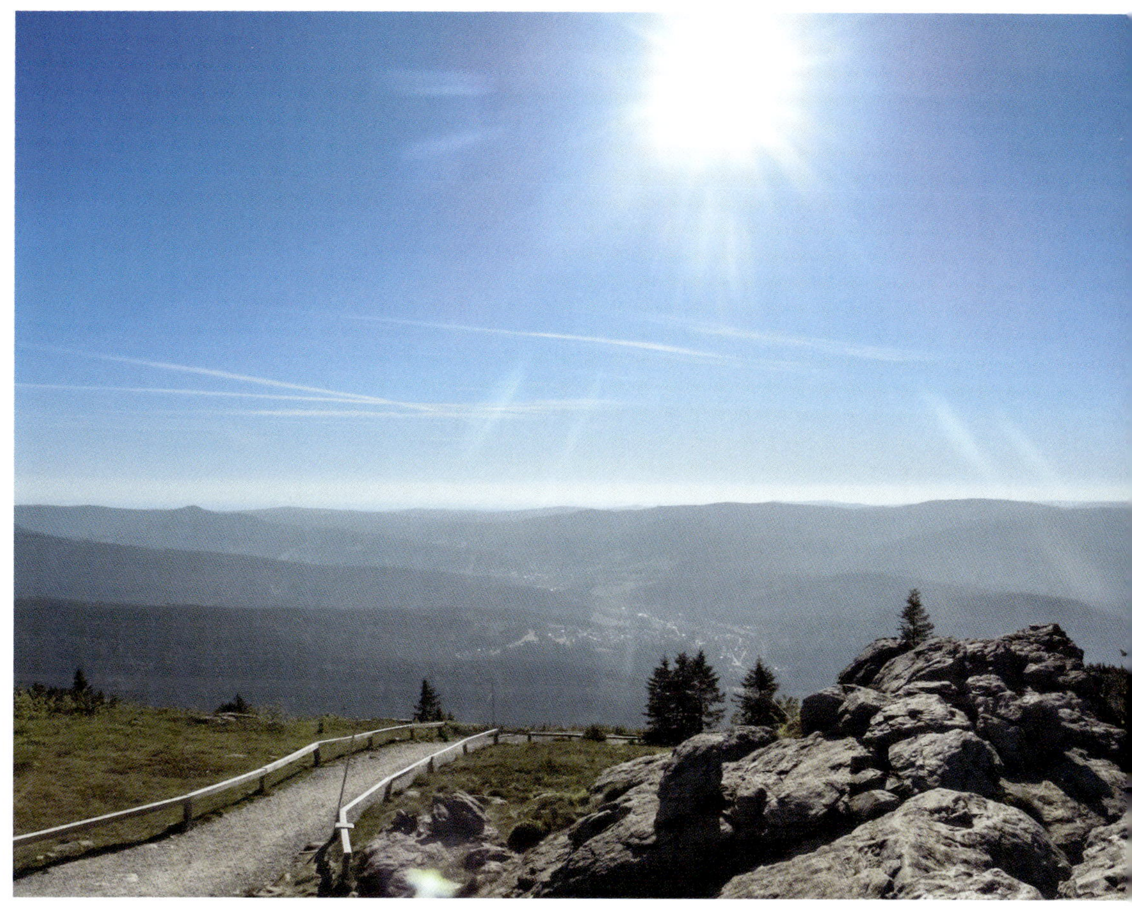

Im Osten liegt unten im Tal Bayerisch Eisenstein.

weise zu einer Treppe und ist jetzt auch der Goldsteig. In der baumfreien Zone stehen ganze Felder von Blaubeeren und Schlangenknöterich. Büschel der kleinen gelben Blutwurz wachsen am Wegrand. Im oberen Bereich stoßen wir auf den Gipfelrundweg. An der linken Seite erstreckt sich das »Raritätenkabinett Felsriegel«: bizarre Felsformationen mit magerer Flechtenvegetation. Einer der Felsen auf der linken Seite trägt das Profil des Richard-Wagner-Kopfes, das allerdings vom Gipfel aus besser zu erkennen ist.

Auf einem der Wege geht es in Richtung der großen Antennen zum Gipfel des 2 **Großen Arber** hinauf. Wir stehen bei 1456 Metern auf dem höchsten Berg des Bayerischen Waldes und genießen ein uneingeschränktes 360°-Panorama. Im Norden sind deutlich der Große Osser (Tour 15) und die Berge des Böhmerwaldes zu erkennen. Im Osten breitet sich unten im Tal Bayerisch Eisenstein aus. Im Westen sind der Große Falken-

Von der Eiszeit geprägt

Die baumfreie Gipfelzone des Großen Arbers besteht aus Paragneis und ist von Magerrasen, Felsfluren und Latschen bewachsen. Alpenbraunelle, Bergpieper und Steinschmätzer kommen mit den kargen Bedingungen gut zurecht. Die Gletscher der Eiszeit formten einst die Umgebung und die Arberseen zeugen heute noch von den eisigen Zeiten. Berühmt sind die winterlichen »Arbermandl«: in Schnee erstarrte, bizarre Baumgestalten.

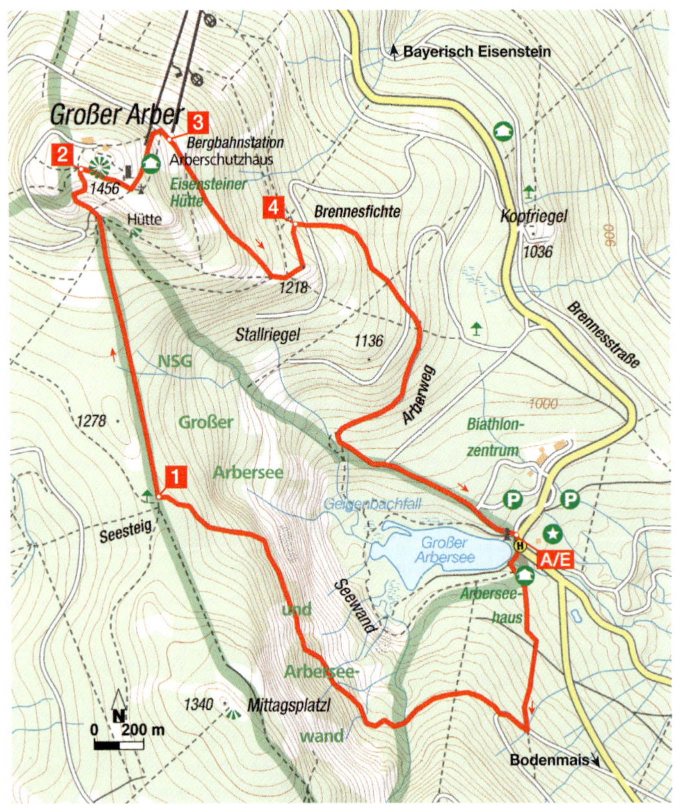

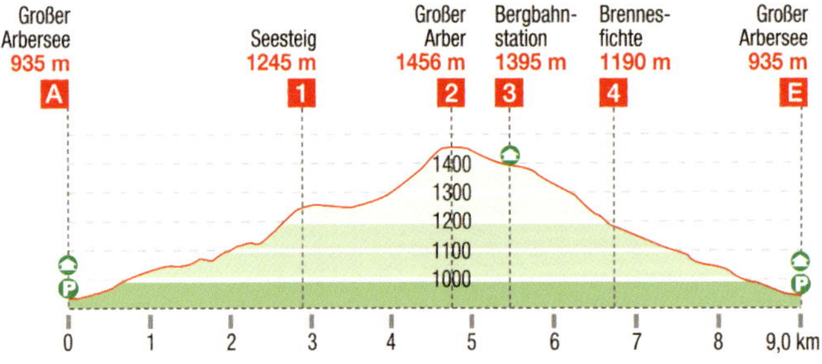

stein (Tour 18) und der Rachel (Tour 20) präsent. Im Süden erheben sich bei guter Sicht die Alpenkette vom Dachstein über Watzmann bis zum Wilden Kaiser, im Osten der Kleine Arber und der Kaitersberg.

Vom Gipfel gehen wir in nordöstliche Richtung am Skilift vorbei abwärts. Hier kommt die Arberkapelle vor dem Aussichtsfelsen Großer Seeriegel in Sicht. Die Kapelle und der Seeriegel sind einen Abstecher wert. Der Fels des Seeriegels besteht aus gefaltetem Paragneis. Ganz oben wird an der äußersten Ecke des Geländers ein Blick auf den Großen Arbersee gewährt.

Zur Bergbahnstation Zurück vom Seeriegel und von der Arberkapelle gehen wir an der Kreuzung mit den Bänken rechts in Richtung Großer Arbersee hinunter. An der rechten Seite des Weges zeigen sich noch einmal eindrucksvoll der Große Falkenstein und der Rachel.

An der ❸ **Bergbahnstation** der Seilbahn wandern wir rechts vorbei und an der folgenden T-Kreuzung zwischen dem Arberschutzhaus und der Eisensteiner Hütte rechts durch, in Richtung Brennesfichte und Großer Arbersee.

Zur Brennesfichte Wir gehen auf dem felsigen Goldsteig abwärts und müssen an einer Weggabelung links hinab in Richtung Großer Arbersee. An dem Naturdenkmal der 250 Jahre alten ❹ **Brennesfichte** knickt der Weg nach rechts.

Zum Großen Arbersee 30 Meter nach der Brennesfichte queren wir eine Forststraße geradeaus mit dem grünen Pfeil. Ab einer Kreuzung bleiben wir immer geradeaus bergab auf dem Forstweg in Richtung Großer Arbersee. Bald zeigt sich rechts durch die Bäume der Ⓔ **Große Arbersee**, zu dem wir nun in einer anderen Lichtstimmung als am Morgen noch einmal hinuntermüssen. Jetzt kommen die gelben Teichrosen voll zur Geltung, zwischen denen sich die hübschen Stockenten tummeln.

Rechte Seite: Am Großen Arbersee im Licht des Vormittags

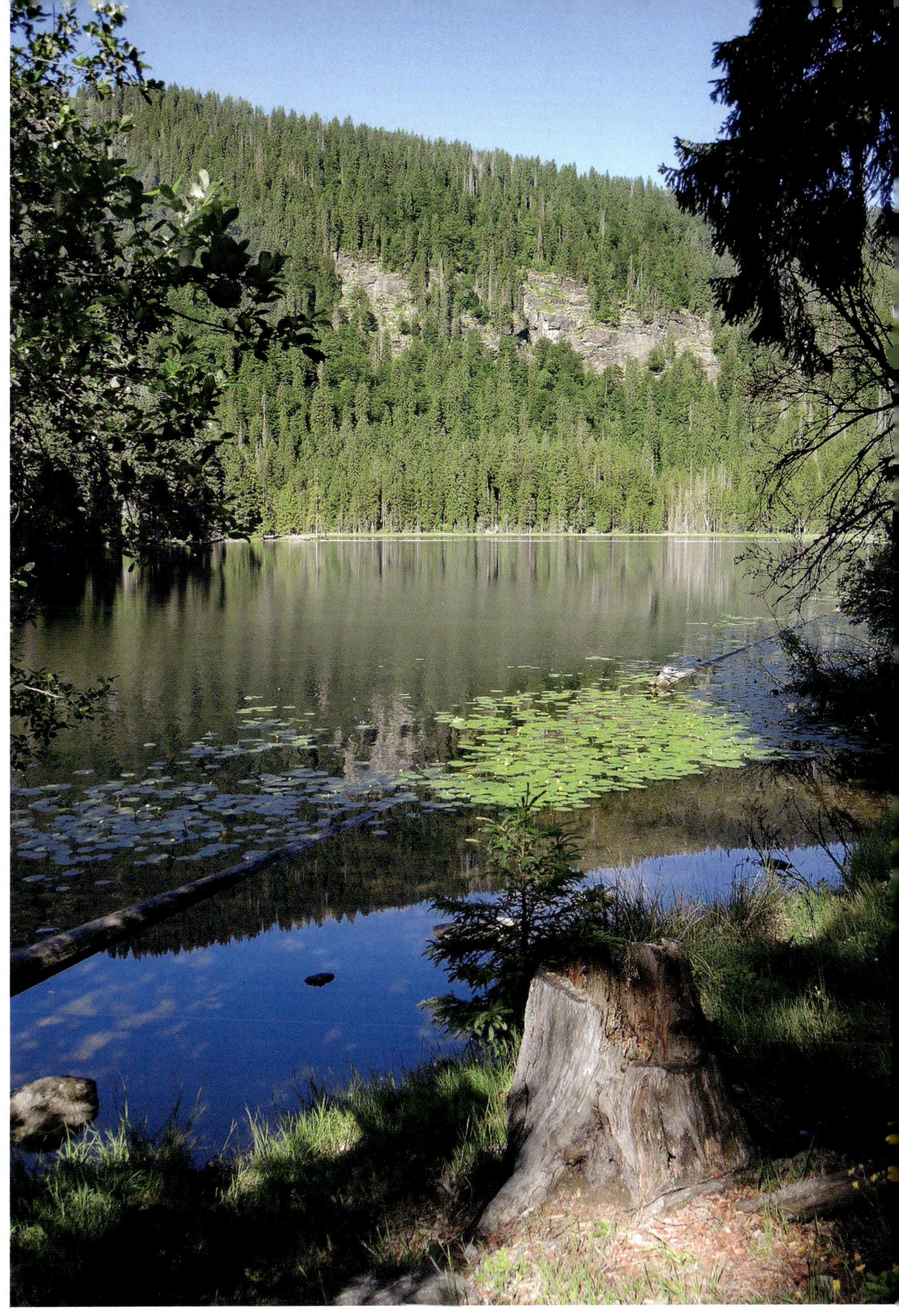

18

Im Nationalpark-Urwald

Auf den Großen Falkenstein

 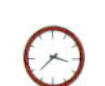   

Mittel 4:20 Std. 600 m 12,2 km

Tourencharakter
Mittelschwere, vorwiegend sonnige Rundtour auf Naturwegen, Felsensteigen und Forststraßen durch Wälder und Felsgebiet, markiert mit dem grünen Pfeil, Heidelbeere, Silberblatt und Eschenblatt. Im Höllbachgespreng schwierige Passagen über Felsen

Ausgangs-/Endpunkt
Wanderparkplatz Scheuereck, 780 m

Höchster Punkt
Großer Falkenstein, 1312 m

Anfahrt
Pkw: Von der A 3 Ausfahrt Deggendorf auf der B 11 und St 2135 nach Norden über Regen und Zwiesel nach Scheuereck. Parkplatz GPS: N49°03'53" E13°18'23"
Bahn: Bis Zwiesel und mit dem Bus 7149 nach Scheuereck (www.bahn.de)

Gehzeiten
Wanderparkplatz Scheuereck – Höllbachschwellhütte 0:50 Std.
– Großer Falkenstein 1:20 Std.
– Höllbachschwellhütte 1:20 Std.
– Wanderparkplatz Scheuereck 0:50 Std.

Beste Jahreszeit
Juni bis September

Einkehr
Berghütte Falkensteinschutzhaus, Tel. 09925/903366, www.1315m.de; Waldgasthof Scheuereck, Scheuereck 1, 94227 Lindberg, Tel. 09922/2071; Gasthaus Zwieseler Waldhaus, Zwieselerwaldhaus 28, 94227 Lindberg, Tel. 09925/902020, www.zwieselerwaldhaus.de

Karten
Kompass: Bayerischer Wald, Karte 198/2, 1:50 000

Der Aufstieg durch das Urwaldgebiet Höllbachgespreng bietet ein außergewöhnliches Erlebnis über anspruchsvolle Felsensteige. Vom Gipfel des Großen Falkensteins aus sind der Große Arber, der Große Osser, Rachel und unten im Tal Zwiesel zu sehen.

Zur Höllbachschwellhütte Vom Ⓐ **Wanderparkplatz Scheuereck** starten wir nach Norden mit der Markierung grüner Pfeil in den Fichtenwald hinein in Richtung Falkenstein. Nach der Brücke über den Kolbersbach bleiben wir geradeaus aufwärts auf dem kleinen Asphaltsträßchen. Dichter Buchenmischwald umgibt uns mit seinem kühlen Schatten.
Plötzlich erschreckt uns im dämmrigen Morgenlicht ein greller Blitz. Es ist eine Wildfotofalle zur Beobachtung des Verhaltens der Luchse. Wir sind in einem sehr abgelegenen Waldgebiet, das die Luchse durchziehen. Zu Gesicht werden Wanderer den Luchs kaum bekommen, aber es ist ein gutes Gefühl, in seinem Lebensraum still unterwegs sein zu dürfen.
An einer Weggabel gehen wir rechts bergan und am nächsten Abzweig geradeaus auf einem Schotterweg weiter. Nach 30 Metern bleiben wir geradeaus auf der Forststraße mit der Markierung Silberblatt. Ab einem weiteren Abzweig geht es links in Richtung Falkenstein abwärts in das enge Tal des Großen Höllbachs hinunter. Dann folgen wir dem Bach in seinem wilden Tal zwischen Felsen und umgestürzten Bäumen nur noch aufwärts. Zu beiden Seiten des Baches ist ein alter angelegter Pfad zu erkennen. Im 19. Jahrhundert wurde auf dem Großen Höllbach Holztrift betrieben. In gefährlicher Arbeit mussten von beiden Seiten des Baches aus verklemmte Stämme wieder beweglich gemacht werden, sodass sie das Wasser wiederaufnehmen konnte. Das Gelände wird weiter oben flacher und wir erreichen die ❶ **Höllbachschwellhütte**. Die Hütte diente einst dem Schleusenwärter der Höllbachschwelle als Unterkunft. Die natürliche Senke, die sich durch die eiszeitliche Vergletscherung gebildet hatte, wurde damals mit einer Staumauer abgeriegelt, um Wasser sammeln zu können. Durch Öffnung der Klause donnerte das Wasser zu Tal und nahm das in der Rinne liegende Holz mit hinunter.

Auf den Großen Falkenstein An der Höllbachschwellhütte gehen wir geradeaus vorbei auf dem steinigen Weg mit der Markierung Heidelbeere in Richtung Falkenstein aufwärts. Wir sind nun im wildromantischen Ur-

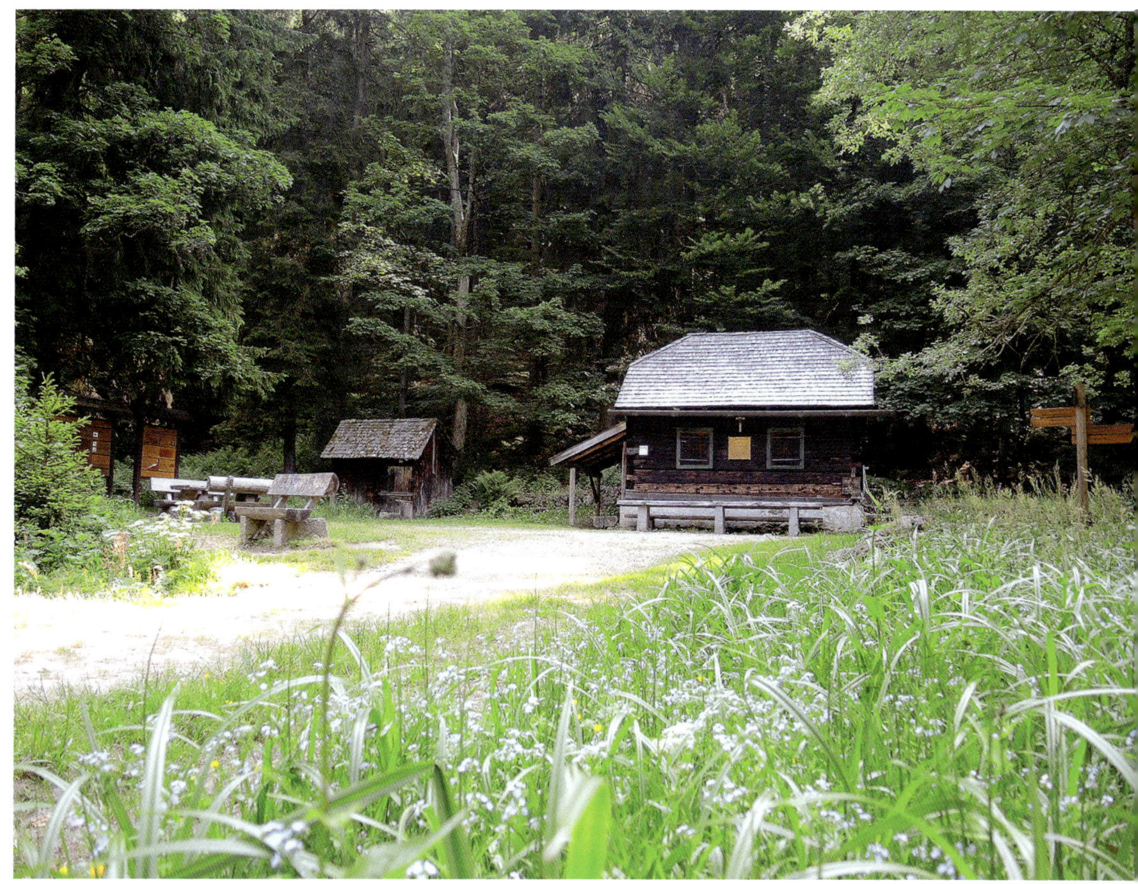

Die Höllbachschwellhütte liegt in einsamer Waldwildnis.

waldgebiet Höllbachgespreng. Bereits im 19. Jahrhundert verfügte der Bayerische König Max II., diesen Wald im Urzustand zu belassen. Noch heute herrscht hier die Stille völliger Weltabgeschiedenheit. Nur der Große Höllbach gurgelt, gluckst, rauscht und übertönt die Vogelstimmen.

Vor dem schönen Wasserfall müssen wir links auf Felsen über den Bach und durch einen folgenden wilden Felssturz hindurch. In schwierigem Gelände geht es steil über Felsen nach oben. An einer Gabelung des Pfades müssen wir rechts unter hohen Felswänden hinauf. Die imposanten steilen Felswände sind von wertvoller Felsspaltenvegetation besiedelt. Flechten und charakteristische Farn- und Blütenpflanzen wie der Tüpfelfarn und die Rundblättrige Glockenblume sind hier zu finden.

Dann endet der Felsensteig an einer Forststraße, der wir nach links aufwärtsfolgen. An einem Abzweig am Ende der Forststraße beginnt nach rechts hinauf der Hüttensteig. Der

»Fein Glas, gut Holz sind Zwiesels Stolz«

Zwiesel ist bekannt für die Glasindustrie, nennt sich »Glasstadt« und hat sich obigen Wahlspruch gesetzt. Die ersten Siedler waren Goldwäscher. Erstmals 1255 erwähnt, wurde Zwiesel zu einem wichtigen Umschlagplatz nach Böhmen. Heute ist Zwiesel das wirtschaftliche und kulturelle Zentrum des Mittleren Bayerischen Waldes und glänzt durch seinen schönen Markt mit gut restaurierten Häusern.

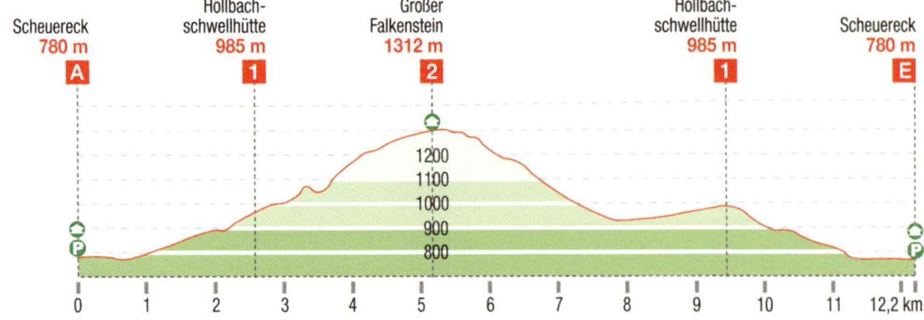

Gipfelbereich des Großen Falkenstein wird flacher und der Weg führt durch lichten Bergwald. Links unten ist durch die Bäume Zwiesel zu sehen. An einer Wegkreu-

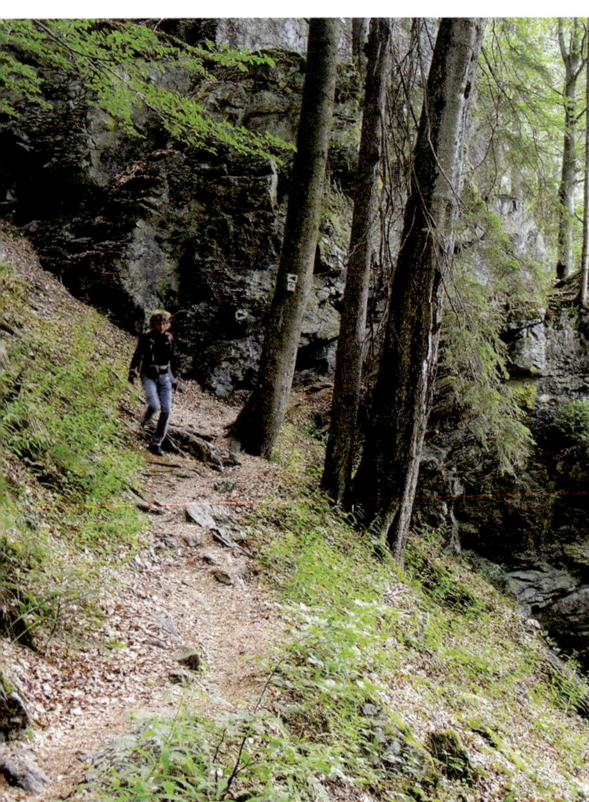

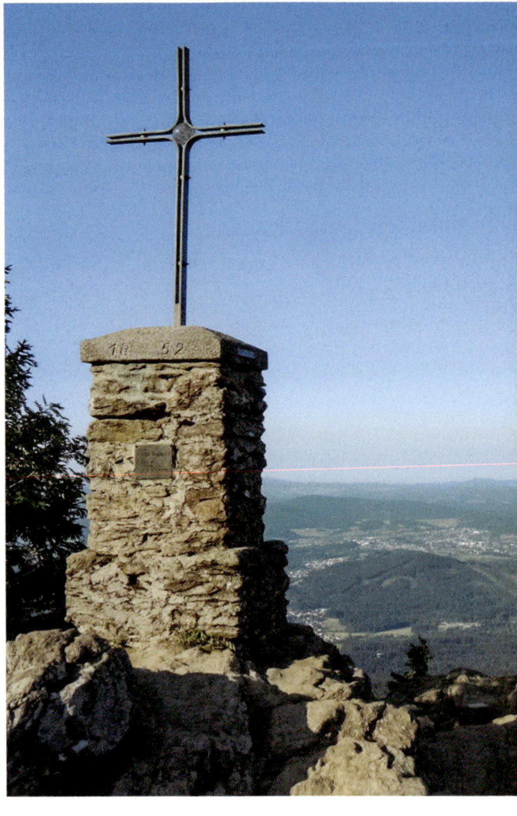

Wanderweg zwischen steilen Felsen im Nationalpark Urwald

Mitte: Blick vom Falkenstein auf Zwiesel unten im Tal

zung bleiben wir geradeaus und erreichen an der Berghütte vorbei den Gipfel des ❷ **Großen Falkensteins** mit dem Gipfelkreuz. Der Ausblick nach Westen und Süden führt zum Großen Arber mit den Antennen (Tour 17), dem Großen Osser (Tour 15) und zum Großen Rachel (Tour 20). Zu Füßen liegt der Talkessel des Zwieseler Winkels mit der Glasstadt Zwiesel. Von der Terrasse des Falkensteinschutzhauses mit seiner sehr freundlichen Wirtin besteht auch eine tolle Sicht nach Zwiesel hinunter.

Zur Höllbachschwellhütte Der Abstieg beginnt von der Berghütte aus nach Südosten in Richtung Kreuzstraßl mit der Markierung Eschenblatt. Der historische Pfad leitet in Serpentinen bergab. Er wurde als Säumersteig angelegt, auf dem Salz und andere Waren nach Böhmen und in Gegenrichtung in Tragtierkarawanen transportiert wurden. Wieder sind wir durch den Schatten des dichten Buchenwaldes geschützt. An einer Weggabel wenden wir uns nach links abwärts und nach 50 Metern rechts hinab. Dann geht es auf einer Forststraße geradeaus weiter hinunter. An einer Kreuzung wandern wir nach links mit der Markierung Preiselbeere in Richtung Höllbachgespreng und am nächsten Abzweig in spitzem Winkel links auf dem ebenen Schwellenweg in Richtung Höllbachgespreng. Ein Schild weist auf die alten Eiben hin, die rechts im Wald stehen. Der Forstweg steigt leicht an und geht in einen steinigen Pfad über. Dann ist wieder der Stausee an der ❶ **Höllbachschwellhütte** erreicht.

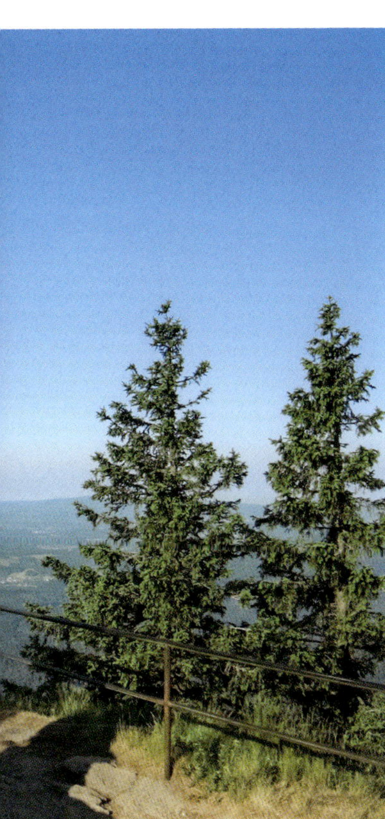

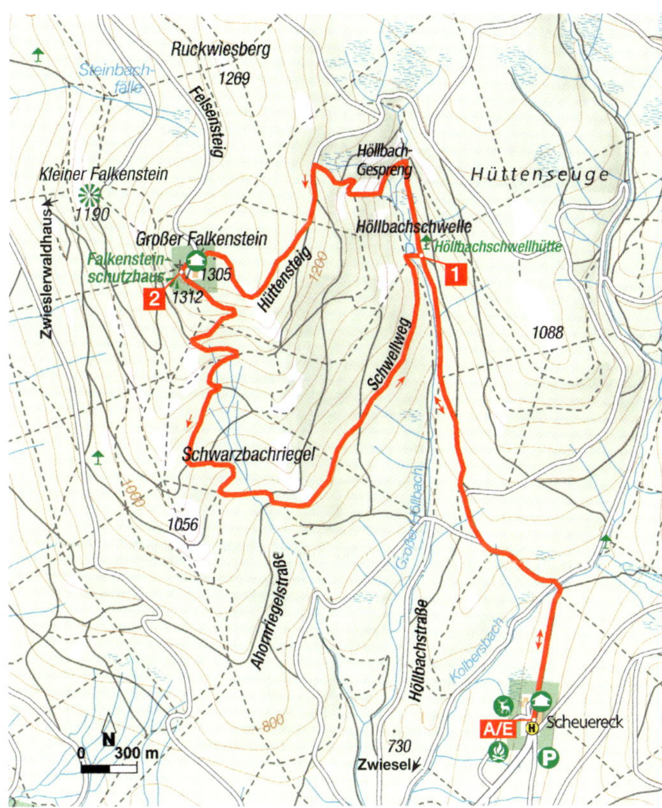

Zum Wanderparkplatz Scheuereck Auf dem bekannten Aufstiegsweg laufen wir vor der Hütte rechts entlang des Großen Höllbachs in Richtung Scheuereck hinunter. An einer Weggabel müssen wir links hinauf aus dem Tal heraus- und oben auf der Forststraße rechts gehen. So kommen wir wieder zurück zum Ausgangspunkt Ⓔ **Wanderparkplatz Scheuereck**. Interessant ist die oberhalb des Waldgasthofs Scheuereck stehende, möglicherweise 500 Jahre alte Eibe. Die Terrasse des Gasthofs ist ein angenehmer Ort zum Ausklang

Ausflug zu den einsamen Schachten

Vom Scheuereck zum Schachtenhaus

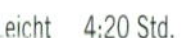

Tourencharakter
Leichte, teils sonnige, teils schattige Rundtour, größtenteils auf Naturwegen und Forststraßen durch Wälder und über Schachtenwiesen, meistens markiert mit dem Hirsch, Kleeblatt und dem Symbol des Gunthersteigs.

Ausgangs-/Endpunkt
Wanderparkplatz Scheuereck, 780 m

Höchster Punkt
Schachtenhaus, 1150 m

Anfahrt
Pkw: Von der A 3 Ausfahrt Deggendorf auf der B 11 und St 2135 nach Norden über Regen und Zwiesel nach Scheuereck. Parkplatz GPS: N49°03‘45“ E013°18‘22“
Bahn: Bis Zwiesel und mit dem Bus 7149 (Falkensteinbus) nach Scheuereck (www.bahn.de)

Gehzeiten
Wanderparkplatz Scheuereck – Wildscheuereck 1:20 Std. – Schachtenhaus 0:35 Std. – Grenzübergang Gsenget 1:05 Std. – Kreuzung mit Schutzhütte 0:30 Std. – Wanderparkplatz Scheuereck 0:50 Std.

Beste Jahreszeit
Mai bis Oktober

Einkehr
Waldgasthof Scheuereck, Scheuereck 1, 94227 Lindberg, Tel. 09922/2071; Gaststätte Zur Tanne, Spiegelhütte 2, 94227 Lindberg, Tel. 09922/609989; Gasthof Zum Latschensee, Buchenau 65, 94227 Lindberg, Tel. 09926/291, www.gasthof-ausborn.de

Karten
Kompass: Bayerischer Wald, Karte 198/2, 1:50 000

Die eigentümlichen Schachtenwiesen entstanden infolge jahrhundertelang betriebener Viehbewirtschaftung. Auf den ausgemagerten Flächen stehen heute Borstgrasgesellschaften mit seltenen Enzianarten; diese sind Lebensraum für spezialisierte Tierarten.

Zum Wildscheuereck Vom südlichen Wanderparkplatz Ⓐ **Scheuereck** beginnen wir die Rundwanderung gegenüber dem Rotwildgehege genau nach Süden in Richtung Spiegelhütte in den Wald hinein. Die Forststraße ist mit einem Hirsch markiert.

Wie der Name Spiegelhütte schon ausdrückt, produzierte dort eine Glashütte ab 1834 Flachglas und Spiegelglas. In Spiegelhütte steht auch noch die Schleif, ein Gebäude, in dem das Flachglas geschliffen und poliert wurde. Ab der Jahrhundertwende wurden luxuriöse Jugendstilgläser hergestellt. Spiegelhütte kam dann zum benachbarten Glashüttengut Buchenau. Die Glashütte in Buchenau existierte sogar bereits seit 1629 und das Schloss Buchenau gehörte ab 1878 Ferdinand von Poschinger. 1932 wurde hier das letzte Glas produziert.

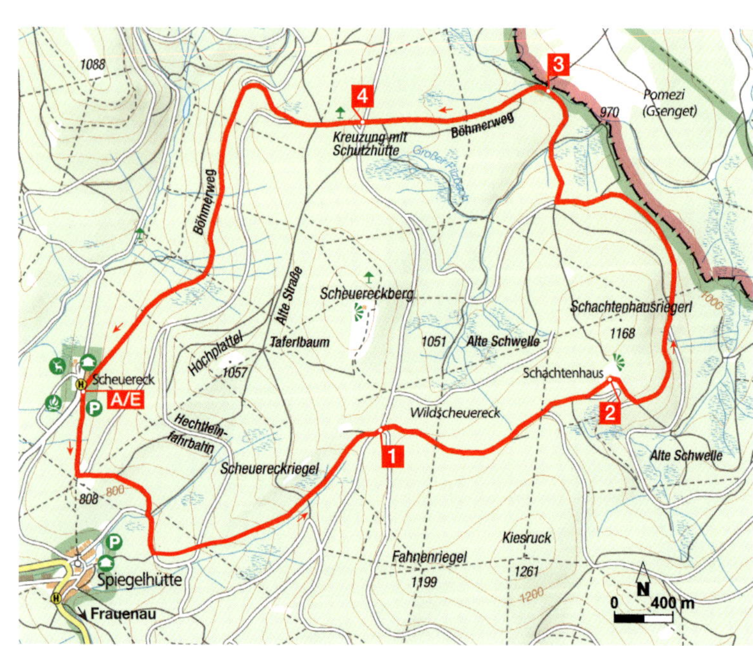

An einer Weggabelung an der Stelle »Am Totenschädel« bleiben wir rechts aufwärts in Richtung Spiegelhütte und nehmen an einer nächsten Weggabel ebenfalls den rechten Weg in Richtung Spiegelhütte. Der Pfad neigt sich nun abwärts. Am Ende des Weges wandern wir auf der Forststraße links in Richtung Schachtenhaus. Einem querenden Pfad mit der Markierung Kleeblatt folgen wir nach links aufwärts, queren eine Forststraße und einige alte Forstwege. Rechts unten rauscht das Mitterbachbachel und links erhebt sich der Scheuereckriegel. Der Pfad wird immer steiler

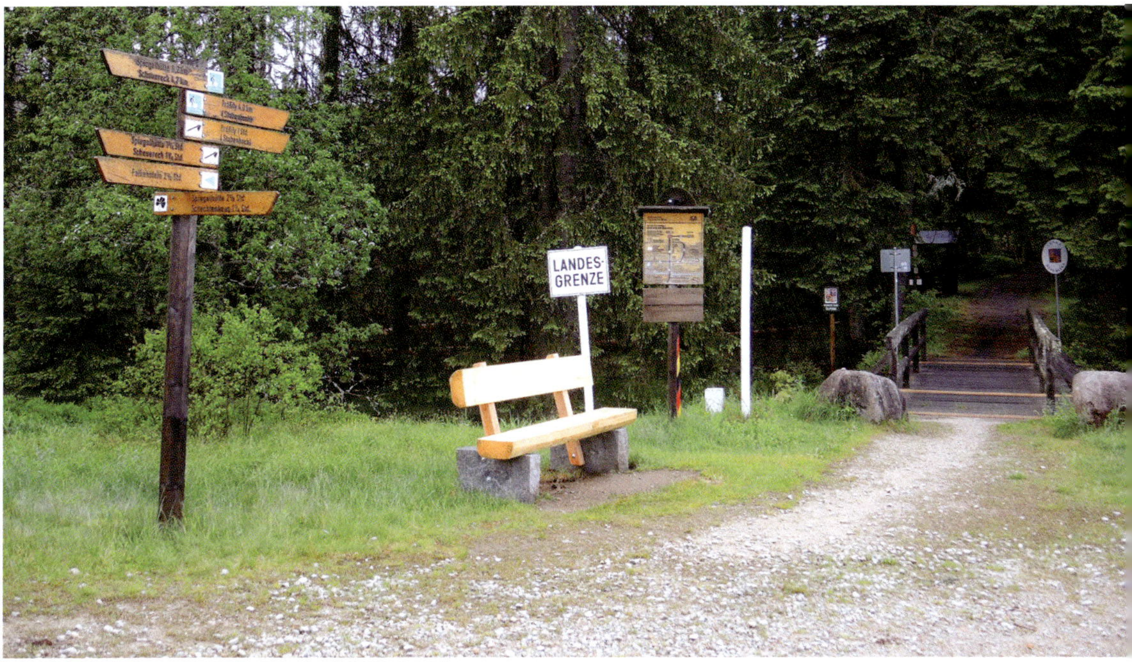

Am Grenzübergang Gsenget

und endet an einer Forststraße. Nach rechts versetzt lässt sich diese überqueren, und weiter geht es mit dem Symbol Kleeblatt hoch in Richtung Schachtenhaus. An einer T-Kreuzung wandern wir nach rechts und nach 30 Metern auf der Forststraße nach links hinauf. Die Kreuzung mit der Bauminsel in der Mitte und der neuen Schutzhütte ist das **1** **Wildscheuereck**. Hier oben beginnen die wüsten Lichtungen, die durch einige Stürme und nachfolgende Borkenkäferkalamität entstanden sind. Aber der neue, bestimmt stabilere Wald steht schon in den Startlöchern.

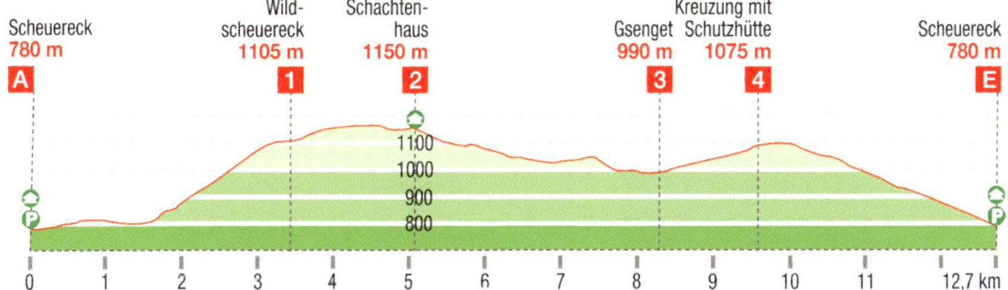

Zum Schachtenhaus An der Kreuzung am Wildscheuereck führt eine der Forststraßen genau nach Osten in Richtung Schachtenhaus. An einer Gabelung müssen wir noch ein kurzes Stück nach links zum 2 **Schachtenhaus** auf der großen Schachtenwiese. Auf diesen ausgemagerten einstigen Weiden siedeln sich heute botanische Raritäten an. Die Charakterarten sind Borstgras, Ungarischer und Böhmischer Enzian, aber auch die Arnika, Schwarze Teufelskralle, Großer Wiesenknopf, Teufelsabbiss und Pechnelke treten hier auf. Die Flächen der Schachtenwiesen bilden wertvolle Habitatbausteine für Insekten-, Vogel-, Reptilien- und Fledermausarten.

Zum Grenzübergang Gsenget Direkt vom Schachtenhaus geht es südöstlich mit der Markierung Kleeblatt am Brunnenhäuschen vorbei und über die feuchte Wiese abwärts in Richtung Gsenget. Unten im Wald gehen wir auf der Forststraße nach links weiter. Rechts zeigt sich der Polednik (Mittagsberg) mit seinem auffälligen Aussichtsturm. Er steht im Nationalpark Šumava auf tschechischer Seite. An der rechten Seite der Forststraße ist dann auch der unmittelbare Grenzverlauf zu sehen. Die kleinen leuchtend gelben Blüten mit vier Blütenblättern, die oft am Wegrand zu finden sind, gehören der Blutwurz (Potentilla erecta). Die Wurzel enthält einen roten Saft, daher der Name. Wegen ihrer Gerbstoffe wurde die Pflanze als Hausmittel gegen Blutungen, Entzündungen und Durchfall eingesetzt. Im Bayerischen Wald wird aus Blutwurz ein starker, roter Kräuterschnaps hergestellt, der sogar zum Flambieren geeignet ist. Wie der Bärwurz auch wird er in den typischen Steingutflaschen verkauft. In einer Linkskurve der Forststraße müssen wir auf einem Pfad nach rechts hinunter in Richtung Gsenget. Nach der Holzbrücke über den Hinteren Scheuereck-

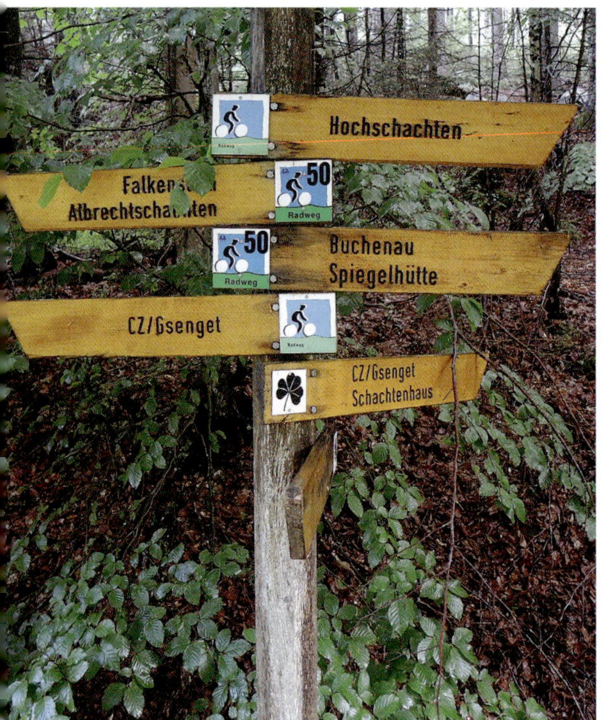

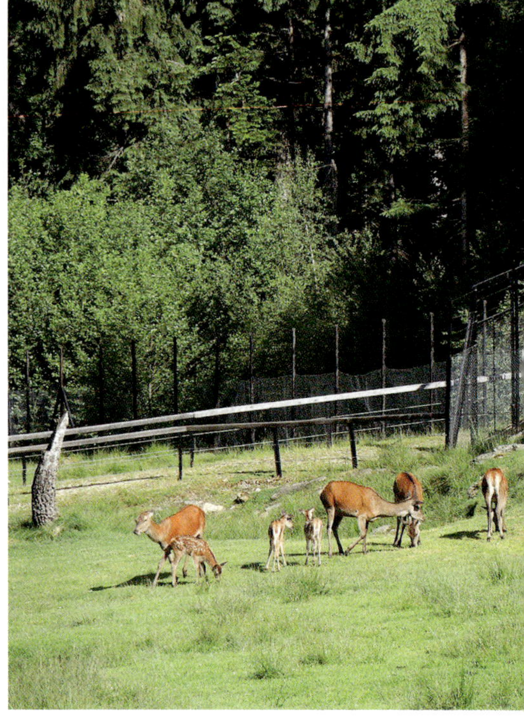

Rechts: An der Waldgaststätte Scheuereck lässt es sich gut sitzen.

Mitte: Das Rotwildgehege am Scheuereck

Wir müssen mit dem Symbol Kleeblatt Richtung Schachtenhaus.

bach kommen wir schließlich über eine Forststraße zum 3 Grenzübergang Gsenget. Hier bildet der Marchbach die Landesgrenze zwischen Deutschland und Tschechien.

Zur Kreuzung mit Schutzhütte Von dem Grenzübergang wandern wir nach Westen in Richtung Scheuereck aufwärts durch weite Totholzflächen. Der Forstweg ist nun mit einer Rodungshacke, dem Symbol des Gunthersteigs markiert. Der Fernwanderweg Gunthersteig folgt der einstigen Wanderung des Thüringer Mönches Gunther, der um das Jahr 1000 lebte. Weiter oben queren wir eine 4 Kreuzung mit Schutzhütte.

Wichtiges Totholz

Das Aufkommen von Totholz nach den Stürmen der letzten Jahrzehnte ist riesig. Aber das Holz ist gar nicht tot. Ein Fünftel aller Waldtiere sowie Tausende Pilzarten, Flechten, Bakterien und Algen sind auf Totholz angewiesen. Nicht wenige davon stehen auf der Roten Liste der vom Aussterben bedrohten Arten. Der Weißrückenspecht, der Mulmbock und der Rotrandige Fichtenporling profitieren vom Totholz.

Zum Scheuereck Wir bleiben geradeaus und erreichen bald den höchsten Punkt der Straße. Dann geht es nur noch abwärts. An einer T-Kreuzung gehen wir geradeaus bergab und nehmen an einer Weggabel den rechten Weg. Das letzte Stück der Forststraße ist asphaltiert und führt genau zum Wanderparkplatz E Scheuereck. Bleibt noch, den Hirschen im Rotwildgehege zuzuschauen und auf der Terrasse der Waldgaststätte Scheuereck den Tag ausklingen zu lassen.

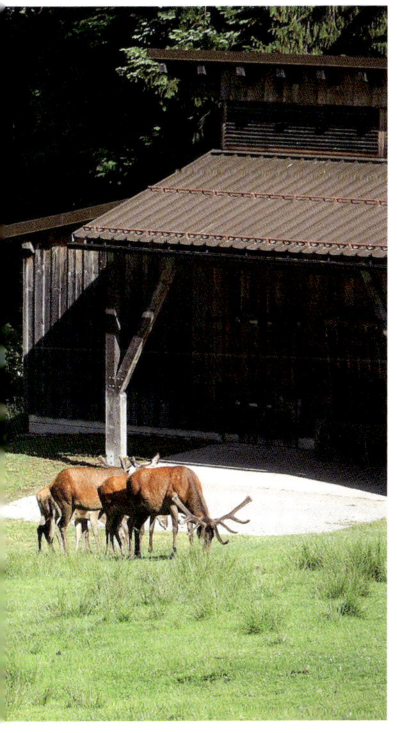

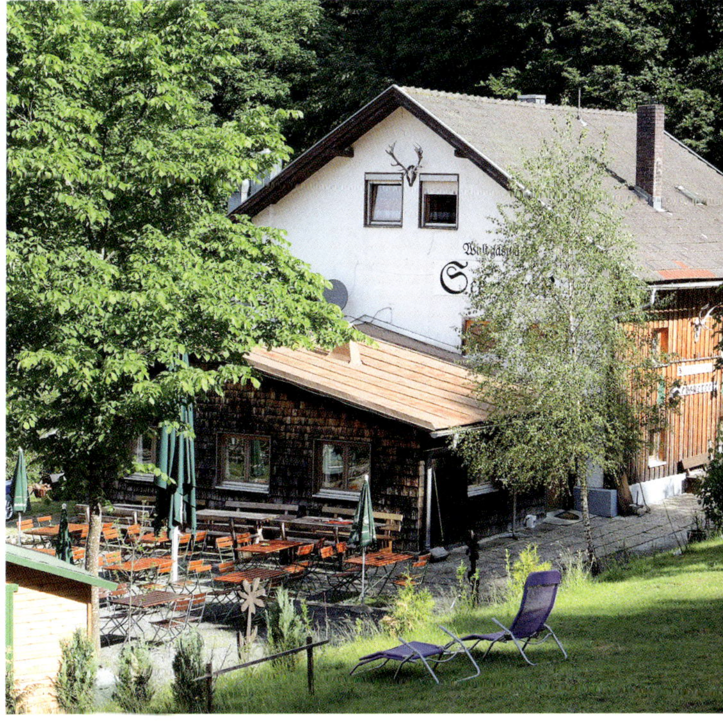

Mystischer See im Nationalpark

Über den Rachel zur Racheldiensthütte

Der Große Rachel mit seinem sagenumwobenen See war schon immer ein beliebtes Ausflugsziel. Die urigen Wälder um den höchsten Berg im Nationalpark Bayerischer Wald und die fantastische Aussicht von dessen Gipfel in den Böhmerwald sind der Grund dafür.

Mittel 4:10 Std. ↑520 m

↓600 m 9,7 km

Tourencharakter
Mittelschwere, teils sonnige, teils schattige Streckentour auf Naturwegen und Forststraßen durch Wälder und Felsgebiet, meistens markiert mit dem Auerhahn, mit dem Symbol des Goldsteigs und des Buntspechtes. Für die felsigen Pfade sind Trittsicherheit und feste Schuhe gefordert.

Ausgangspunkt
Bushaltestelle Gfäll, 945 m

Endpunkt
Bushaltestelle Racheldiensthütte, 855 m

Höchster Punkt
Großer Rachel, 1452 m

Anfahrt
Pkw: Von der A 3 Ausfahrt Hengersberg auf der B 533 nach Nordost über Innernzell und auf der B 85 und St 2129 nach Spiegelau. Parkplatz Bushaltestelle »Igelbus« GPS: N48°55'03" E13°21'18"
Bahn: Über Plattling und Zwiesel nach Spiegelau, von dort mit dem »Igelbus« zur Haltestelle Gfäll (www.bahn.de)

Gehzeiten
Gfäll – Rachelschutzhaus Waldschmidthaus 1:40 Std. – Großer Rachel 0:20 Std. – Rachelseekapelle 0:30 Std. – Rachelsee 0:40 Std. – Racheldiensthütte 1:00 Std.

Beste Jahreszeit
Mai bis Oktober

Einkehr
Gasthaus Genosko, Hauptstraße 11, 94518 Spiegelau, Tel. 08553/96090, www.hubertus-hof-spiegelau.de

Karten
Kompass: Bayerischer Wald, Karte 198/3, 1:50 000

Zum Rachelschutzhaus Waldschmidthaus Von der **Ⓐ Bushaltestelle Gfäll** starten wir nach Norden an den Toiletten vorbei mit der Markierung Auerhahn in Richtung Rachel. Nach 30 Metern steigen wir an der Weggabel rechts aufwärts. Die mittlere Steigung ist sehr lang und daher anstrengend. Bald schweift in freiem Gelände der Blick zurück nach Süden bei guter Sicht die Alpenkette und im Westen die Donauebene. An einem Abzweig bleiben wir rechts und erreichen das **❶ Rachelschutzhaus Waldschmidthaus**.

Auf den Großen Rachel An der Wegkreuzung oberhalb des Schutzhauses steigen wir geradeaus den Treppenweg hinauf zum **❷ Großen Rachel**.

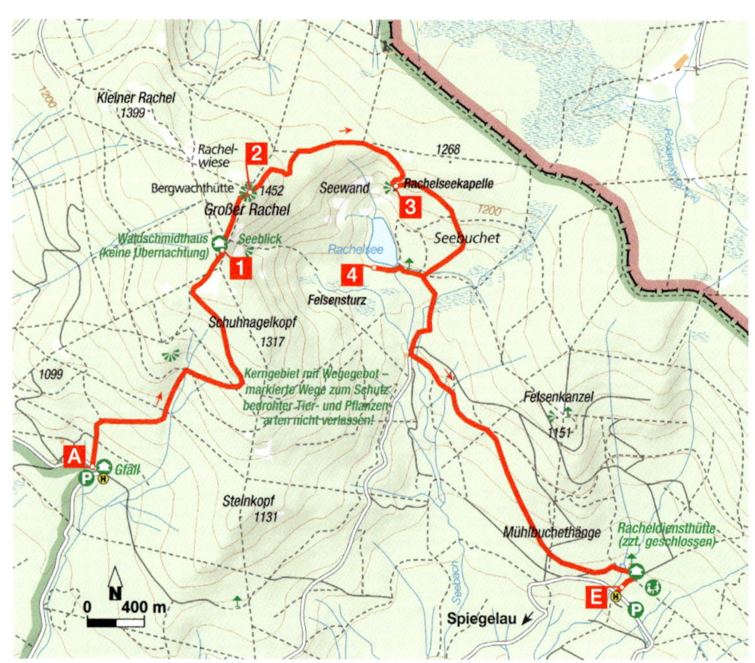

Die Aussicht auf dem Rachel ist umwerfend. Im Norden erkennen wir die Höhenzüge des Böhmerwaldes im angrenzenden Nationalpark Šumava. Im Nordwesten erheben sich Falkenstein (Tour 18), Großer Osser (Tour 15) und Arber (Tour 17). Im Süden zeigt sich an klaren Tagen die Alpenkette und im Südosten stehen der Lusen (Tour 21) und der Dreisessel (Tour 28) im Dreiländereck Deutschland–Tschechien–Österreich.

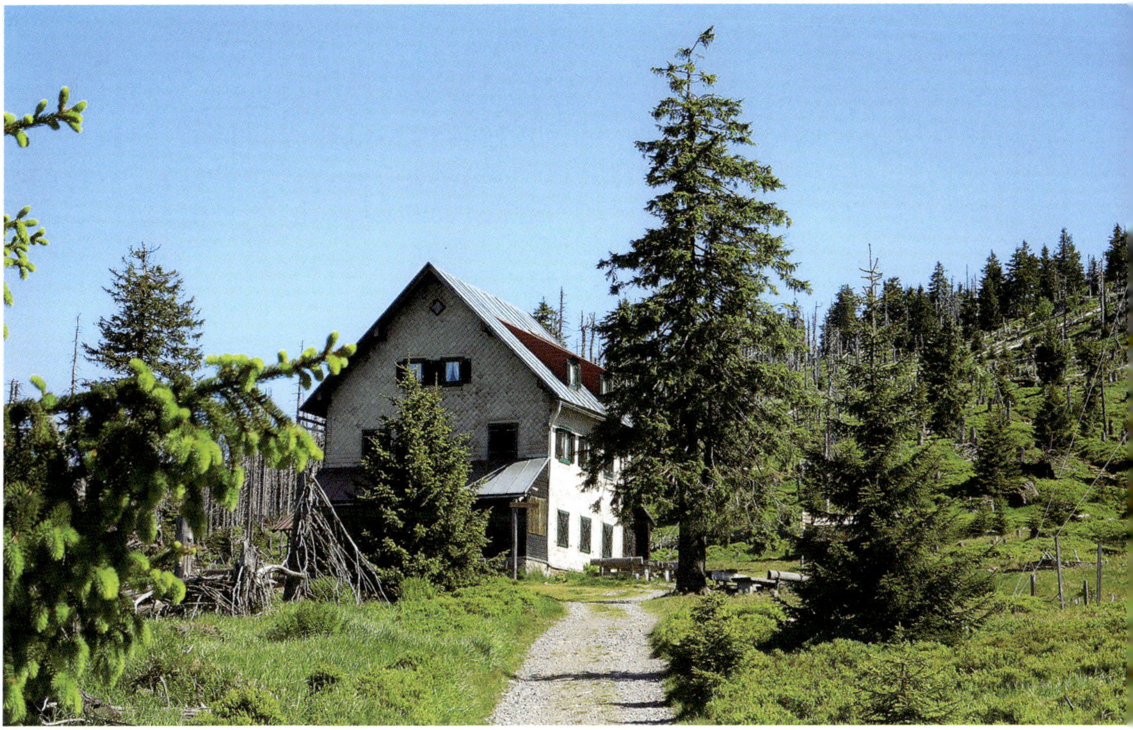

Das Waldschmidthaus liegt kurz vor dem Gipfel des Rachel.

Die offen liegenden Felsen sind mit ihrer verfalteten Struktur anders als die körnigen Granitfelsen auf dem Lusen. Der Große Rachel besteht aus Gneis. Das ist ein Gestein, das durch Metamorphose, also durch Umwandlung unter hohen Druck-/Temperatur-Bedingungen tief im Erdinnern entsteht. Im Fall des Rachel ist das früher darüberliegende Material erodiert. Genau genommen handelt es sich hier um Orthogneis, das metamorphe Umwandlungsprodukt von feldspat- und quarzreichem magmatischem Granit. Er wird auch als Granitgneis bezeichnet.

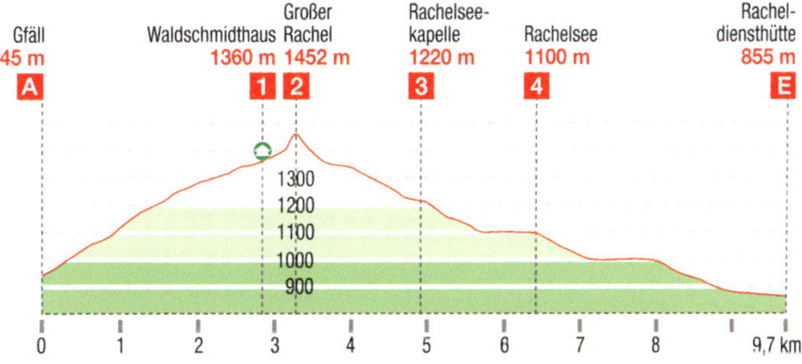

Zur Rachelseekapelle Wir wandern vom Gipfel hinunter an der Bergwachthütte vorbei auf dem Goldsteig in Richtung Racheldiensthütte durch eine große Totholzfläche weiter. Im

Die Racheldiensthütte gehört der Nationalparkverwaltung.

Mai und Juni blüht der bis zu 60 Zentimeter hohe Bärwurz (Ligusticum mutellina) auf den Hängen des Rachel. Die weißgelblichen Blüten der Dolden ähneln dem Fenchel. Der Bärwurz trägt aber nussbraune, sechskantige Früchte. Im Bayerischen Wald wird er zum hochprozentigen Schnaps gebrannt. Dafür wird die Pflanze aber

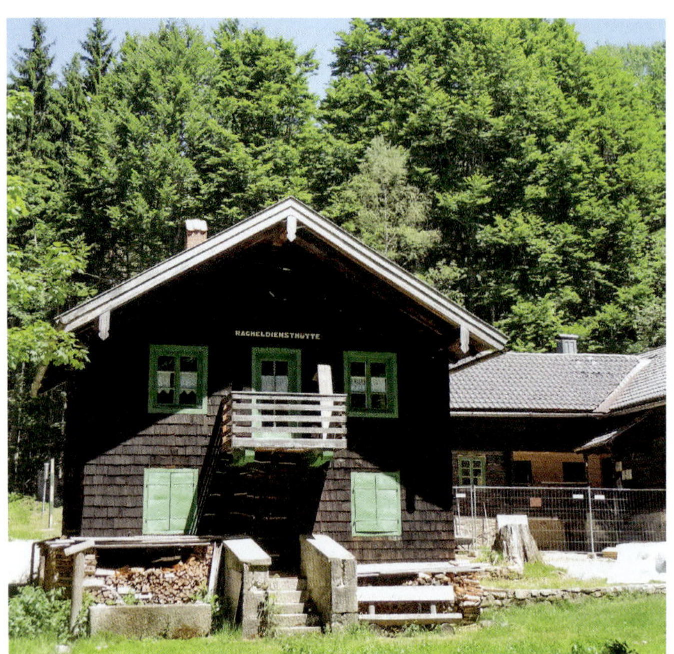

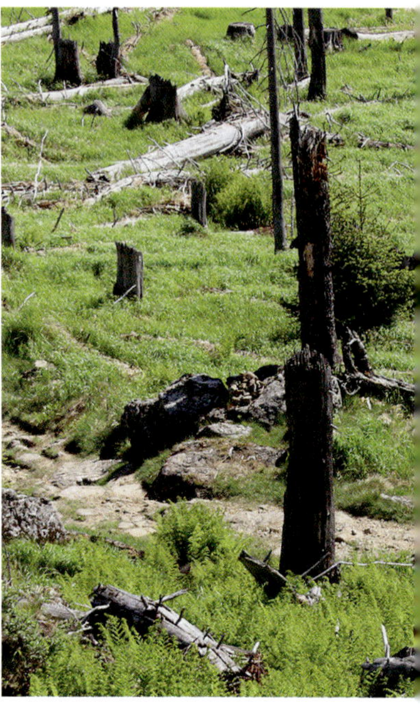

Die Sage vom Rachelsee

Die Sage vom Rachelseefischer erzählt, dass dieser den geheimnisvollen See ausloten wollte. Eine mysteriöse Stimme warnte: »Ergründest du mich, verschling ich dich!« Da ließ er davon ab. Fische, die er kochen wollte, sprangen aus dem Topf in den See zurück. Voller Zorn ruderte er wieder in die Seemitte und ließ sein Lot in die Tiefe. Daraufhin brach ein Sturm los und eine Welle verschlang das Boot.

schon lange in Kulturen angebaut. Die natürlichen Bestände an Rachen, Lusen und Arber stehen unter Naturschutz. Seit Jahrhunderten wird die Pflanze als Medizin zur Verbesserung der Verdauung verwendet. Die Bayerwaldler schwören auch heute noch auf den Bärwurz als Medizin für alles und gegen alles. Gemeint ist aber heute die hochprozentige Variante der Bärwurzereien, die den starken »Saft« in traditionelle Steingutflaschen abfüllen.

An einem Abzweig kommen wir rechts zur 3 **Rachelseekapelle**. Der Tiefblick von dem Felssporn in der steilen Seewand zeigt den Rachelsee – ein Relikt aus der Eiszeit –, der wie ein tief blaugrüner Lapislazuli im dunklen Wald liegt.

Zum Rachelsee Weiter geht es und wir kommen wieder auf den oberen Weg in Richtung Rachelsee mit der Wegmarkierung Buntspecht. An einer Wegkreuzung gehen wir mit dieser Markierung rechts in Richtung Rachelsee an einem alten Wassergraben entlang und verlassen hiermit den Goldsteig. An einer T-Kreuzung schlendern wir nun rechts in einem kurzen Abstecher zum idyllischen ❹ **Rachelsee**. Der fast sechs Hektar große versauerte See ist nur 13 Meter tief und wegen seines Mineralien- und Nährstoffmangels arm an Wassertieren und Fischen. Der Rachelsee ist der ruhigste See im Nationalpark, da er nur auf Fußwegen zu erreichen ist. Seit 1900 gab

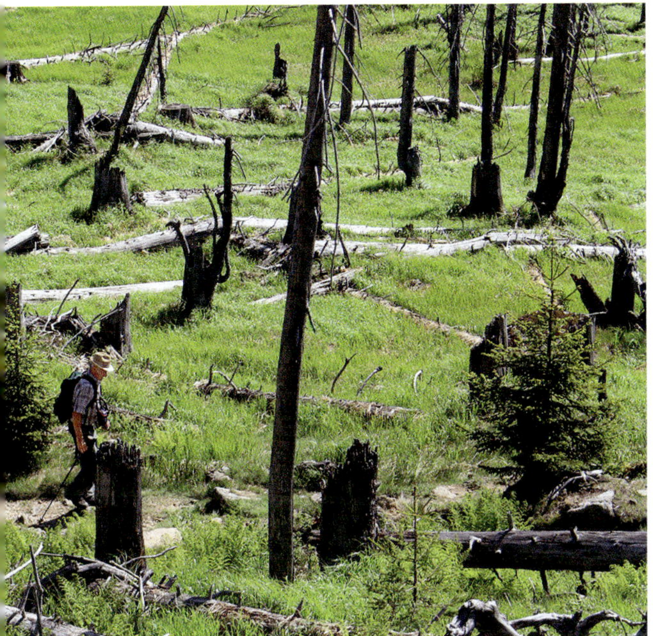

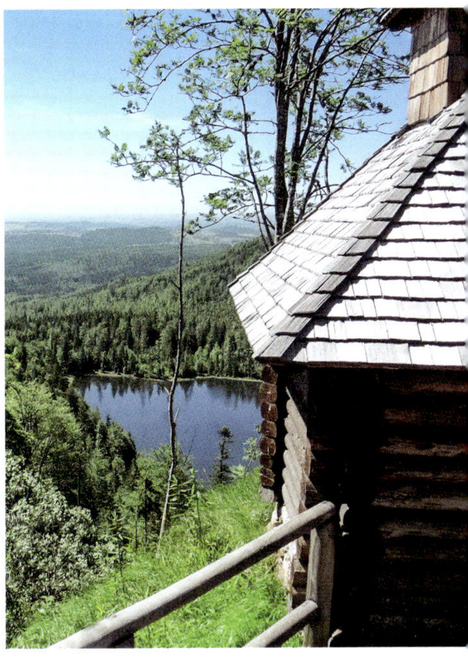

es um ihn herum keine Holznutzung mehr und ab der Einrichtung des Naturschutzgebietes wurde hier natürlich auch kein Baum mehr gefällt. So konnte sich ein Urwald herausbilden, der nur auf dem Urwaldlehrpfad durchquert werden darf.

Tiefblick an der Rachelseekapelle auf den urtümlichen Rachelsee

Mitte: Einsamer Wanderer in der Totholzfläche unterhalb des Rachel

Zur Bushaltestelle Racheldiensthütte Vom See müssen wir zurück zur T-Kreuzung und bleiben dort geradeaus in Richtung Racheldiensthütte. An der Weggabelung vor einem Platz mit Toiletten nehmen wir den linken Weg unter die Sohlen. Wir sind auf dem Urwald- und Eiszeitlehrpfad mit Informationstafeln. In dem nachfolgenden Buchenwald fallen die mächtigen nordamerikanischen Douglastannen aus dem Rahmen. Auch einige dunkelgrüne Eiben stehen im Unterholz. An einer Weggabel gehen wir geradeaus auf einer Forststraße weiter, die bis zur Racheldiensthütte mit einigen Picknicktischen führt. Von der Forsthütte nun rechts abwärts und dann links über einen kleinen Abkürzungspfad hinunter zur Ⓔ **Bushaltestelle Racheldiensthütte**.

Als Variante könnte diese Tour auch als Rundwanderung gestaltet werden. In diesem Fall wandert man von der Weggabelung nach dem Rachelsee rechts in Richtung Gfäll zurück. Der Parkplatz Gfäll darf aber zwischen 15. Mai und 31. Oktober nur in der Zeit von 8 bis 18 Uhr mit dem Privat-Pkw angefahren werden. Doch ist schon aus Gründen des Umweltschutzes die Fahrt mit dem IGEL-Bus zu bevorzugen.

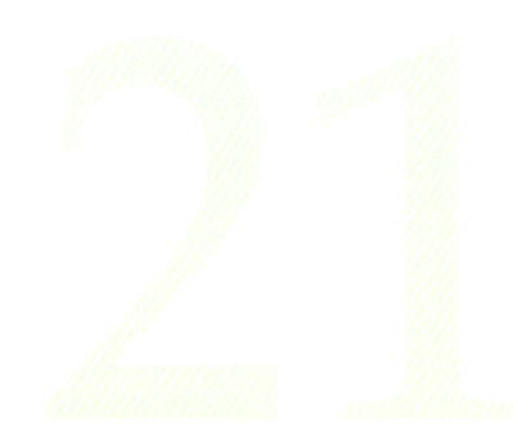

Über Himmelsleiter und Blockmeer

Auf dem Sommer- und Winterweg am Lusen

   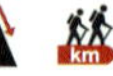
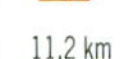

Mittel 4:00 Std. 480 m 11,2 km

Tourencharakter
Mittelschwere, teils sonnige, teils schattige Rundtour, größtenteils auf Naturwegen und Forststraßen durch Wälder und Felsblockgebiet, meistens markiert mit dem Symbol des Goldsteigs und dem grünen Pfeil. Im Bereich der Felsblockgebiete sind Trittsicherheit und feste Bergschuhe gefordert.

Ausgangs-/Endpunkt
Berggasthof Lusen, 920 m

Höchster Punkt
Lusen, 1373 m

Anfahrt
Pkw: Von der A 3 Ausfahrt Hengersberg auf der B 533 nach Nordost über Innernzell und auf der B 85 und St 2129 über Spiegelau nach Waldhäuser. Parkplatz GPS: N48°55'40" E13°27'44"
Bahn: Nach Zwiesel oder Passau und dann mit dem Bus 6119 bzw. 6118 nach Waldhäuser (www.bahn.de)

Gehzeiten
Berggasthof Lusen – Martinsklause 0:40 Std. – Glasarche 0:45 Std. – Lusen 0:45 Std. – Lusenparkplatz 0:50 Std. – Berggasthof Lusen 1:00 Std.

Beste Jahreszeit
Mai bis Oktober

Einkehr
Berghütte Lusenschutzhaus, Winterweg, 94078 Neuschönau, Tel. 08553/1212, www.lusenwirt.de; Hotel Berggasthaus Lusen, Lusenstraße 17, 94556 Neuschönau, Tel. 08553/2665, www.berggasthof-lusen.de

Karten
Kompass: Bayerischer Wald, Karte 198/3, 1:50 000

Das Felsenblockmeer auf dem Lusen gehört zu Bayerns schönsten Geotopen und das 360°-Panorama zu den auserlesensten Aussichten über den Bayerischen Wald und Böhmerwald. Gut, dass es nach dem anstrengenden Aufstieg ganz oben das Lusenschutzhaus gibt.

Zur Martinsklause Vom Parkplatz am Ⓐ **Hotel Berggasthof Lusen** gegenüber der aus Granitblöcken gebauten Kirche von Waldhäuser starten wir ein Stück die Straße weiter aufwärts. Am Feuerwehrhaus wandern wir links vorbei auf der Forststraße in den Wald hinein in Richtung Martinsklause leicht aufwärts. Links unten rauscht die Kleine Ohe zu Tal. An einer Wegkreuzung müssen wir links in Richtung Martinsklause hinunter. Die ❶ **Martinsklause** ist ein Stausee aus dem 19. Jahrhundert, der für die Holztrift angelegt wurde. Von hier konnte das Holz mittels eines künstlich erzeugten Hochwassers zu Tal gebracht und bis Passau geflößt werden. Heute sind in den stillen Nächten um den See die Biber am Werk.

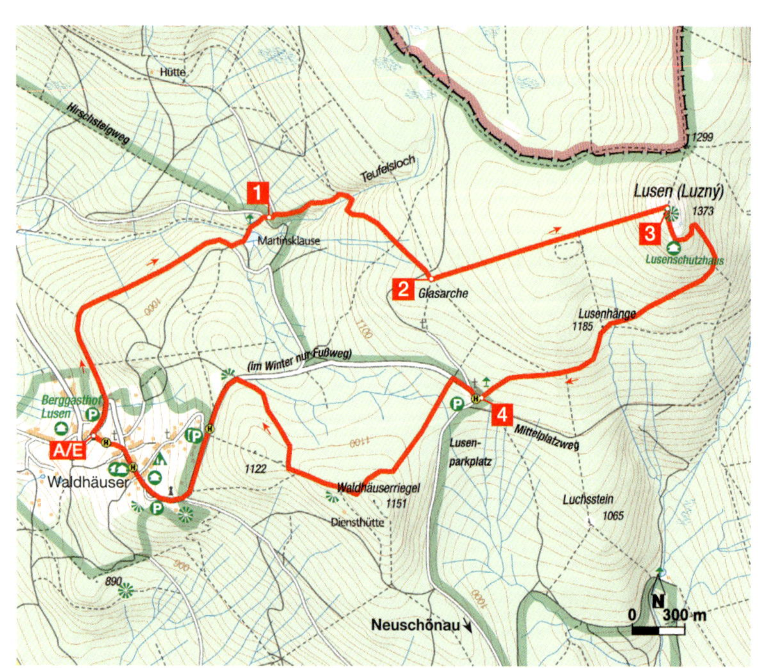

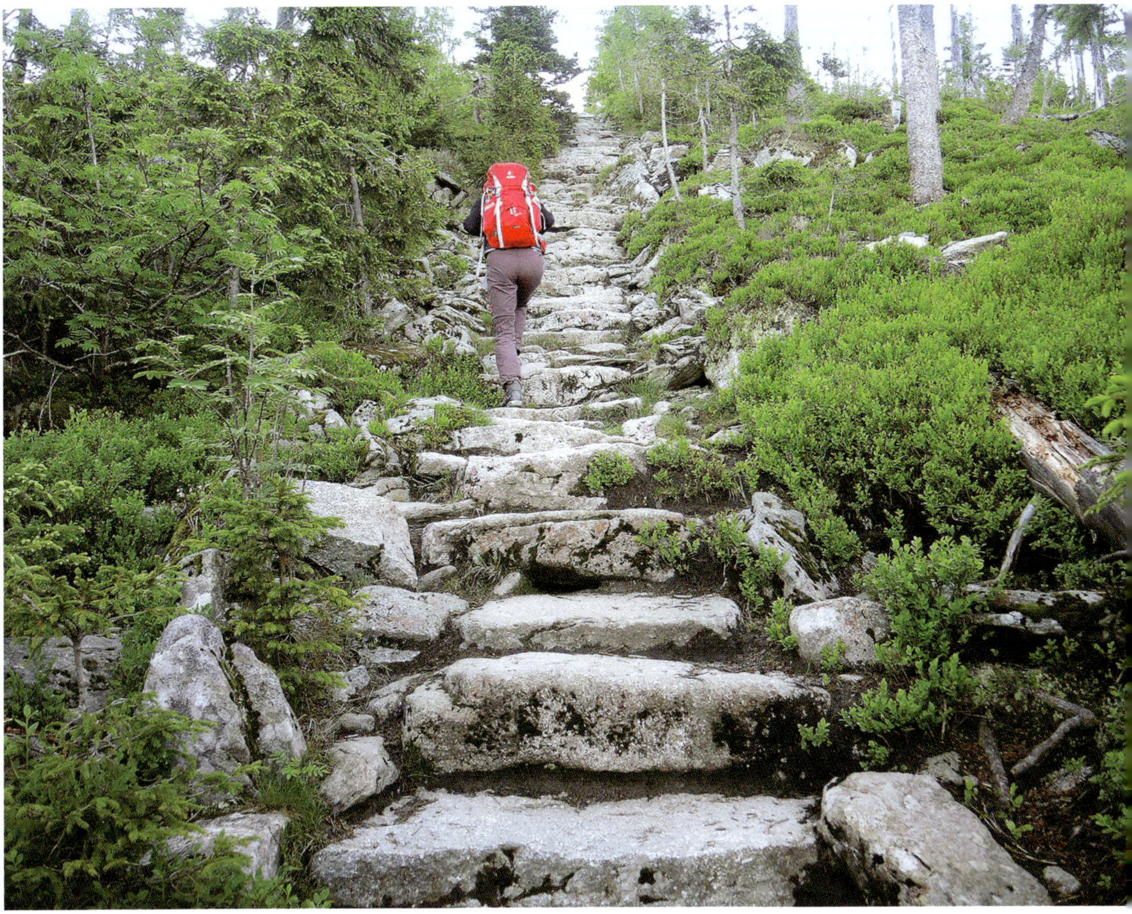

Auf der langen »Himmelsleiter« wird der Gipfel des Lusen bestiegen.

Zur Glasarche Am Ende der Staumauer steigen wir rechts die Treppe und den wildromantischen Steig in Richtung Lusen hinauf. Weiter oben geht es auf einer Forststraße nach rechts weiter und nach 50 Metern wieder nach rechts, nun auf einem kleinen Pfad durch den urwaldähnlichen Wald. Jetzt rauscht die Kleine Ohe rechts unten. An einer T-Kreuzung gehen wir rechts, nun auf dem Goldsteig, auf einem wilden Felsensteig zum Felsblockmeer Teufelsloch hinunter. Weiter oben wird der Pfad zu einem langen Bohlenweg, der selbst noch an einem Junimorgen mit Raureif überzogen sein kann.

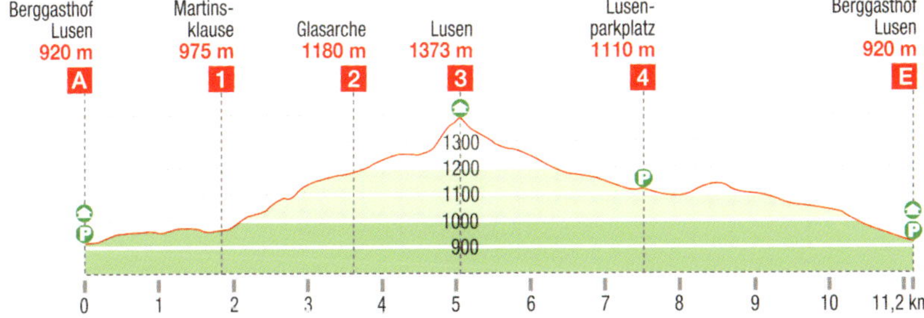

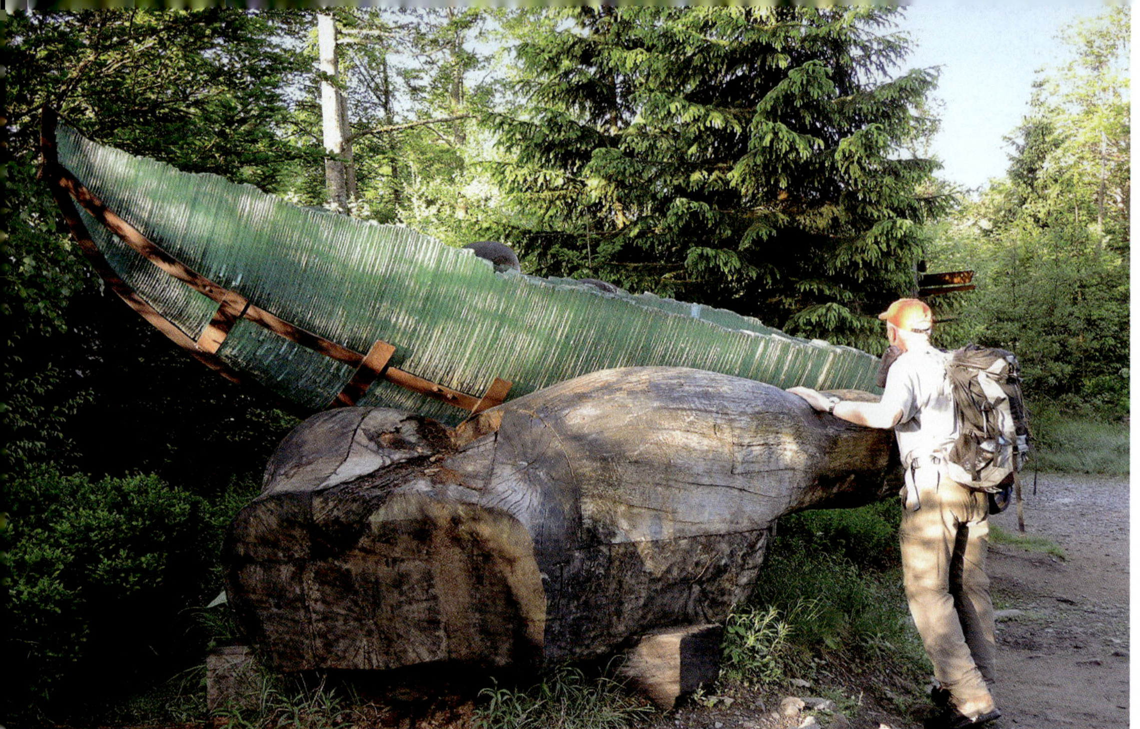

Die Glasarche ist eine symbolhafte Skulptur.

Hier wird exemplarisch gezeigt, wie die Waldentwicklung seit den Windwürfen im Jahr 1983 und seit dem totalen Absterben der Bäume durch die Borkenkäfer-Kalamität vor sich geht. Allein im Lusengebiet traten auf rund 4000 Hektar die Schäden fast geschlossen auf. Dem Grundsatz des Nationalparkgedankens folgend, wurden dagegen keine chemischen oder biologischen Maßnahmen ergriffen. Im Schutz der toten Bäume wächst bereits ein neuer Wald zu einer einzigartigen Waldwildnis nach. Der neue artenreiche Wald wird den üblichen monotonen Nutzholzforsten ökologisch überlegen sein.

Am Ende des Bohlenwegs steht an einer Wegkreuzung das herrliche Kunstwerk der ❷ Glasarche, hergestellt aus drei Tonnen Glas. Die Glasarche soll ein Symbol für die hiesige Glastradition und für die Verantwortung des Menschen für die Schöpfung sein.

Der Guldensteig

Der grenzüberschreitende Salzhandelsweg Guldensteig bestand mindestens vom 16. bis zum 18. Jahrhundert. Der Name basiert auf der mittelalterlichen Währung »Gulden«, die in Prag geschlagen wurde. Um den durchreisenden Säumern (Salzhändlern) Unterkunft geben zu können, entstand 1609 die Rodung Waldhäuser. Auf dem Rückweg brachten die Säumer Getreide, Töpferwaren und Glaswaren nach Bayern.

Auf den Lusen Von der Glasarche aus bleiben wir geradeaus auf dem Sommerweg in Richtung Lusen an einem Infopavillon vorbei, in dem der komplexe Lebensraum des Auerwilds vorgestellt wird. Der einfache Weg verläuft schnurgerade und ermöglicht schon von Weitem den Blick auf das Gipfelkreuz. Vor dem Gipfel liegt aber noch die kräfteraubende »Himmelsleiter«, eine Treppe aus Felsblöcken mit unterschiedlichen Stufenhöhen. Der Gipfelaufbau muss über ein Felsenblockmeer mit großen Felsen überwunden werden. Doch irgendwann ist das Gipfelkreuz des ❸ Lusen erreicht.

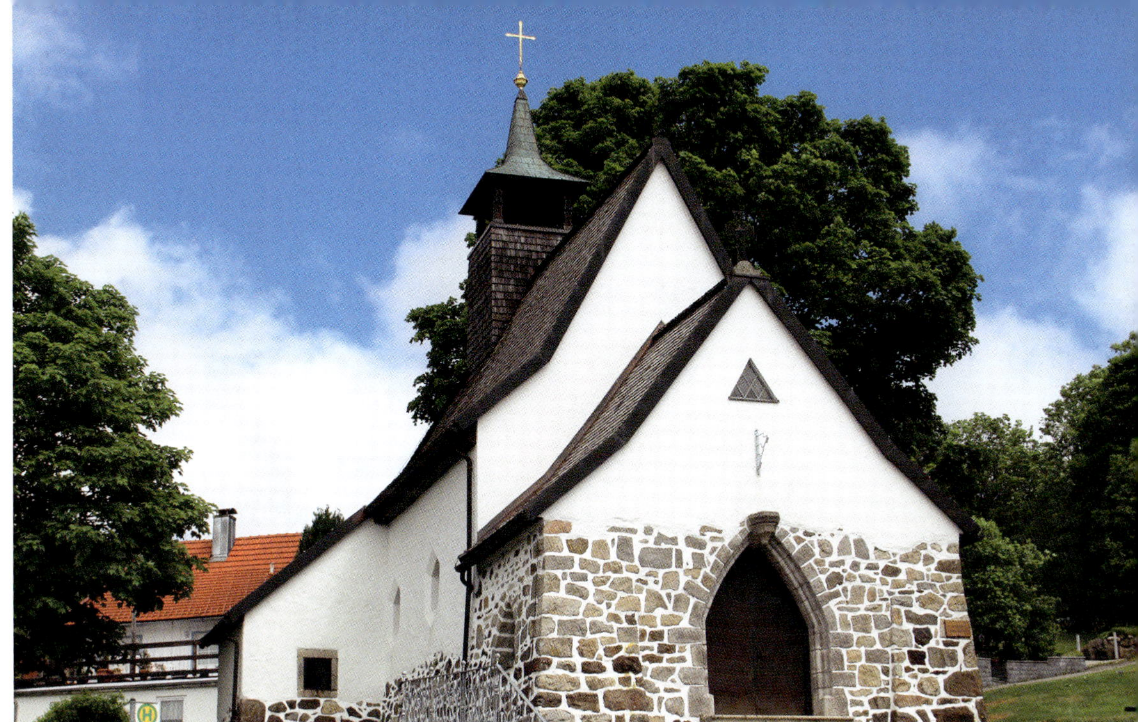

Die fotogene Kirche Maria im Walde in Waldhäuser ist aus Granitblöcken erbaut.

Der vollständig mit Granitfelsblöcken bedeckte Gipfel des Lusen wurde einer Sage nach vom Teufel über einem Goldschatz angehäuft. Tatsächlich ist dieses Blockmeer auf dem Lusen durch Frostverwitterung entstanden. Diese geologische Sehenswürdigkeit macht den Lusen unverwechselbar und sein 360°-Panorama sucht seinesgleichen. Genau im Nordwesten ragt der Große Rachel (Tour 20) auf. Im Norden und Osten »wogt« das Waldmeer des Böhmerwaldes. Vom Süden bis zum Westen sind die Ortschaften Neuschönau bis Spiegelau zu erkennen.

Zum Lusenparkplatz Vom Gipfelkreuz steigen wir nach Süden über die Blockhalde hinunter zur Berghütte Lusenschutzhaus mit seiner schönen Terrasse. Unterhalb der Hütte zieht der breite und einfache Abstiegsweg auf dem Goldsteig durch dichten Buchenwald zum 4 Lusenparkplatz.

Zum Parkplatz am Berggasthof Lusen Vor dem Parkplatz laufen wir rechts in Richtung Waldhäuser leicht aufwärts und nach der Bushaltestelle auf kleinem Pfad links in Richtung Waldhäuserriegel. Aus dem Pfad werden ein Bohlenweg und dann ein felsiger Weg bergauf. Der Weg knickt zweimal nach rechts ab und wir halten uns zum Waldhäuserausblick. Die Waldhäuserriegel sind bizarre Felsformationen am Weg. An einer T-Kreuzung gehen wir geradeaus und dann neben der asphaltierten Lusenstraße nach links abwärts. Auf dem Parkplatz zeigt eine Panoramatafel die Landschaft des westlichen Nationalparks. Hinter dem Parkplatz findet sich rechts ein kleiner Weg, der durch den Skulpturenpark und dann neben der Straße in Richtung Waldhäuser hinab verläuft. Gegenüber der Pension Salzsäumer gehen wir auf der linken Seite den kleinen Weg vor dem Landhaus Schreiber nach rechts hinab zur Kirche. Es ist der historische Säumerpfad mit den schönen Lesesteinreihen an den Randern. Gegenüber der Kirche ist der Parkplatz am E Berggasthof Lusen.

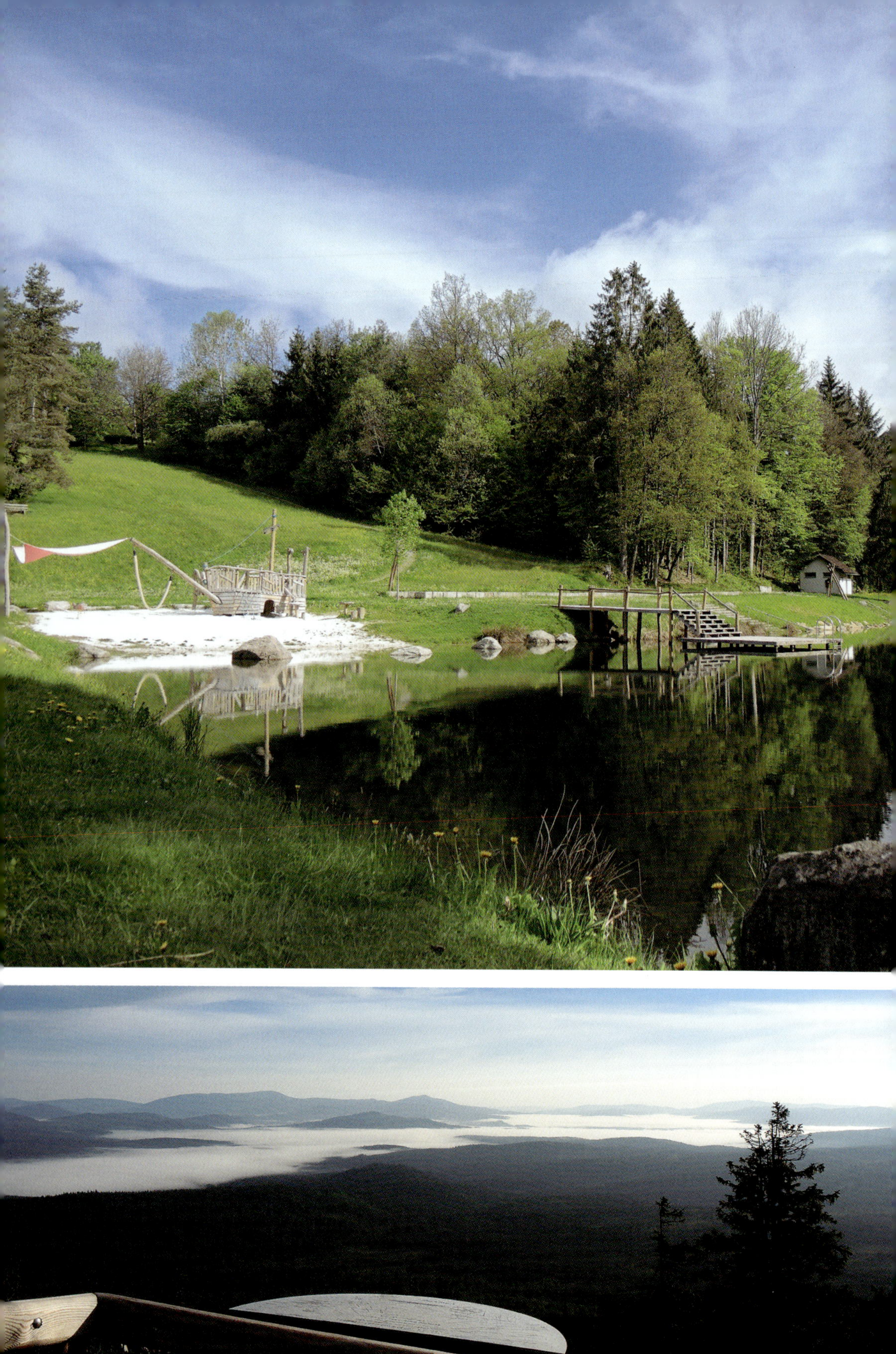

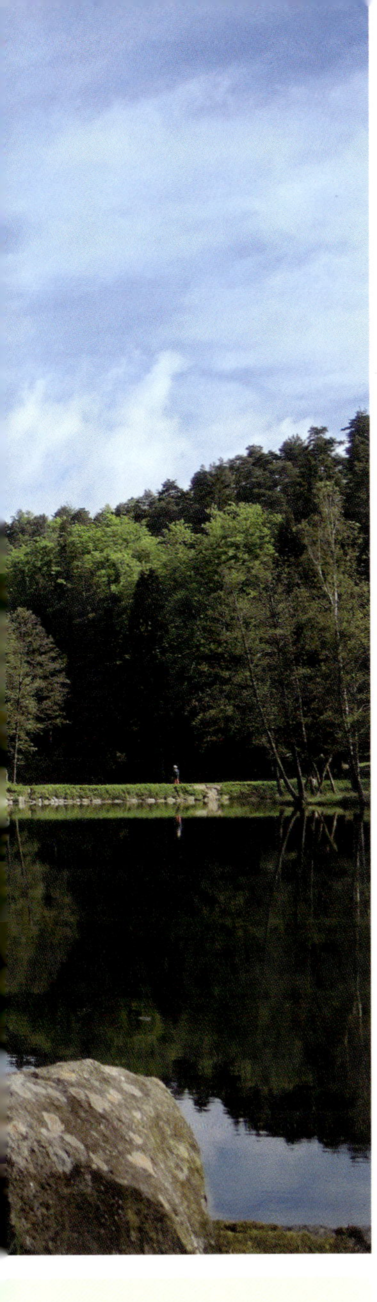

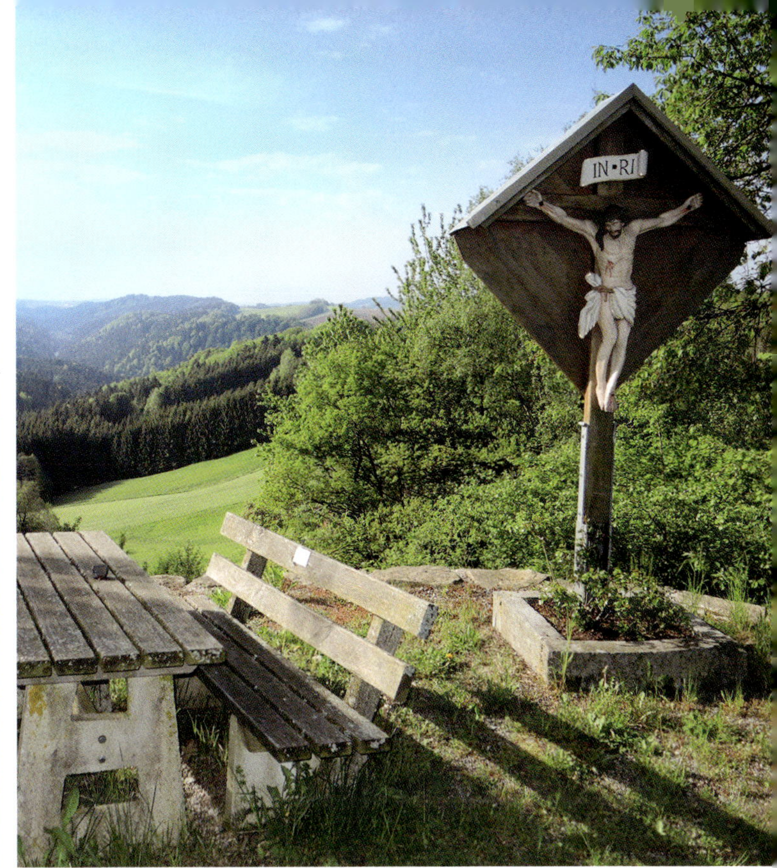

Unterer Bayerischer Wald

Am Mühlweiher ist gut baden – wenn die Temperatur stimmt (o. li.). Am Picknicktisch »Ilzblick« bei Kirchberg (Wanderung 24) (o. re.). Aussicht vom Hochstein auf die tschechische Seite zum Schneeberg (Wanderung 28). (u. re.). Die seltene Schwarze Teufelskralle steht gerne in den Feuchtwiesen (Wanderung 23) (u. li.).

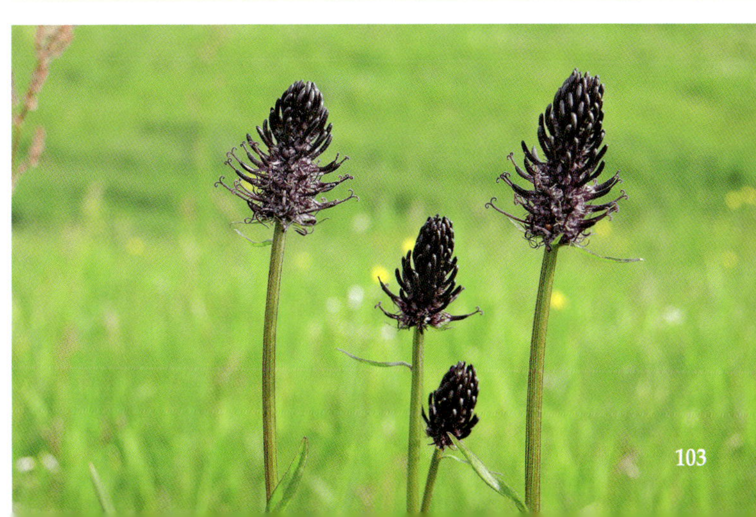

Grafenauer Brudersbrunn-Wallfahrt

Schnupftabak, Aussichtsstein und Kurpark

Leicht 2:40 Std. 250 m 7,0 km

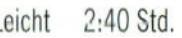

Tourencharakter
Leichte, vorwiegend schattige Rundtour auf Naturwegen, Forstwegen und Straßen durch Wälder, Wiesen und Ortsgebiet, meist markiert mit der Nummer 2 und abschnittsweise mit dem Symbol des Pandurensteigs. Mittlere Steigungen, aber steiler Aufstieg zum Aussichtsstein

Ausgangs-/Endpunkt
Parkplatz Kurparksee, 570 m

Höchster Punkt
Aussichtsstein, 728 m

Anfahrt
Pkw: Von der A 3 Ausfahrt Hengersberg auf der B 533 nach Nordosten über Innernzell nach Grafenau. Parkplatz am Kurparksee GPS: N48°51'16" E13°23'43"
Bahn: Von Deggendorf nach Grafenau (www.bahn.de)

Gehzeiten
Parkplatz Kurparksee – Brudersbrunnkapelle 0:50 Std. – Aussichtsstein 0:20 Std. – Brudersbrunnkapelle 0:15 Std. – Brücke Kurparksee 0:55 Std. – Stadtplatz 0:10 Std. – Parkplatz Kurparksee 0:10 Std.

Beste Jahreszeit
April bis Oktober

Einkehr
Gasthaus Passauer Hof, Stadtplatz 4, 94481 Grafenau, Tel. 08552/1340, www.passauer-hof.de; Hotel Gasthaus Zum Kellermann, Stadtplatz 8, 94481 Grafenau, Tel. 08552/96710, www.hotel-zum-kellermann.de

Karten
Kompass: Bayerischer Wald, Karte 198/3, 1:50 000

Hinweise
Das Schnupftabakmuseum im ehemaligen Spital ist weltweit einzig.

Die Brudersbrunn-Wallfahrt führt über den Kreuzweg von Grafenau zur Brudersbrunnkapelle hinauf. Der Name stammt von drei Brüdern, die sich hier nach einem Krieg wiedergefunden haben. Der Quelle neben der Kapelle wird heilende Wirkung nachgesagt.

Zur Brudersbrunnkapelle Vom Parkplatz am Ⓐ **Kurparksee** in Grafenau treten wir nach Westen auf die Spitalstraße mit der Spitalkirche und dem kuriosen Schnupftabakmuseum als Einzigem seiner Art weltweit gegenüber. Hier befand sich einst auch das erste Krankenhaus der Stadt Grafenau. Wir beginnen die Wanderung auf der Spitalstraße nach links in südliche Richtung und folgen dabei dem Schild »Kreuzweg« und der Wegnummer 2. Nach der Unterführung unter der B 533 gehen wir gleich rechts in Richtung Frauenberg, jetzt auch mit dem Symbol des Pandurensteigs. Der Weg verläuft vorerst parallel zur B 533. An seinem tiefsten Punkt folgen wir der Abzweigung nach links mit der Nummer 2 in den Wald hinauf. Über eine Forststraße bleiben wir nach rechts versetzt geradeaus aufwärts. Der Aufstieg entlang der Kreuzwegstationen ist zu-

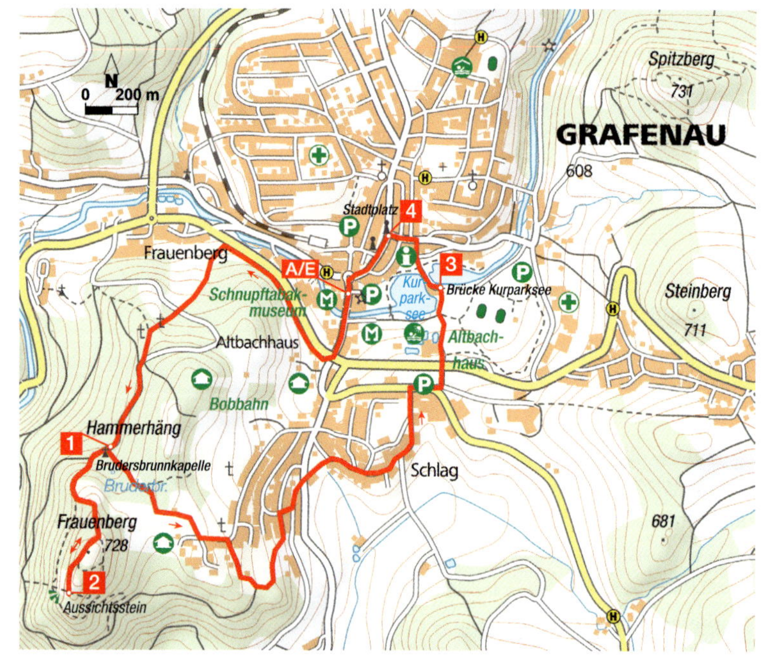

nächst steil, dann gemäßigt und führt ab einer Schutzhütte auf einer Forststraße weiter. Bald geht es auf dem Forstweg leicht abwärts und an einer Kreuzung sehen wir links, 30 Meter weiter oben, die ❶ Brudersbrunnkapelle .

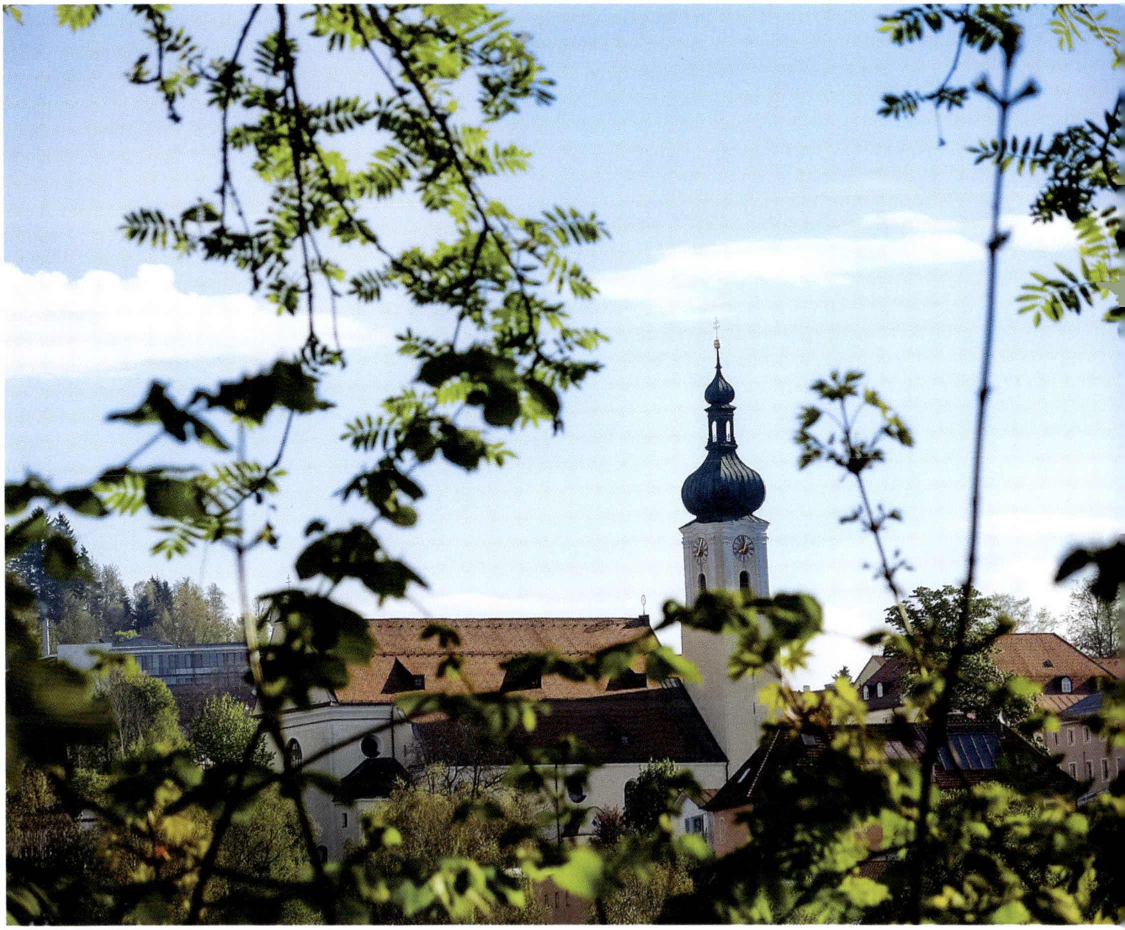

Vom Wanderweg aus ist die Kirche Maria Himmelfahrt von Grafenau zu sehen.

Zum Aussichtsstein Von der Kapelle steigen wir wieder hinunter auf die Forststraße und setzen den Weg nach links in Richtung Aussichtsstein fort. Nach 50 Metern müssen wir an der Weggabel mit der Nummer 2 links hinauf und an einer weiteren Gabelung wieder links. An einer Bank wandern wir rechts hoch und an einer T-Kreuzung wieder rechts. Fast kommen wir über den Gipfel des Frauenbergs mit 728 Meter Höhe. Der ❷ Aussichtsstein, ein Felsen mit Geländer, liegt dann aber wieder ein Stückchen weiter unten. Über das Tal der Kleinen Ohe und Großen Ohe schauen wir hinüber auf Schönberger Gebiet. Vom Aussichtsstein gehen wir am besten den einfachsten Weg wieder zurück zur ❶ Brudersbrunnkapelle und an ihr vorbei weiter aufwärts.

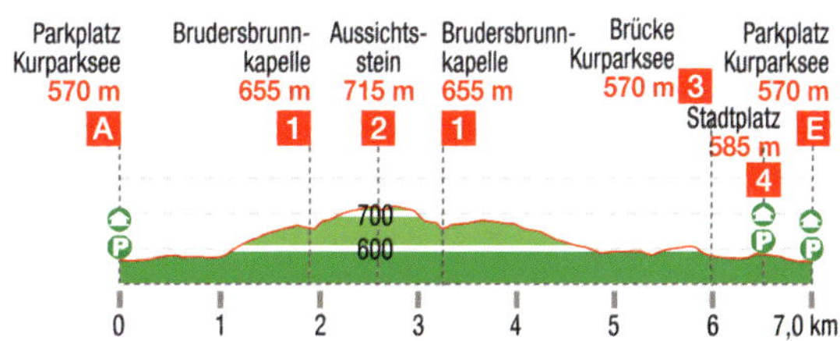

Zur Brücke über den Kurparksee Von der Kapelle aus ist es nur ein kleiner Aufstieg, dann geht es nur noch abwärts zum Grafenauer Ortsteil Schlag. Unten wenden wir uns an der Kreuzung auf der Straße Zum Brudersbrunn links und an der nächsten Kreuzung rechts. Scheinbar verlassen wir das Ortsgebiet wieder. In einem Linksbogen erreichen wir jedoch die Straße Schwedensteig in bewohntem Gebiet. An der nächsten Kreuzung gehen wir rechts und dann auf dem Säumersteig links, der schließlich die Schärdinger Straße überquert. Jetzt trägt die Straße allerdings den Namen Schlag und sie umzieht in einem großen Linksbogen die gleichnamige Siedlung. Am Straßenende wandern wir auf der Spitalstraße rechts an einem Parkplatz vorbei und gehen danach auf dem Seesteig links abwärts unter der B 533 durch. Am Grafenauer Schwimmbad Bärenwelle müssen wir rechts vorbei und kommen im großen Kurpark zum Kurparksee. Alles im Kurpark hat irgendwie mit Bären zu tun. Das hängt mit dem Stadtwappen und dem Schloss Bärnstein zusammen. Am Kulturpavillon führt eine ❸ **Brücke über den Kurparksee**. Links unter der Brücke ist das Spiel des Wassers und der Fische in der Fischtreppe zu beobachten.

Kleine und Große Ohe

Westlich fließen unterhalb des Frauenbergs von Norden nach Süden die Kleine Ohe und parallel dazu in einem Kilometer Entfernung die Große Ohe. Die Große Ohe entspringt im Nationalpark Bayerischer Wald am Großen Rachel. Die Kleine Ohe wird aus Quellbächen rund um den Lusen gespeist. Drei Kilometer südlich des Frauenbergs vereinigen sich die beiden Flüsschen bei Eberhardsreuth zur Ilz.

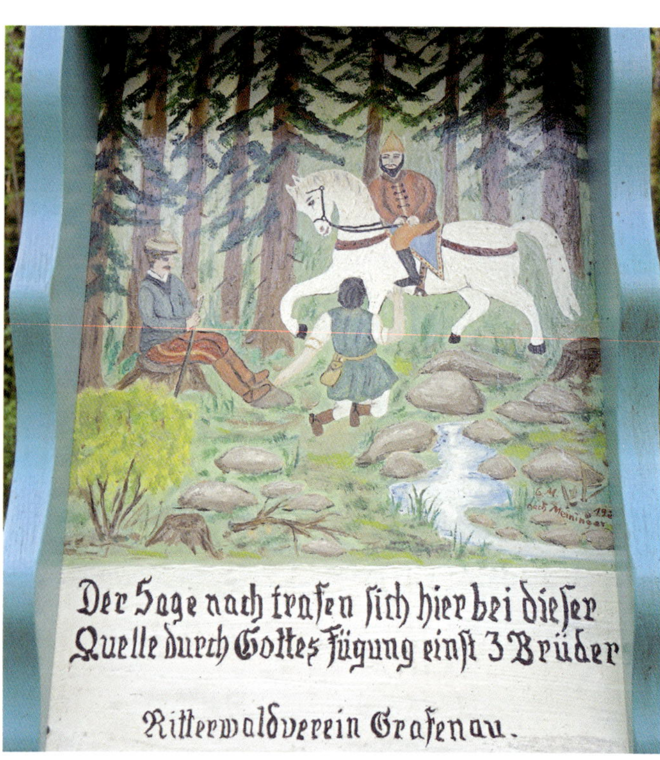

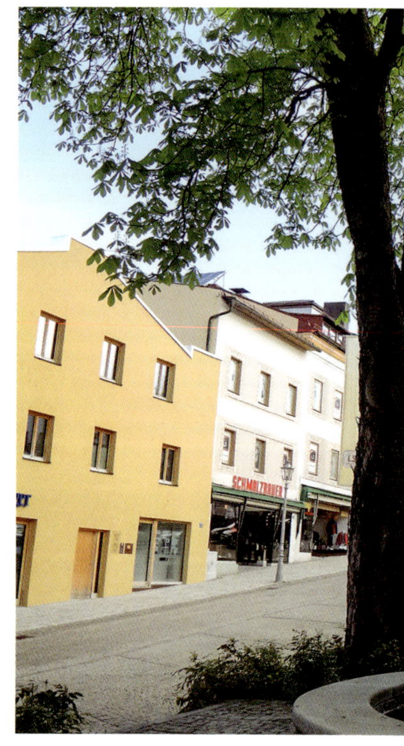

Die Bildtafel erzählt die Legende von den drei Brüdern.

Zum Stadtplatz Nach dieser Brücke bleiben wir geradeaus auf der Straße Venusberg hinauf, die in einem Linksbogen und weiter auf der Freyunger Straße, am modernen Rathaus mit Touristinfo vorbei, zum 4 **Stadtplatz** leitet. Hier stehen einige Wirtshäuser und Cafés für eine Einkehr zur Auswahl. Am südlichen Ende erinnert das Säumerdenkmal an die über 600-jährige Grafenauer Geschichte.
Bereits im 14. Jahrhundert führte der Handelsweg »Gulden Strass« durch Grafenau nach Böhmen. Der Ort entwickelte sich zu einem Rast- und Handelsplatz der Salzhändler und Säumer, der Spediteure des späten Mittelalters. Wegen seiner großen Bedeutung im Salzhandel wurde Grafenau von Kaiser Karl IV. 1376 zur Stadt erhoben. Damit ist Grafenau die älteste Stadt des Bayerischen Waldes. Anfang des 16. Jahrhunderts tauchte dann das Stadtwappen mit dem Bären an der Stadtmauer auf. Dies bezieht sich auf die Keimzelle der Stadt, Schloss Bärnstein, im 12. Jahrhundert erbaut und 1742 durch die Panduren zerstört. Ab dem 17. Jahrhundert wurden auf dem »Goldenen Steig« auch Glaswaren und andere Güter bis zur Nordsee und bis nach Sankt Petersburg transportiert. Bis in das 18. Jahrhundert wurde die »Gulden Strass« noch erhalten und ausgebaut, verlor dann aber durch den Niedergang des Salzhandels an Geltung. Heute punktet Grafenau nicht mehr mit dem »Weißen Gold«, sondern als Luftkurort, Wanderparadies und Ferienort.

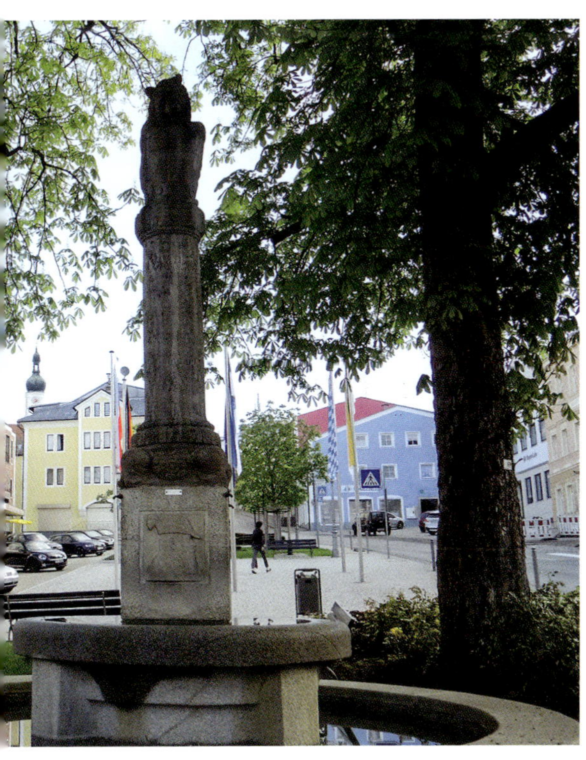

Mitte: Am Stadtplatz in Grafenau

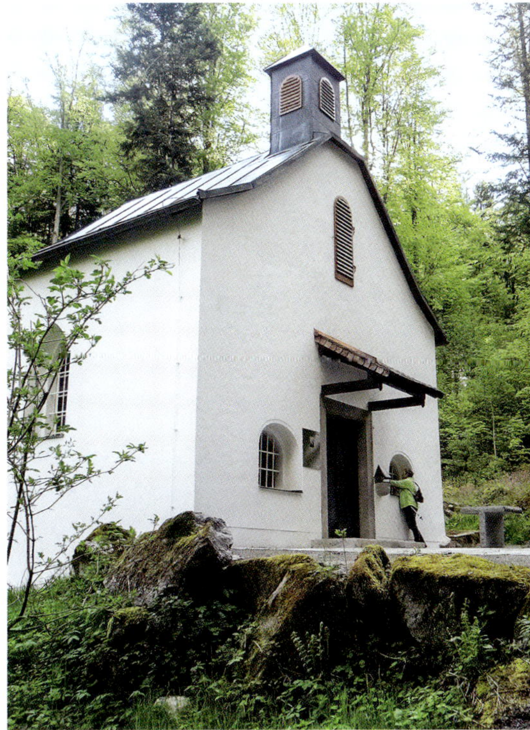

An der Wallfahrtskirche Brudersbrunn

Zum Parkplatz am Kurparksee Auf jeden Fall gehen wir vom Stadtplatz aus abwärts in südliche Richtung, erreichen auf der Kröllstraße einen Kreisverkehr und sehen links weiter unten in der Spitalstraße schon das Schnupftabakmuseum und die Spitalkirche gegenüber dem E **Parkplatz am Kurparksee**.

Auf den Spuren des »Ritters Allein«

Feste Saldenburg und frischer Badesee

Leicht 3:10 Std. 290 m 8,4 km

Tourencharakter
Leichte, teils sonnige, teils schattige Rundtour auf Naturwegen, Forstwegen und Straßen durch Wälder, Wiesen und Ortsgebiet. Meistens markiert mit dem Symbol des Goldsteigs und den Nummern 83 und 82. Das wellige Hügelland erfordert Kondition.

Ausgangs-/Endpunkt
Kirche Preying, 504 m

Höchster Punkt
Saldenburg, 565 m

Anfahrt
Pkw: Von der A 3 Ausfahrt Passau Nord auf der B 85 nach Norden über Ruderting nach Ebersdorf. Parkplatz GPS: N48°45'53" E013°22'58" **Bus:** Linie 6121 von Passau (www.bahn.de)

Gehzeiten
Kirche Preying – Mühlweiher 1:00 Std. – Feste Saldenburg 0:30 Std. – Mittelalterlicher Ofen 1:10 Std. – Kirche Preying 0:30 Std.

Beste Jahreszeit
April bis Oktober

Einkehr
Gasthof Zur Linde, Brigidastraße 14, 94163 Saldenburg-Preying, Tel. 08504/8587, www.gasthof-zur-linde-bayern.de; Gasthof Zur Post, Kirchstraße 6, 94169 Thurmansbang, Tel. 08504/1643, www.zurpost-thurmansbang.de

Karten
Kompass: Bayerischer Wald, Karte 198/3, 1:50 000

Hinweise
Die Wege sind zwar einfach, aber das ständige Auf und Ab erfordert Ausdauer.

Im 14. Jahrhundert entfloh dem Ritter Heinrich Tuschl die Frau und er wurde seitdem »Ritter Allein« genannt. 1368 fügte er der Feste Dießenstein seines Vaters Schweik Tuschl die Saldenburg hinzu. Die Burgen deckten den Handelsweg »Gulden Strass«.

Zum Mühlweiher Die Ⓐ **Kirche Sankt Brigida** am Parkplatz in Preying ist ein spätgotisches Kleinod mit barockem Helm und barocker Innenausstattung. Gegenüber dem Gasthaus Zur Linde wandern wir das Sträßchen an der Friedhofsmauer hinab in Richtung Goldsteig. Gleich ist links unten die neu gefasste Brigidaquelle zu sehen, deretwegen in früheren Zeiten die Menschen an diesen Ort kamen. An der T-Kreuzung auf dem Hügelrücken vor Stadl gehen wir mit dem Goldsteig nach rechts in Richtung Saldenburg. Rechts unten in dem feuchten Wiesengrund stehen standortgerecht der violette Schlangenknöterich und vereinzelt die hier eher seltene Schwarze Teufelskralle.

Vor dem Waldrand geht es mit dem Wegweiser Goldsteig links, fast weglos über die Wiese hinauf. Erst zwischen einer Bank und einer Jagdkanzel

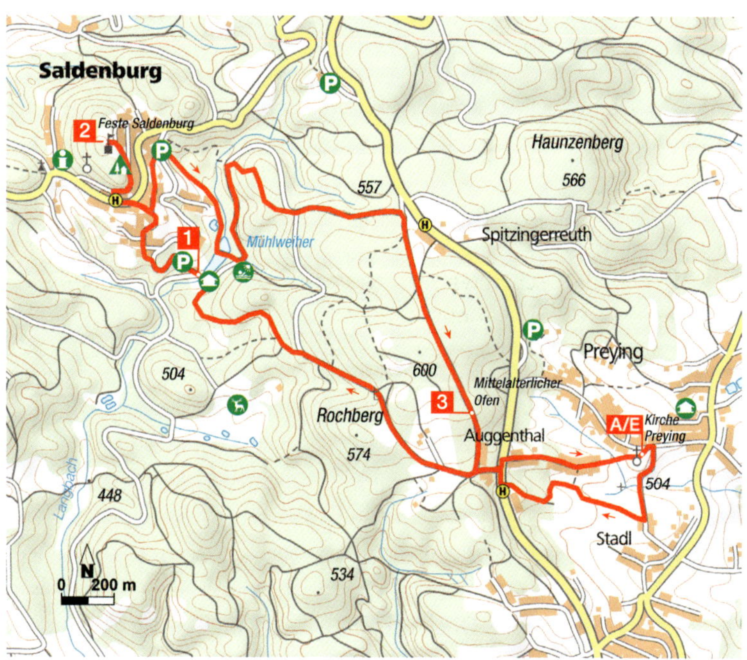

wenden wir uns nach rechts in den Wald hinein. Der Goldsteig quert nach rechts versetzt die B 85 in die Straße Auggenthal. An der ersten Kreuzung bleiben wir geradeaus, laufen aber an der zweiten Kreuzung mit der Wegnummer 83 nach rechts aufwärts an der Flanke des Rochbergs vorbei. Auf dem gekiesten Waldweg geht es bergab und wir tangieren die gepflegte Anzenkapelle. An möglichen Abzweigen bleiben wir immer auf der geraden, abwärtsführenden Forststraße, die zugleich der Goldsteig ist. Bald sehen wir am gegenüberliegenden Waldrand die Feste Saldenburg herausragen. Nun kommen wir zum 1 **Mühlweiher**, der auch Saldenburger See genannt wird. Auf jeden Fall ist dies eine Bademöglichkeit mit Strand, an der wir aber auf dem Rückweg noch einmal vorbeikommen.

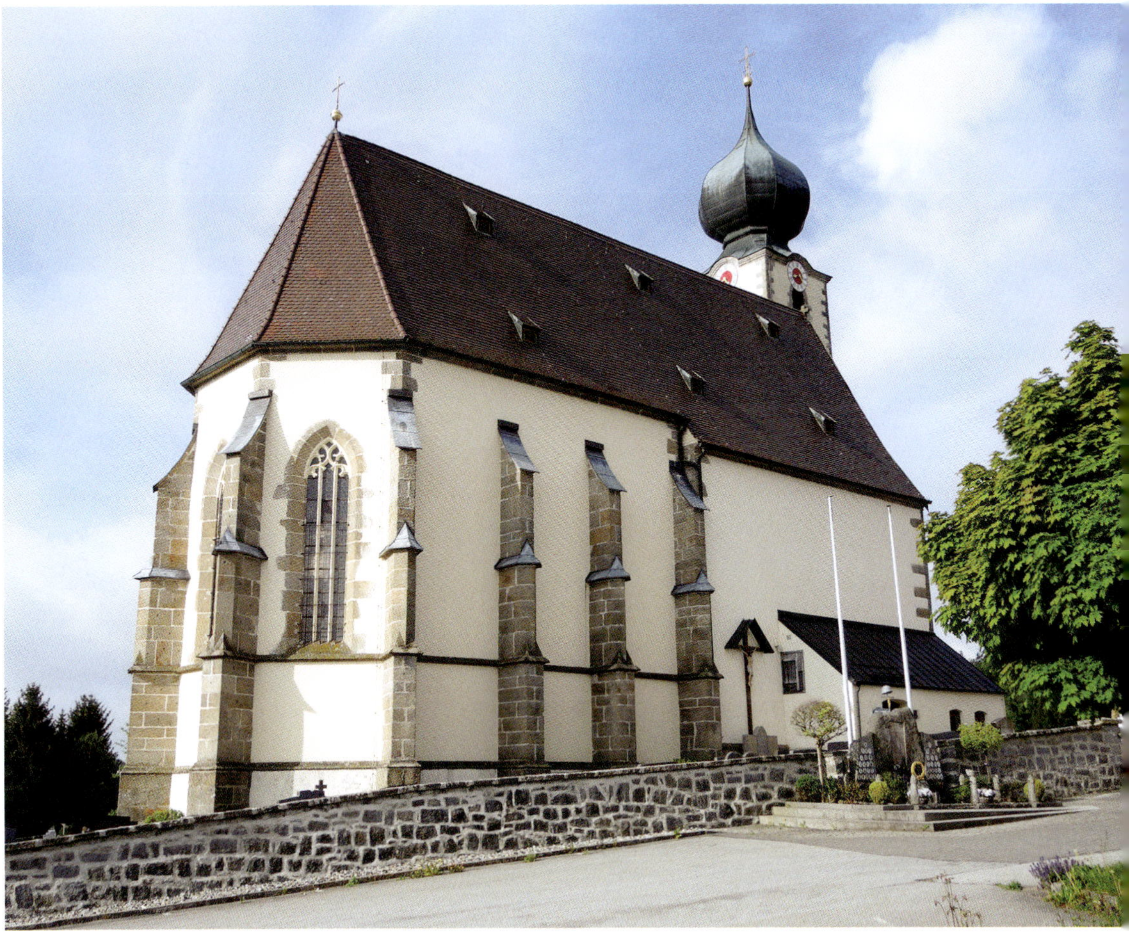

Die Kirche Sankt Brigida ist ein spätgotisches Kleinod.

Zur Feste Saldenburg Vom Mühlweiher wandern wir die asphaltierte Weiherstraße hinauf und können weiter oben in einer Linkskurve nach rechts den Straßenverlauf abkürzen. Oben geht es

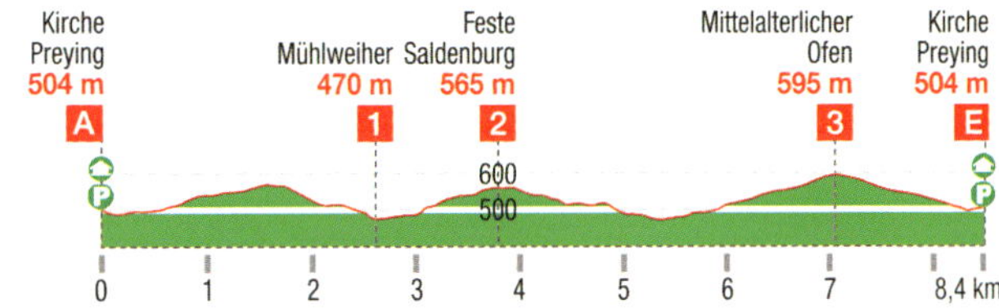

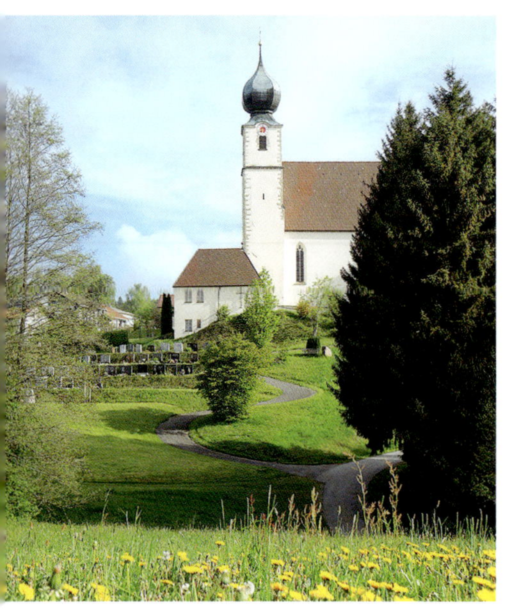

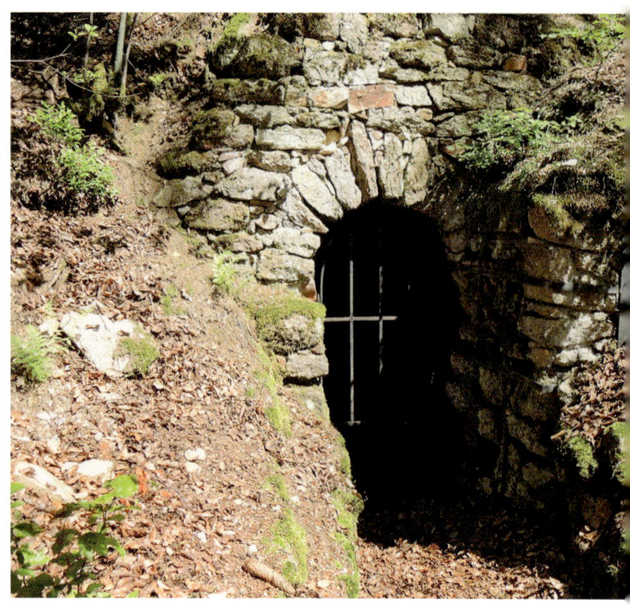

In den Wiesen unterhalb der Kirche Sankt Brigida

Mitte: Im 14. Jahrhundert wurde in diesem gemauerten Ofen kräftig eingeheizt – der Zweck ist unbekannt.

über den Parkplatz geradeaus auf der Alten Poststraße weiter nach oben. An der T-Kreuzung mit dem hölzernen Altarschrein läuft die Alte Poststraße nach links hinauf. Am ehemaligen Gasthaus Waldlaterne laufen wir auf der ebenen Seldenstraße (St 2322) nach links und nach 40 Metern auf dem Gehweg in Richtung Burg hinauf. Am Ende des Fußwegs gehen wir auf der Straße Am Burgberg rechts und an einem Abzweig nach links auf der Ritter-Tuschl-Straße weiter. Noch 50 Meter, dann führt links eine Treppe zur 2 **Feste Saldenburg** hoch. Die Burg ist heute eine Jugendherberge und in der Regel nicht zu besichtigen, aber einige Schritte vom Tor in Richtung Zufahrt ist vor dem äußeren Burggraben nach links durch den Wald ein kurzer Abstecher zu einem hölzernen Aussichtsturm möglich. Genau im Norden steht der Große Rachel (Tour 20) am Horizont.

Die Kirche Sankt Brigida

1356 gründete Ritter Tuschl von Söldenau das Lehen Sankt Brigida und in Ebersdorf entstand eine erste Kirche. Die spätgotische Kirche mit ihren schönen Maßwerkfenstern wurde in ihrer heutigen Form im 15. Jahrhundert erbaut. Die barocke Innenausstattung stammt im Wesentlichen aus dem 17. und 18. Jahrhundert. 1753 wurde der Turm erhöht und in die heutige Form gebracht.

Zum mittelalterlichen Ofen Von der Burg steigen wir die Treppe und den Weg, den wir gekommen sind, wieder hinunter und unten am ehemaligen Gasthaus Waldlaterne in der Alten Poststraße abwärts. Nun aber halten wir uns an der Kreuzung mit dem hölzernen Altarschrein auf der Straße Im Gutshof nach links am Kindergarten und am Maibaum geradeaus vorbei. Kurz vor der Kreuzung mit der Seldenstraße (St 2322) schlendern wir rechts den kleinen Saumpfad mit der Bezeichnung »Ökopfad« in den Wald hinunter. An einer Wegkreuzung wenden wir uns auf dem zweiten Pfad nach rechts und unten am Bächlein wieder nach rechts in das Tal hinein. Es ist der Zulauf der Mühlweiher. Am Wegrand ist die Arbeit der Biber selbst an starken Bäumen zu bestaunen.

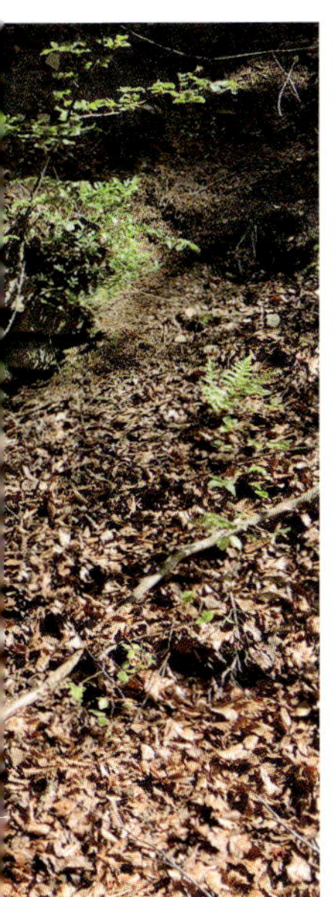

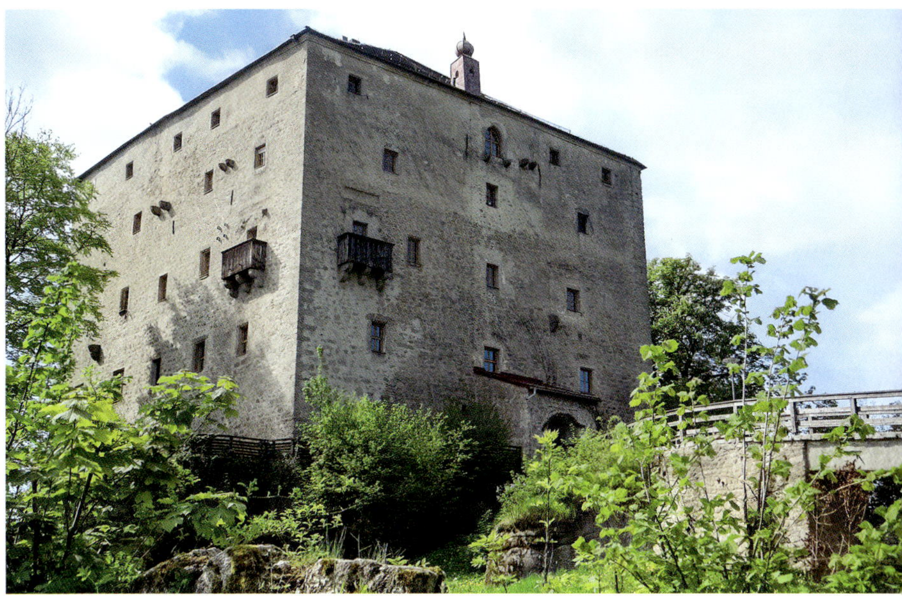

Die Feste Saldenburg ist ein mächtiger Block.

Nach dem ersten Weiher verlassen wir den Ökopfad geradeaus und gehen gleich nach 20 Metern in spitzem Winkel auf der Forststraße nach links aufwärts. Links ist durch die Bäume wieder die Feste Saldenburg zu sehen. 250 Meter nach dem Weiher führt rechts eine Treppe in Richtung »Mittelalterlicher Glasofen« hinauf. Weiter oben kommen wir an eindrucksvollen Felswänden im Zustand der Wollsackverwitterung vorbei. Eine Infotafel erklärt diese geologische Zersetzungserscheinung.
An einer T-Kreuzung bleiben wir nach rechts auf dem Waldlehrpfad. Der Weg mündet in eine Forststraße ein, der wir geradeaus folgen. Nach 30 Metern wandern wir an der Kreuzung mit der Nummer 82 nach links und müssen kurz vor der Landstraße B 85 rechts aufwärts. An der höchsten Stelle der Forststraße steht eine Bank mit dem Hinweisschild »Rachelblick«. Der Rachel (Tour 20) erscheint hier recht nah, aber die Luftlinie beträgt 23 Kilometer.
Am Weiterweg steht an einer Bank ein Wegweiser nach links zu dem kurzen Abstecher zum ❸ Mittelalterlichen Ofen. Wie aus dem Hinweisschild hervorgeht, wurde hier im 14. Jahrhundert eingeheizt, bis es in dem gemauerten Ofen 1100 Grad Celsius heiß war – zu welchem Zweck, ist unbekannt. Auch wir können das Rätsel nicht lösen und wandern auf der Forststraße weiter.

Zur Kirche in Preying In Richtung Süden tangieren wir einen Wasserhochbehälter und sind jetzt an den ersten Häusern auf der Straße Auggenthal. An der Kreuzung gehen wir links zur B 85 hinunter und am Rand der Straße nach links. Nach 50 Metern überqueren wir die B 85 in den Ortsteil Stadl. Die Wegnummer 83 bringt uns nach Preying mit der Kirche Sankt Brigida hinunter. Die Sackgasse geht in den Kirchensteig über. Am Ende des Gehwegs kommen wir auf der Straße rechts zum Parkplatz vor der Ⓔ Kirche in Preying zurück. Die Kirche Sankt Brigida ist eine architektonische Besonderheit und mehr als einen flüchtigen Blick wert. Im Vorraum gibt es den Pilgerstempel des Pilgerwegs Vianova.

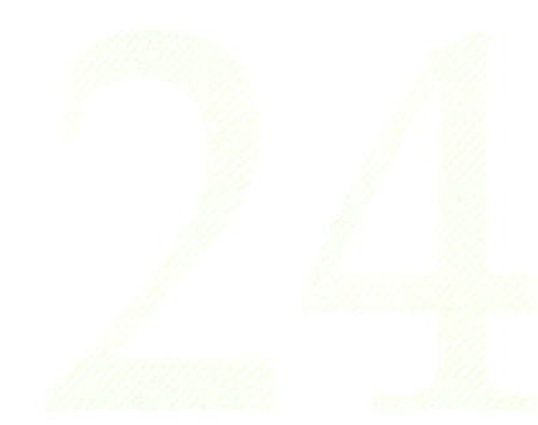

Herrliche »Schwarze Perle« Ilz

Flusspanorama auf dem Ilztalwanderweg

Leicht 4:10 Std. 300 m 10,7 km

Tourencharakter
Leichte, teils sonnige, teils schattige Tour auf Naturwegen, Forststraßen und Straßen durch Wälder, Wiesen, Felder und Ortsgebiet, meistens markiert mit dem Symbol des Goldsteigs und des Pandurensteigs sowie der Nummer 2

Ausgangs-/Endpunkt
Schneidermühl, 390 m

Höchster Punkt
Bubikberg, 572 m

Anfahrt
Pkw: Von der A 3 Ausfahrt Aicha vorm Wald auf der St 2127 und PA 93 nach Osten und ab Neukirchen vorm Wald auf der B 85 und PA 32 zur Schneidermühl. Parkplatz GPS: N48°45'24" E013°24'15" **Bus:** Linie 6118 von Passau nur nach Perlesreuth (www.bahn.de)

Gehzeiten
Schneidermühl – Hangalzesberg 1:20 Std. – Bubikberg 0:30 Std. – Kirchberg 0:20 Std. – Ellersdorf 0:30 Std. – Dießensteiner Mühle 1:00 Std. – Schneidermühl 0:30 Std.

Beste Jahreszeit
April bis Oktober

Einkehr
Hafner Wirtshaus, Marktplatz 17, 94157 Perlesreut, Tel. 08555/699, www.hafner-perlesreut.de; Gasthof König, Kirchberg 2, 94157 Perlesreuth, Tel. 08555/1283; Gasthaus Hammerschmiede Schneidermühle, Schneidermühle 1, 94104 Witzmannsberg, Tel. 08504/91310

Karten
Kompass: Bayerischer Wald, Karte 198/3, 1:50 000

Das Flusspanorama auf dem Weg an der Ilz hält immer neue Ansichten bereit: die lebendigen Wasser, die breiten rauschenden Schwellen, die wilden Verzweigungen der Flussläufe und die Stromschnellen zwischen den Felsen oder das Licht- und Schattenspiel.

Nach Hangalzesberg Vom Parkplatz an der Südseite der Brücke gegenüber der Ⓐ **Schneidermühl** starten wir diese Wanderung über die Straßenbrücke und dann rechts abwärts auf dem Goldsteig und Pandurensteig in Richtung Schrottenbaummühle. Später erscheint dann noch die Wegnummer 2 als Richtungsanzeiger. Der begleitende Mischwald besteht aus Eschen, Schwarzerlen, Linden, Fichten, Buchen, Ulmen und anderen Arten. Bestimmend ist der Standort nach der Bodenfeuchtigkeit. Der Boden ist bedeckt mit einer artenreichen Strauch- und Krautschicht, die vom guten Nährstoffangebot des Schwemmbodens zeugt. An steilen Felsen hängen Moose und Farne. Im Mai blühen zum Beispiel der weiße Eisenhutblättrige Hahnenfuß, der dekorative Waldgeißbart, die blassvio-

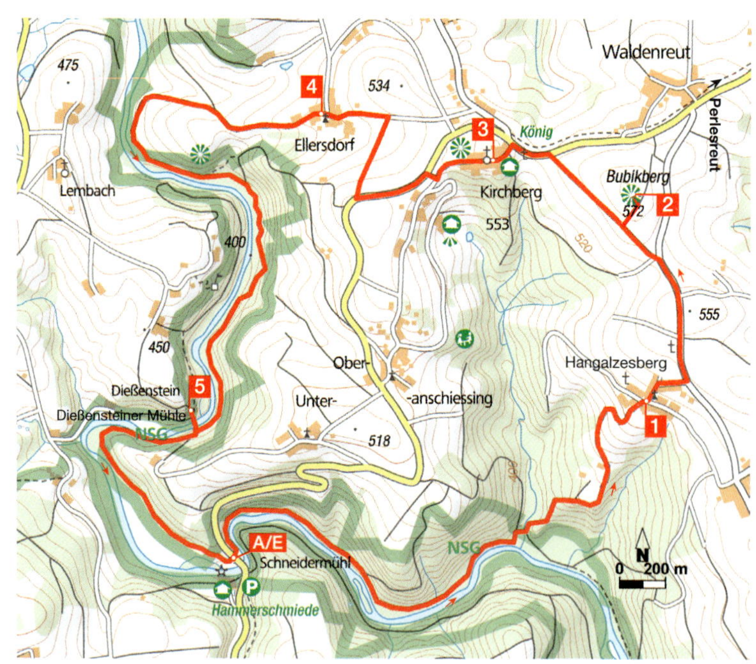

lette, feingliedrige Akeleiblättrige Wiesenraute, verschiedene Storchschnabelarten und Waldmeister zusammen mit den großen Farnwäldern. Die sich vielfach verzweigende Ilz musiziert mit Rauschen, Gurgeln und Plätschern ein ständiges Lied. Wahrlich eine urtümliche Auenlandschaft. Die Ilz ist nicht nur das letzte echte Wildwasser Ostbayerns, sondern stellt als Verbindungslinie vom Bayerischen Wald zum klimatisch günstigen Donautal auch eine wertvolle Wanderachse für Tiere und Pflanzen dar. Die dunkle Wasserfärbung stammt von den Mooren in den Hochlagen des Ilzeinzugsgebietes – daher auch der Name »Schwarze Perle«. Die Ilz, die Flussaue und auch die steilen Hänge und Felsen sind Naturschutzgebiet.

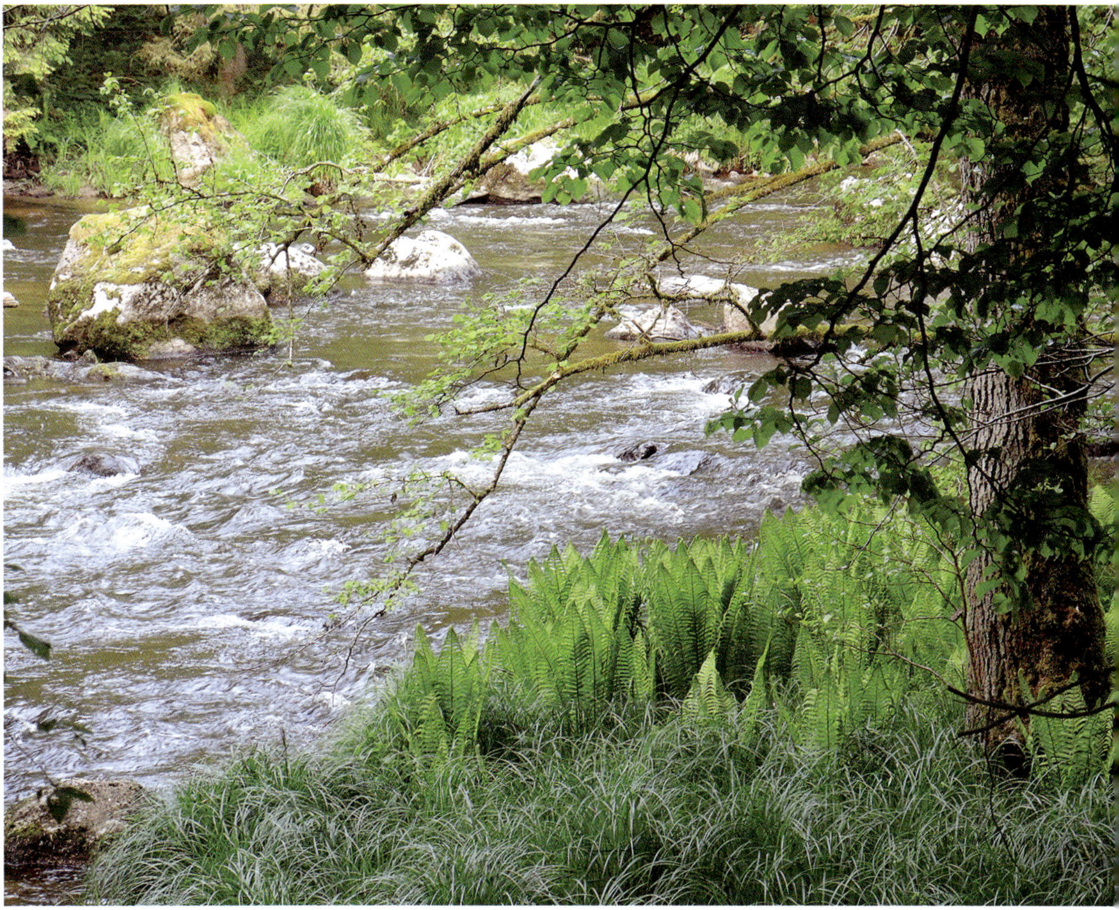

Die Ilz ist das letzte echte Wildwasser Ostbayerns.

An einer Wegkreuzung nach einem kleinen Anstieg müssen wir nach rechts in Richtung Schrottenbaummühle, aber schon nach 10 Metern verlassen wir vorerst den Ilztalwanderweg geradeaus in Richtung Hangalzesberg steil aufwärts. Weiter oben finden wir wieder

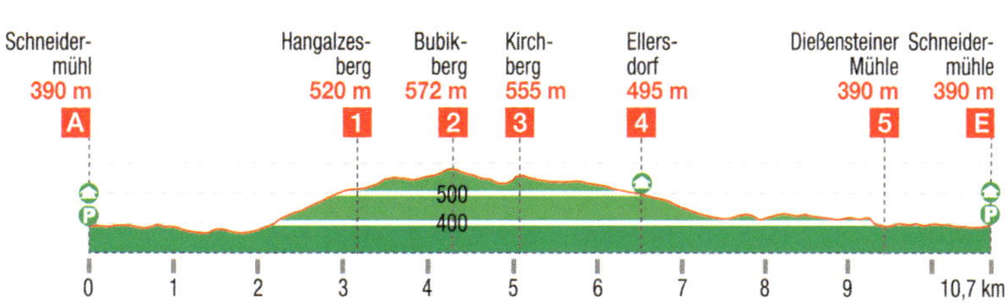

die Wegnummer 2. Am Waldrand wird der Weg flacher und wir bleiben geradeaus. Am ersten Haus stehen nette Alpakas in einem Gehege. Das nun asphaltierte Sträßchen noch ein Stück bergan und wir sind an der Kapelle und am Maibaum in ❶ **Hangalzesberg**.

Auf den Bubikberg Oberhalb von Hangalzesberg laufen wir auf der wenig befahrenen Landstraße nach links an einem Wegkreuz mit guter Aussicht vorbei. In einer Rechtskurve verlassen wir die Straße nach links mit der Wegnummer 2 und mit Blick auf den bewaldeten Bubikberg. Dann steigen wir auf einer Fahrspur zwischen Acker und Wiese rechts auf den ❷ **Bubikberg**. Oben an der Bank genießen wir den schönen Panoramablick. Im Norden stehen der Rachel und der Lusen am Horizont und im Süden liegt 21 Kilometer Luftlinie entfernt hinter den Hügeln Passau.

Die Dießensteiner Mühle

Die idyllisch gelegene Dießensteiner Mühle zählt zu den über hundert historischen Mühlen, die es einmal an der Ilz gab. Die Brücke war Grenzübergang und Mautstation zwischen dem Herzogtum Bayern und dem Fürstbistum Passau. Die mit dem Jahr 1345 belegte Mühle ist älter als die Festung Dießenstein. 1900 wurde sie zur Stromerzeugung umgerüstet. Heute gibt es dort eine moderne Turbine.

Nach Kirchberg Vom Bubikberg gehen wir wieder hinunter auf das kleine Sträßchen und wenden uns jetzt rechts mit Blick auf Kirchberg. Am Rand der Landstraße FRG 7 laufen wir links und an der Pestsäule wieder links hinauf zum Gasthaus König und zur Kirche in ❸ **Kirchberg**.

Nach Ellersdorf Durch Kirchberg nach Westen kommen wir zu einem Feldkreuz mit dem Picknicktisch »Ilzblick« und gehen danach an der Straßenkreuzung vor

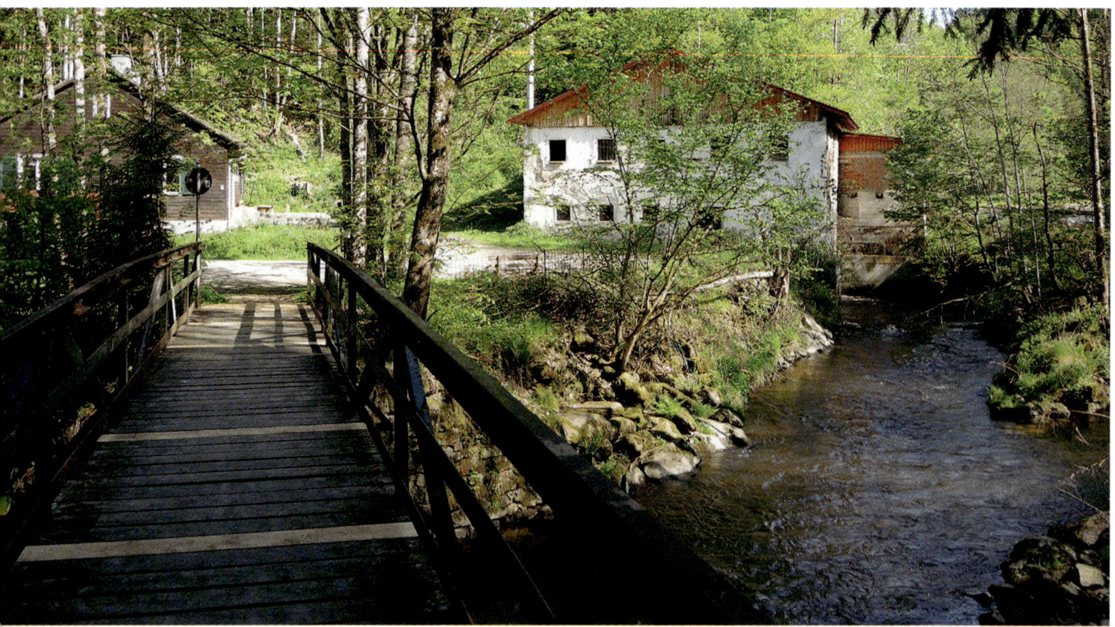

Bei der historischen Dießensteiner Mühle an der Ilz

Oberanschiessing rechts und entlang der Landstraße FRG 7 links hinauf. Nach 350 Metern, fast vor der höchsten Stelle der Straße, nehmen wir rechts den Feldweg, der sichtbar bis vor Ellersdorf hinunter verläuft. Die Straße vor Ellersdorf ist wieder der Pandurensteig, auf dem wir nach links in ❹ **Ellersdorf** den Picknicktisch am Maibaum erreichen.

Zur Dießensteiner Mühle Am Maibaum in Ellersdorf wandern wir mit der Nummer 2 links in Richtung Schneidermühle hinunter. Weiter unten müssen wir noch an der Weggabel nach links und kommen zum Bachbett der Ilz inmitten ausgedehnter Wiesen hinunter.

Bevor der Ilztalwanderweg im Wald eintaucht, befindet sich rechts ein kleiner Badestrand mit einem Schild, auf dem die Aufforderung steht: »Fühle!« Etwas weiter lenken zwei Liegestühle zwischen den Felsen die Aufmerksamkeit auf sich. Ein Schild ermahnt: »Loslassen!« Hier rauscht die Ilz durch die Felsen der Stromschnellen besonders laut und man könnte auf den beschatteten Liegestühlen tatsächlich die ganze Welt vergessen.

Auf der folgenden Strecke steigen wir an einer Weggabel den rechten Pfad hinunter zur Brücke an der betagten ❺ **Dießensteiner Mühle**, in der leise eine Turbine summt. Die Ilz war lange Zeit die natürliche Grenze zwischen dem Herzogtum Bayern und dem Fürstbistum Passau. Hier an der Dießensteiner Mühle bzw. der Brücke war einer der Grenzübergänge zwischen den beiden Hoheitsgebieten und eine Mautstation.

Zur Schneidermühl Ab der Brücke bleiben wir auf dem Weg nahe an der Ilz und erreichen bald, noch einmal auf einem Weg durch weite Wiesen, den Parkplatz am Ausgangspunkt Ⓔ **Schneidermühl**.

Blick vom Bubikberg bei Kirchberg nach Süden über weite Wiesen und Felder

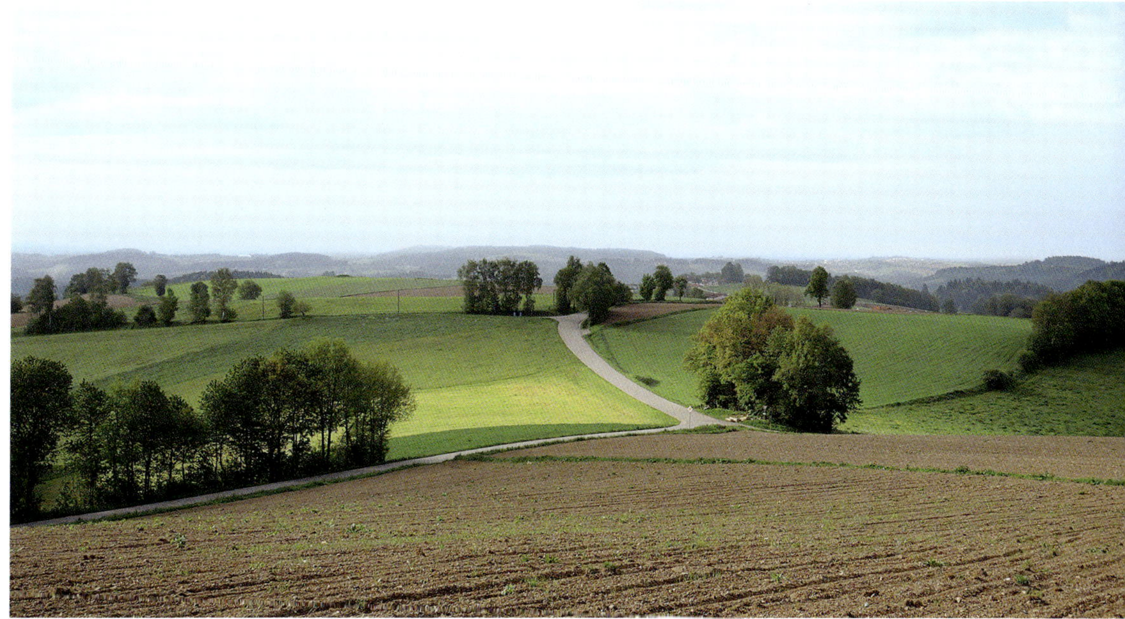

Einzigartiges Wildflusspanorama

Am letzten großen Wildwasser Ostbayerns

Leicht 3:30 Std. 210 m 10,5 km

Tourencharakter
Leichte, vorwiegend schattige Rundtour, größtenteils auf Naturwegen und Forststraßen durch Wälder, Wiesen und Ortsgebiet, meistens markiert mit den Wegweisern des Ilztalwanderwegs und den Symbolen des Goldsteigs und des Pandurensteigs. Beim Peilstein lange Treppe mit ungleichen und steilen Stufen

Ausgangs-/Endpunkt
Fischhaus, 325 m

Höchster Punkt
Peilstein, 380 m

Anfahrt
Pkw: Von der A 3 Ausfahrt Passau Nord auf der B 85 nach Norden über Ruderting und auf der St 2323 nach Fischhaus. Parkplatz GPS: N48°39'22" E013°26'24"
Bus: Mit der Linie 6110 und 6124 von Passau (www.bahn.de), mit der Ilztalbahn nur Sa und So vom 5. Mai bis 31. Oktober von Passau (www.ilztalbahn.eu)

Gehzeiten
Fischhaus – Peilstein 1:00 Std. – Kalteneck 1:00 Std. – Eisenbahnbrücke 1:00 Std. – Fischhaus 0:30 Std.

Beste Jahreszeit
April bis Oktober

Einkehr
Restaurant Ilzstuben, Fischhaus 31, 94161 Ruderting, Tel. 08509/1824, www.ilzstuben.de; Gaststätte Kaltenecker Stub'n, Hutthurmer Straße 5, 94116 Hutthurm-Kalteneck, Tel. 08505/9193390, www.gaststaette-hannvonweyhern.de

Karten
Kompass: Bayerischer Wald, Karte 198/3, 1:50 000

Die Ilz ist einer der letzten Wildflüsse Deutschlands und wurde sogar als Flusslandschaft des Jahres prämiert. Die Wanderung zeigt das Flusspanorama von beiden Ufern, aber auch eine Aussicht am Peilstein. Nach der Tour wartet eine Liegewiese.

Zum Aussichtspunkt Peilstein Vom Parkplatz in **A Fischhaus** beginnen wir die Wanderung über die Schienen der Ilztalbahn und auf der Straßenbrücke der St 2323 über die Ilz nach Osten. Hier bei Fischhaus ist die Ilz zu einem breiten, allerdings nicht tiefen Fluss geworden. Flussaufwärts bei Fürsteneck mündet die Wolfsteiner Ohe als größter Zufluss in die Ilz und sorgt für Wasserzuwachs. Nach der Brücke zeigt ein Wegweiser des Ilztalwanderwegs am Ende der Leitplanke in spitzem Winkel nach links auf den Wiesenweg in Richtung Kalteneck. Vorerst bleiben wir am Ufer der Ilz flussaufwärts.

In den flacheren Seitenbereichen der Aue dominieren stellenweise Fichtenwälder, die für eine Auenlandschaft überhaupt nicht standortgerecht sind. Die blühenden Pflanzen am Wegrand erfreuen hingegen den Wanderer. Da ist die blassblau blühende Mondviole (im Volksmund Silberling genannt, weil der Fruchtstand von runden pergamentähnlichen Scheiben gebildet wird), und auch die feingliedrige weiße Sternmiere

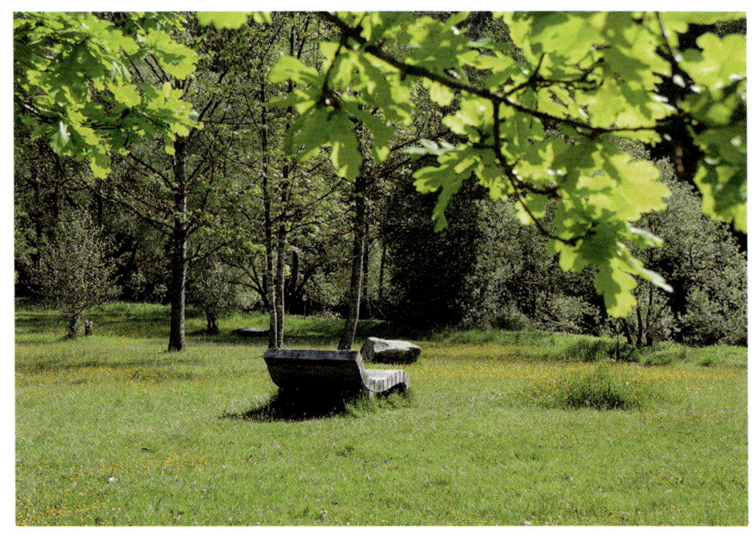

und natürlich der essbare Giersch fehlen nicht. Ebenso gedeiht das gelb blühende Schöllkraut, dessen orangefarbener Saft seit jeher als Mittel gegen Warzen verwendet wird. Die Knoblauchrauke riecht so, wie der Name es andeutet, und ist auch essbar. Auffällig ist der gewölbte Stängel der Vielblütigen Weißwurz mit den Blüten an der Unterseite, die dem Echten Salomonsiegel sehr ähnlich ist, aber öfter vorkommt. Am Echten Salomonsiegel treten die Blüten grundsätzlich paarig auf, wogegen die Vielblütige Weißwurz drei oder mehr Blüten beieinander trägt. Die Akeleiblättrige Wiesenraute wiederum ist ein zartes Gebilde.

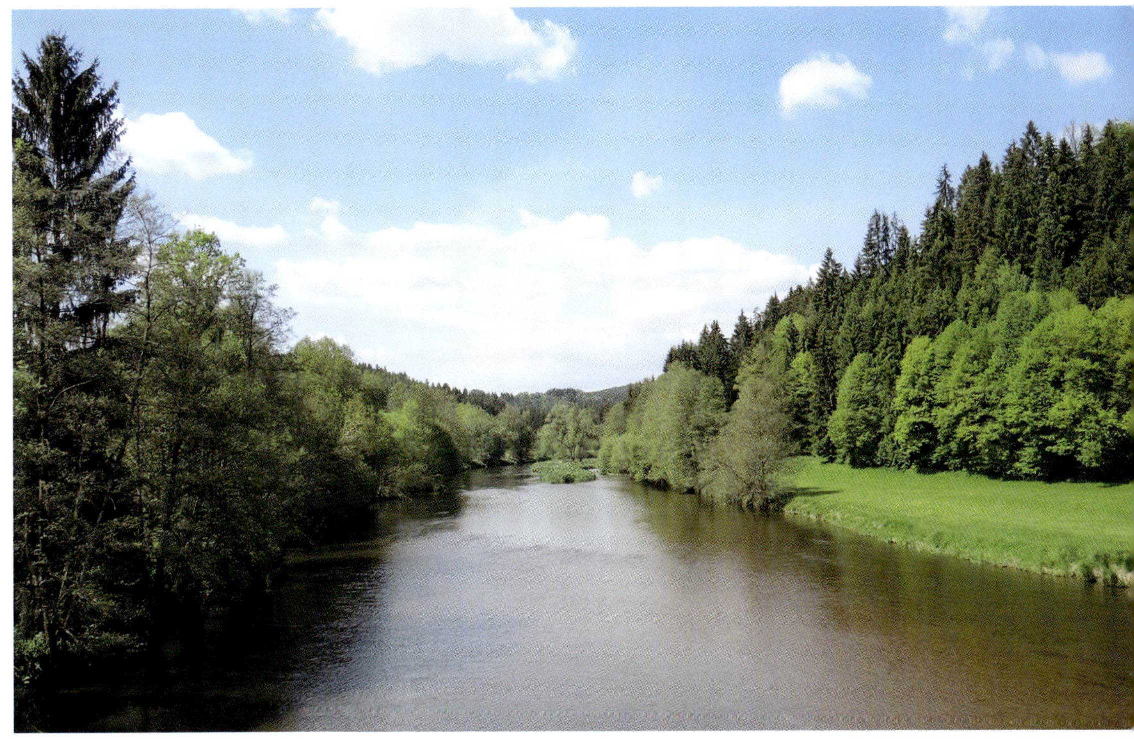

Bei Fischhaus ist die Ilz zu einem breiten, aber flachen Fluss geworden.

Linke Seite: Auf der großen Liegewiese an der Ilz bei Fischhaus

Aber nun weiter auf dem Ilztalwanderweg. Auf der anderen Seite der Ilz ist die idyllisch gelegene Liegewiese zu sehen, die uns am Ende der Wanderung als Rastplatz dienen mag. Zuerst verlässt auf dieser Seite der Wanderweg die Ilz. An einer T-Kreuzung müssen wir links auf den Pfad hinunter in Richtung Kalteneck. Ein Steg bringt uns über einen Bach und danach überqueren wir auf einem Geländeplateau eine große Wiese. An ihrem Ende tauchen wir geradeaus in den Wald ein. Der Pfad führt hinab und links unten sehen wir wieder die Ilz und die Bahnlinie, die den Fluss auf einer Brücke überquert. An möglichen Abzweigen bleiben wir immer abwärts und wandern vor dem Bahndamm rechts auf einem kurzen Stück Asphaltsträßchen aufwärts. Nach 100 Metern benutzen wir den Pfad nach links und bleiben immer in Richtung Kalteneck. Dabei verläuft die Bahnlinie bis Kalteneck immer zwischen uns und der Ilz, die aber noch ihr Rauschen, Plätschern und Gurgeln herüberschickt. Stellenweise ist auf der anderen Seite der Ilz der Goldsteig zu sehen, auf dem wir nach Kalteneck zurückgehen werden. Unvermittelt stehen wir

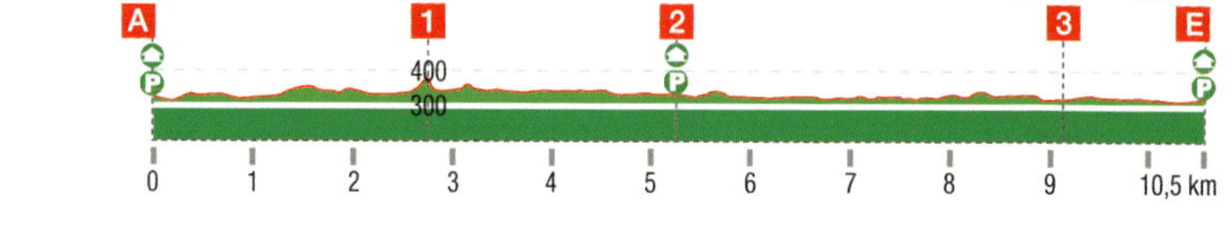

vor einer langen Treppe, die einen Felsen erklimmt. Der anstrengende Aufstieg ist hier alternativlos, aber auch lohnend, kommen wir doch so auf den Aussichtsfelsen ❶ **Peilstein**. Tief unten liegt die »Schwarze Perle« Ilz in ihrem Bett.

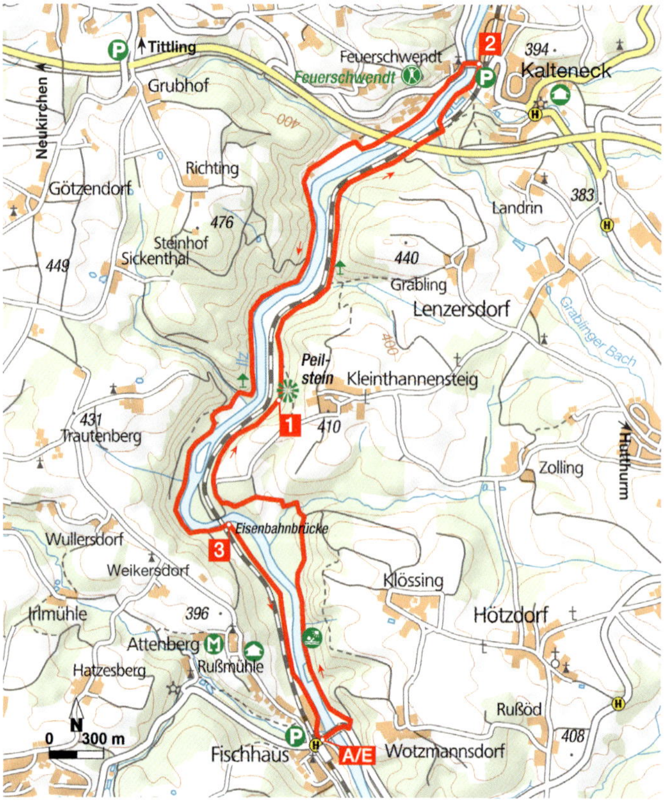

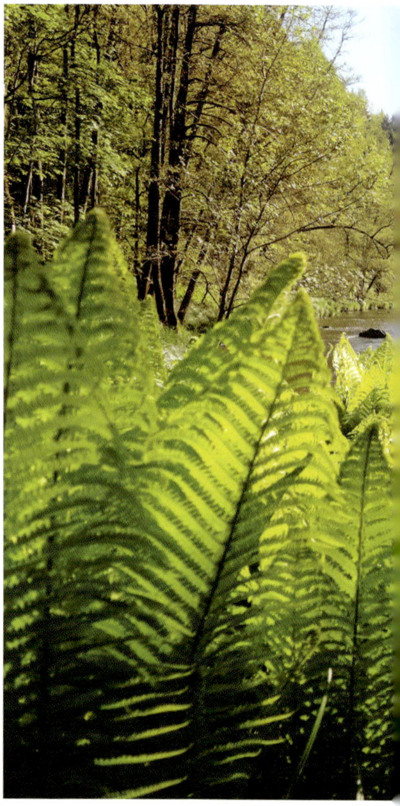

Nach Kalteneck Vom Peilstein müssen wir nun wieder auf einer Treppe und auf einem Serpentinenweg auf der anderen Seite hinunter. Hier ist Aufmerksamkeit geboten, denn die Stufen sind ungleich hoch. Dann führt der Weg wieder bergan und an einer Weggabel müssen wir uns rechts halten, denn der linke abwärtsführende Pfad ist eine Sackgasse und endet an einer Jagdkanzel. Oben kommen wir auf eine Forststraße, der wir nach links hinunterfolgen. Im Wesentlichen bleiben wir jetzt immer an den Schienen, aber der Pfad beschreibt dennoch ein ständiges Auf und Ab. Der Ilztalwanderweg unterquert zusammen mit den Schienen die hohe Brücke der Straße PA 93. Auf der anderen Seite der Ilz stehen die ersten Häuser von Kalteneck. An einer Wegkreuzung auf einem Hügel im Wald wandern wir links und an der

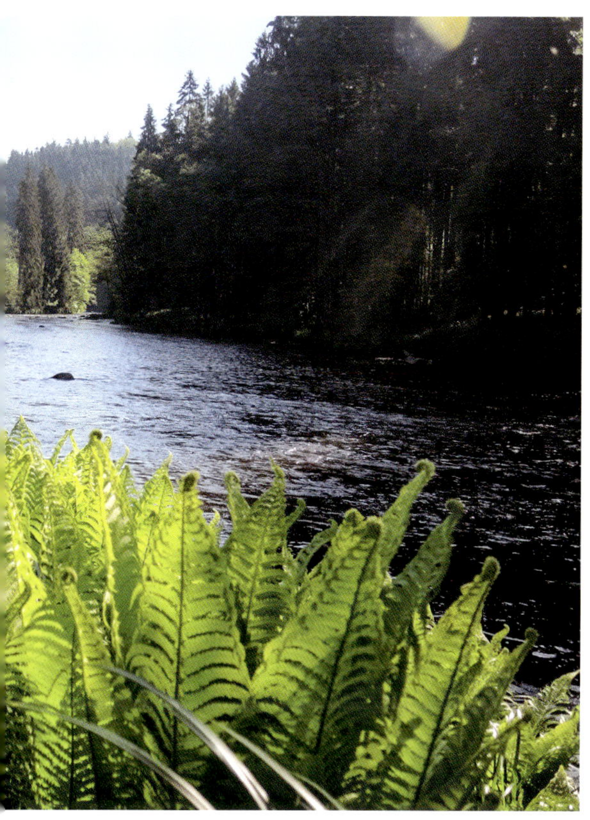

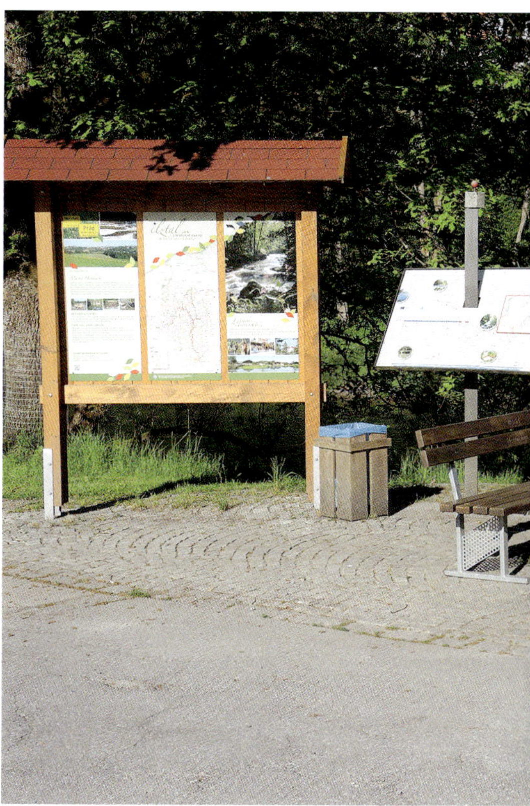

Am Rastplatz an der Brücke in Kalteneck

Mitte: Der Ilztalwanderweg hält immer wieder neue Fluss-Ansichten bereit.

Hutthurmer Kläranlage mit dem Ramlinger Bach unter der Bahn durch. Nach 150 Metern können wir uns am Picknicktisch an der Brücke in ❷ **Kalteneck** erst einmal ausruhen.

Zur Eisenbahnbrücke Der Rückweg auf der Westseite der Ilz ist kürzer, leichter und schneller. Wir gehen auf der Brücke der St 2128 über die Ilz und auf der Straße in Richtung Stallwang hinauf. Nach 250 Metern wenden wir uns links auf den Goldsteig bzw. Pandurensteig in Richtung Fischhaus und kommen hinter den letzten Häusern von Kalteneck wieder unter der hohen Brücke der Straße PA 93 durch. Ein einsamer Gutshof mit Pferdekoppeln liegt am Ilztalwanderweg. Der Forstweg wird zu einem Pfad und wechselt dann wieder zu einem Forstweg. An einigen Baumstämmen ist die fleißige, aber nicht immer gewünschte Arbeit der Biber zu sehen. Auf einem Steg überqueren wir den Sickenthaler Bach. Gleich danach erhebt sich gegenüber der hohe Felsen des Peilsteins. Schließlich leitet der Ilztalwanderweg unter der ❸ **Eisenbahnbrücke** durch und folgt dem Bahndamm nach rechts.

Nach Fischhaus Bald taucht die große Liegewiese mit den Picknicktischen und Liegestühlen auf. Leider herrscht hier zurzeit Badeverbot, aber die Füße lassen sich im maximal 17 Grad Celsius warmen Wasser doch kühlen. Der kurze restliche Weg kommt noch an den Ilzstuben vorbei und dann sind wir auch schon beim Parkplatz, Bushalteplatz und Bahnhof in Ⓔ **Fischhaus** zurück.

26

Hügel mit Aussicht im Abteiland

Zwischen Waldkirchen und Jandelsbrunn

Leicht 3:50 Std. 340 m 11,6 km

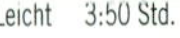

Tourencharakter
Leichte, teils schattige, teils sonnige Rundtour auf Naturwegen, Forststraßen und Asphaltsträßchen durch Wälder, Wiesen und Ortsgebiet, meistens markiert mit den Wegnummern 7, 4 und 8

Ausgangs-/Endpunkt
Asphaltstockbahn Oberfreundorf, 755 m

Höchster Punkt
Hochstein, 826 m

Anfahrt
Pkw: Von der A 3 Ausfahrt Aicha vorm Wald auf der St 2127 und PA 93 nach Osten über Hutturm und weiter auf der B 12 und St 2137 über Waldkirchen und Vorderfreundorf nach Oberfreundorf. Parkplatz GPS: N48°46'44" E13°41'15"
Bus: Linie 6110 von Passau nur nach Waldkirchen (www.bahn.de)

Gehzeiten
Asphaltstockbahn Oberfreundorf – Hochstein 1:10 Std. – Trafohäuschen Kaltwasser 0:30 Std. – Höllmühle 0:45 Std. – Kapelle St. Koloman 0:35 Std. – Vorderfreundorf Maibaum 0:35 Std. – Asphaltstockbahn Oberfreundorf 0:15 Std.

Beste Jahreszeit
April bis Oktober

Einkehr
Gasthaus Weiss, 94143 Vorderfreundorf, Alte Dorfstraße 56, Tel. 08585/664, www.gasthaus-weiss.com

Karten
Kompass: Bayerischer Wald, Karte 198/3, 1:50 000

Hinweise
Am Hohenstein ist die Orientierung etwas schwierig.

Die strukturreiche Kulturlandschaft im Abteiland gilt als Refugium für gefährdete Pflanzen und Tiere. Der Landstrich reicht von Passau bis zum Dreisesselberg und hat seinen Namen von der Abtei Niedernburg bei Passau, deren Besitzung er einst war.

Auf den Hochstein Vom Parkplatz an der Ⓐ **Asphaltstockbahn Oberfreundorf** starten wir nach Osten mit der Wegnummer 7 auf dem Forstweg in Richtung Altreichenau in den Wald hinein. Es ist zugleich der Kapellenwanderweg. Bald fällt der Weg ab und überquert einen kleinen

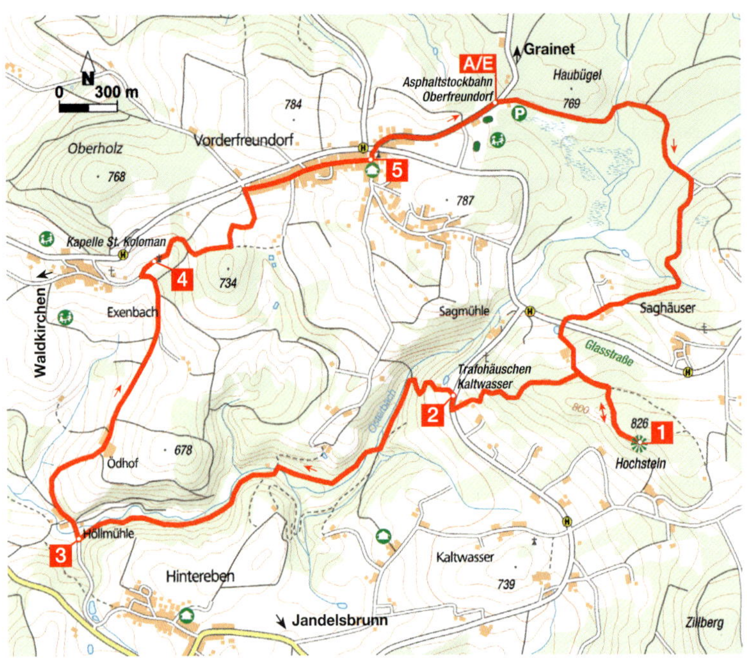

Bach. An einem Abzweig bleiben wir mit der Nummer 7 geradeaus in Richtung Saghäuser. Dann wird ein größerer Bach überquert. Es ist der Osterbach, der uns auf der Wanderung noch öfter begleiten wird. An einer großen Dreieckskreuzung mit Bauminsel biegen wir mit der Nummer 7 zweimal rechts ab und passieren die Anwesen von Saghäuser. Rechts ist der Haidel mit Fernmeldeturm und Aussichtsturm zu sehen.

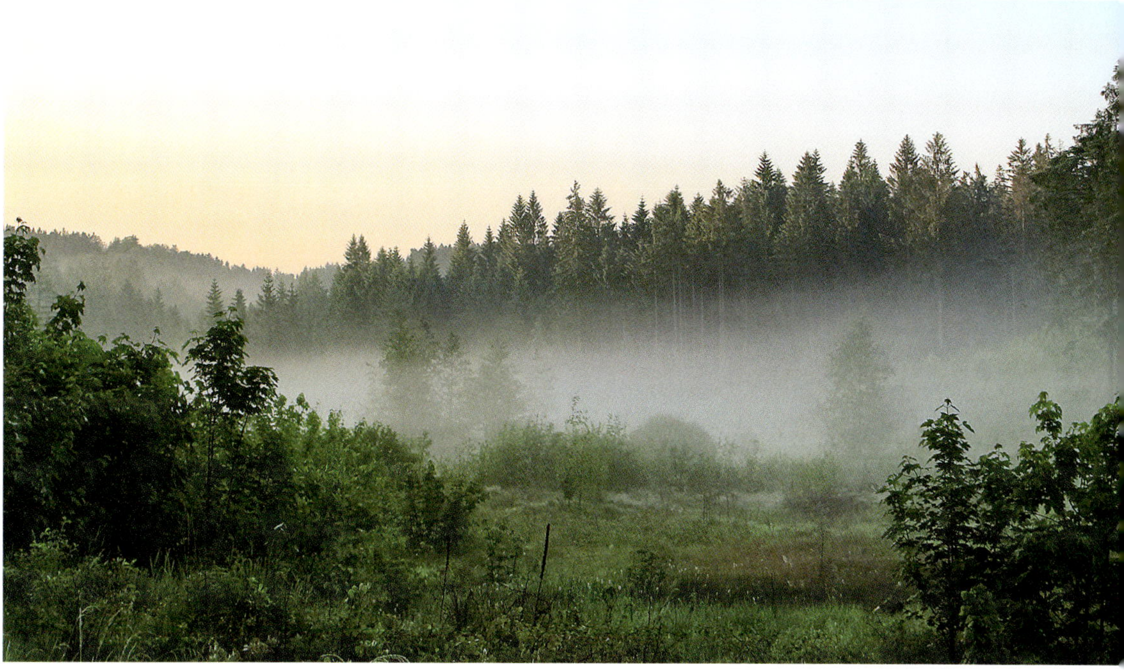

Morgenstimmung im Wald bei Vorderfreundorf

An der T-Kreuzung in Saghäuser wandern wir nach links und queren weiter unten die Glasstraße (St 2630). Der Weg zieht an einem einzelnen Hof mit Pferdekoppeln vorbei aufwärts. 100 Meter nach dem Gehöft würde der Weg mit der Nummer 7 rechts abzweigen – wir machen aber zuerst den Abstecher auf den Hochstein und gehen geradeaus weiter. Ein Wegweiser zeigt bald nach rechts, den kleinen Weg hinauf zum ❶ **Hochstein**. Der Höhenrücken Hochstein ist ein Ausläufer des Pfahls, jener geologischen Formation der Quarzader, die den gesamten Bayerischen Wald durchzieht. Auf dem Hochstein ist ein wildromantischer Belvedere mit einer Bank zwischen großen Felsen und Aussicht über das Abteiland im Jandelsbrunner Bereich.

Einer Urkunde zufolge schenkte König Heinrich II. im Jahr 1010 große Gebiete nördlich der Donau der Abtei Niedernburg in Passau. Es handelt sich um die Landschaft zwischen den Flüssen Donau und Ilz sowie dem Grenzkamm zu Böhmen und Österreich. Der historische Handelsweg Goldener Steig durchquert das Abteiland, dessen Name auch heute noch für den ehemaligen Herrschaftsbereich des Klosters üblich ist. Im frühen 13. Jahrhundert fiel das Gebiet dem Hochstift Passau zu. Weltliches und geistiges Oberhaupt war der mächtige Fürstbischof von Passau, von der

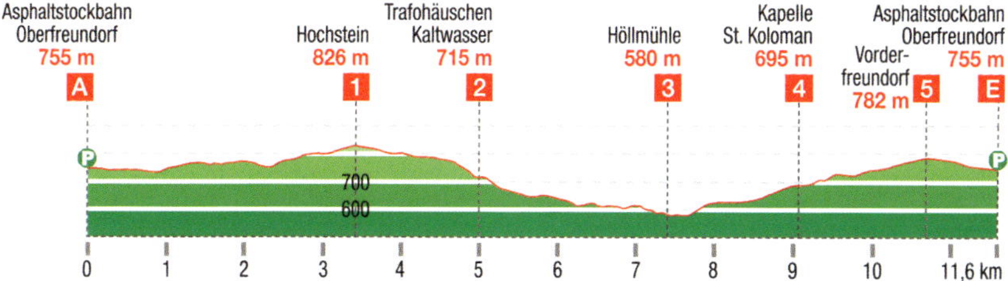

Bevölkerung nicht gerade schmeichelhaft »Wolf« genannt. Waldkirchen spielte als Gerichtsort im Abteiland eine besondere Rolle.

Zum Trafohäuschen Kaltwasser Vom Hochstein gehen wir wieder zurück bis zu der T-Kreuzung 100 Meter vor dem einzelnen Hof mit Pferdekoppeln und wenden uns jetzt nach links. An einer gleich folgenden Weggabel halten wir uns rechts aufwärts. Vor dem dichteren Jungwald müssen wir auf der zuwachsenden Schlepperspur auf dem Höhenrücken nach rechts. Der Wegverlauf wird immer undeutlicher und die Orientierung kann schwierig werden. Wir sehen zu, dass wir auf der Nase des Höhenrückens nach Westen zwischen Felsen im lichten Wald abwärtskommen. In flacherem Gelände wird der Weg wieder deutlicher und wir sind richtig, wenn wir an den Häusern Kaltwasser 22 und 23 auf die FRG 18 stoßen. Auf dieser Straße gehen wir noch 80 Meter nach rechts aufwärts zu dem niedrigen 2 **Trafohäuschen Kaltwasser** an der Straße.

Unten: Früh am Morgen liegt am Osterbach noch der Nebel.

In Waldkirchen unterwegs

Die Stadt Waldkirchen erhielt 1285 mit dem Marktrecht vom Passauer Fürstbischof auch eine eigene Gerichtsbarkeit. Am Marktplatz stand einst ein Pranger. Der vom Fürstbischof direkt eingesetzte Marktrichter behandelte mit sechs Ratsgeschworenen rechtliche, polizeiliche und gemeindliche Angelegenheiten. Heute noch gibt es das jährliche Fest der Marktrichtertage als Erinnerung an diese Zeit.

Zur Höllmühle Vor dem Trafohäuschen steigen wir den Weg begleitet von der Stromleitung über Wiesen und dann im Wald in das Tal ab und erreichen unten am Osterbach ein kleines Elektrizitätswerk mit zwei summenden Turbinen. Neben dem rauschenden Osterbach gehen wir

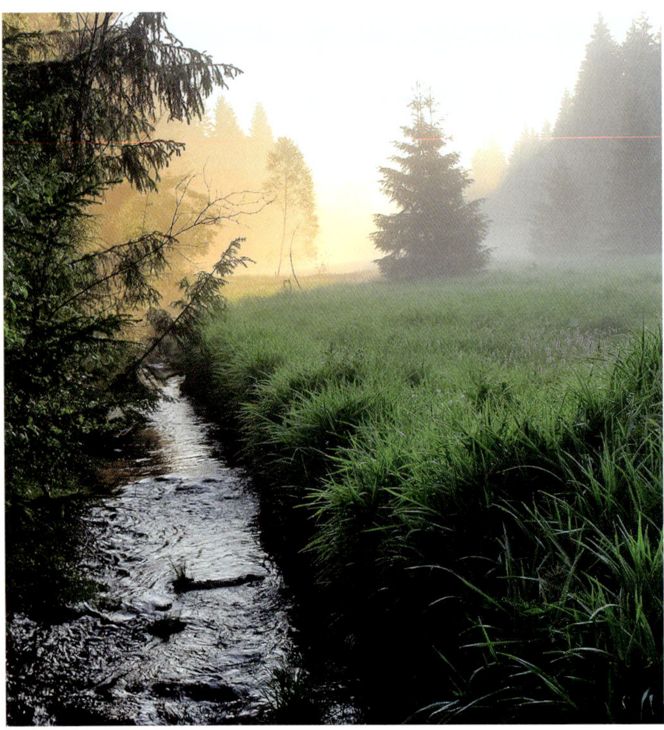

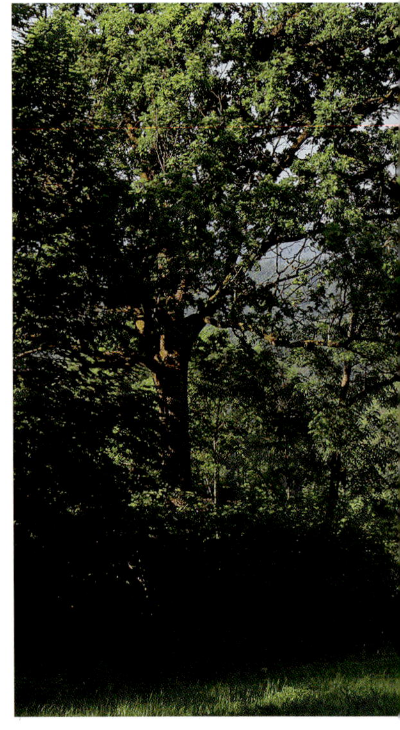

nun nach links abwärts und wählen an einer Weggabel am Zusammenfluss zweier Bäche den rechten Weg. 60 Meter vor einem zweiten kleinen Elektrizitätswerk überqueren wir links den Osterbach und bleiben an folgender Gabelung rechts auf dem Mühlenweg mit der Nummer 4. Weitere Abzweige ignorieren wir und verlassen den Osterbach nicht mehr, bis wir ihn auf einem Asphaltsträßchen nach rechts zur **3 Höllmühle** überqueren.

Zur Kapelle St. Koloman Das Asphaltsträßchen führt uns durch Ödhof über Wiesen in Richtung Exenbach hinauf und trägt die Nummer 8. Nach einer Linkskurve gehen wir vor dem ersten Haus von Exenbach nach rechts zur schon sichtbaren **4 Kapelle St. Koloman**. Unter der Kapelle entspringt eine Quelle, die über die Außentreppe zugänglich ist.

Zum Maibaum in Vorderfreundorf Der weitere Weg taucht wieder kurz in den Wald ein, verläuft dann über Wiesen und vor Vorderfreunbach an einem Gatter mit Rotwild vorbei. Der mächtige Hirsch wacht aufmerksam über seine Herde und fixiert den Blick der Wanderer. Nach dem ersten Haus in Vorderfreundorf wenden wir uns rechts die Alte Dorfstraße hinauf. Am Gasthaus Weiss in Vorderfreundorf steht der von Weitem sichtbare **5 Maibaum**.

Zur Asphaltstockbahn Oberfreundorf An der T-Kreuzung am Maibaum gehen wir links an der kleinen Kirche vorbei schräg über die St 2630 in Richtung Sportplatz und sind bald an der **E Asphaltstockbahn Oberfreundorf** zurück.

Mitte: Unter der Kapelle Sankt Koloman bei Exenbach entspringt eine Quelle.

Die Echte Arnica sieht immer ein wenig zerrupft aus.

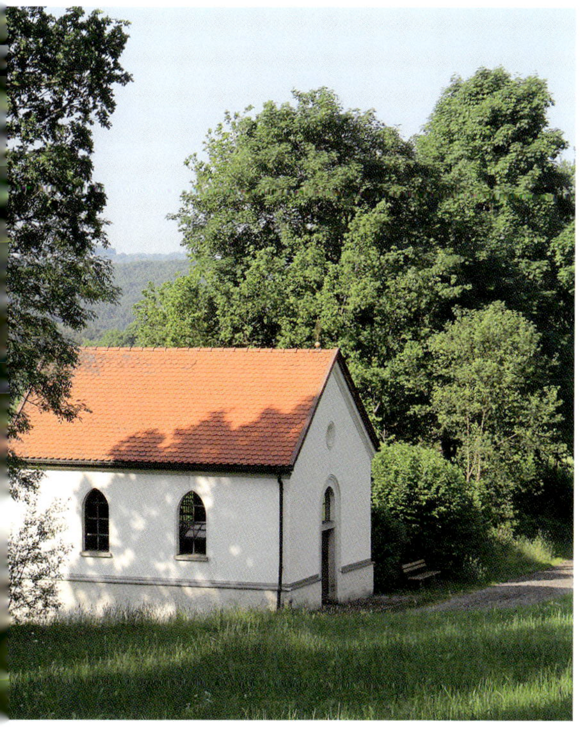

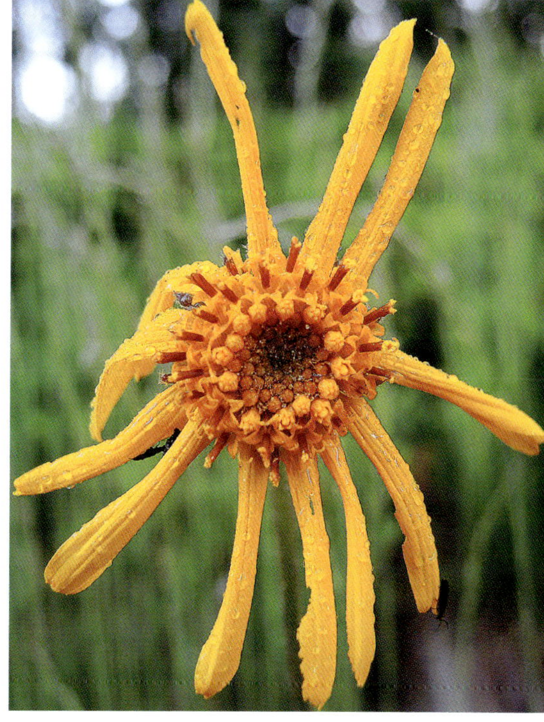

Aussichtsturm und Wüstung

Grainet, Haidel und Leopoldsreuth

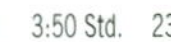

Leicht 3:50 Std. 230 m 10,8 km

Tourencharakter
Leichte, vorwiegend schattige Rundtour, größtenteils auf Naturwegen und Forststraßen durch Wälder, meistens markiert mit dem Symbol des Goldsteigs und den Wegnummern 7, 5 und 6

Ausgangs-/Endpunkt
Parkplatz am Feldkreuz Obergrainet, 990 m

Höchster Punkt
Haidel, 1166 m

Anfahrt
Pkw: Von der A 3 Ausfahrt Aicha v. Wald auf der St 2127 und St 2131 nach Osten über Waldkirchen, dort auf der St 2630 nach Obergrainet. Parkplatz GPS: N48°48'09" E013°40'35" **Bus:** Linie 6110 von Passau nur nach Waldkirchen (www.bahn.de)

Gehzeiten
Feldkreuz Obergrainet – Haidel 1:00 Std. – Dreieckskreuzung 0:20 Std. – Kirche Sankt. Johannes Nepomuk 0:15 Std. – Dreieckskreuzung 0:15 Std. – Feldkreuz Obergrainet 2:00 Std.

Beste Jahreszeit
April bis Oktober

Einkehr
Hotel Hüttenhof, Hobelsberg 23, 94143 Grainet Hobelsberg, Tel. 08585/96050, www.hotel-huettenhof.de; Jagerhütt'n, Am Skilift, 94143 Grainet, Tel. 08585/969211; Gasthaus Paster, Obere Hauptstraße 12, 94143 Grainet, Tel. 08585/258; Gasthaus Weiss, Alte Dorfstraße 56, 94143 Vorderfreundorf, Tel. 08585/664, www.gasthaus-weiss.com

Karten
Kompass: Bayerischer Wald, Karte 198/3, 1:50 000

Der Haidel erhebt sich mit 1166 Metern über die umliegenden Berge und dominiert so die reizvolle Landschaft um Grainet. Der 30 Meter hohe Aussichtsturm gewährt einen umfassenden Rundblick über die bayerisch-böhmischen Grenzwälder bis zu den Alpen.

Zum Aussichtsturm auf dem Haidel Von den Parkplätzen beim Ⓐ **Feldkreuz Obergrainet** starten wir nach Westen leicht abwärts. An der T-Kreuzung mit den zwei Garagen wandern wir rechts hinauf in Richtung Haidel-Aussichtsturm. Wir sind auf dem Goldsteig und Adalbert-Stifter-Weg. Nach 120 Metern passieren wir einen Granitfindling, auf dem die Tau-

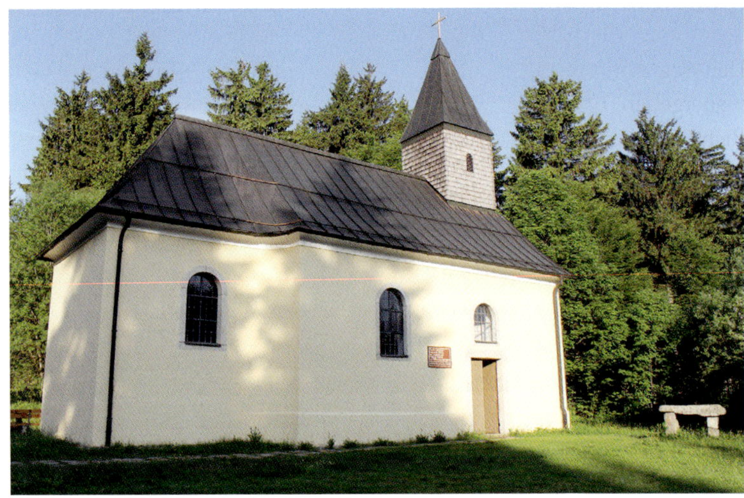

sendmetermarke angebracht ist. An einer T-Kreuzung an einem Parkplatz bleiben wir geradeaus auf der Forststraße und nehmen vor einer Forststraßenkreuzung links den kleinen Weg in Richtung Haidel-Aussichtsturm. Es ist ein Grenzweg, an dem noch Grenzsteine mit den eingemeißelten Buchstaben »KW« stehen. Der Wald bis zum Grenzstein war Königlicher Wald des Bayerischen Königshauses und untersteht heute der Bayerischen Staatsforstverwaltung. Die Buchstaben stehen stets auf der Seite des ehemals königlichen Besitzes. Am Haidel bilden übrigens einige Quellbäche die Kalte Moldau, die sich in Tschechien mit der Warmen Moldau zur Moldau vereinigt.

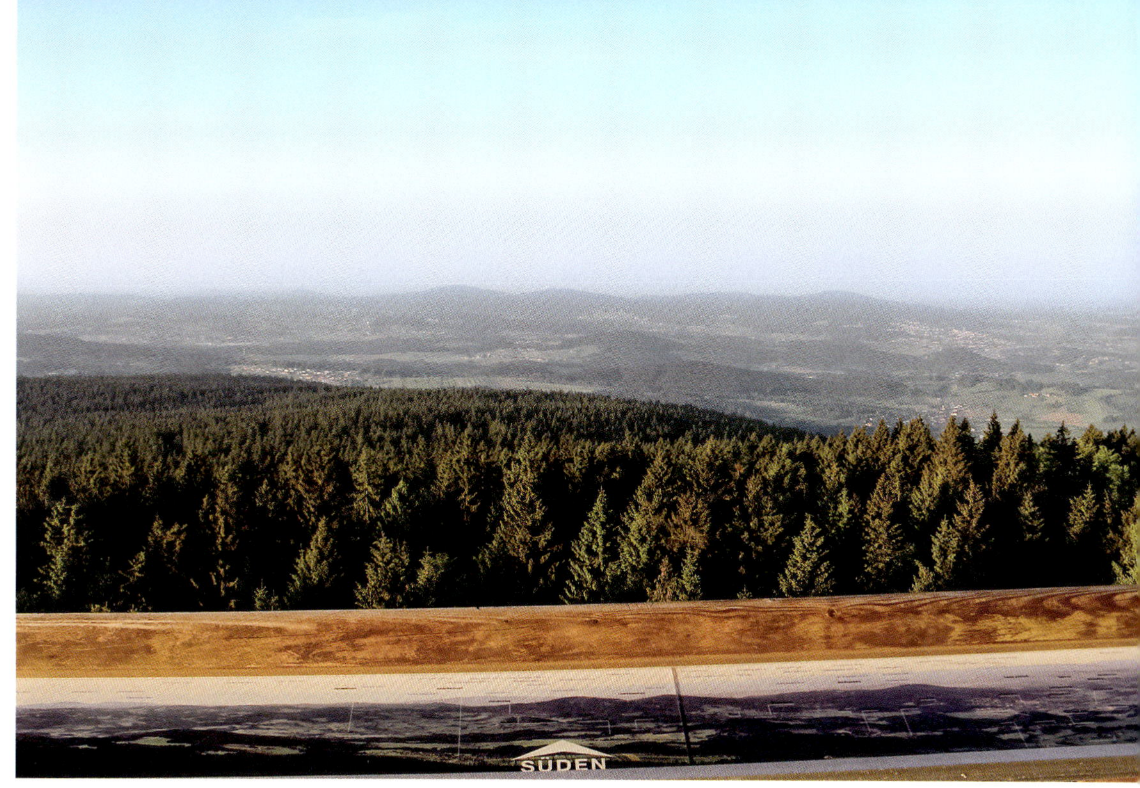

Der Frauenwald mit dem Aussichtsturm liegt genau im Süden des Grainet.

Linke Seite: Die Sankt-Nepomuk-Kirche wurde sauber renoviert.

Der Weg trifft auf eine Forststraße, auf der wir rechts und an der T-Kreuzung links weitergehen. 100 Meter nach der T-Kreuzung nehmen wir rechts den kleinen Weg in Richtung Haidel-Aussichtsturm. Der lange gerade Weg quert eine Forststraße und erreicht schließlich den hohen Fernmeldeturm und den 1 **Aussichtsturm auf dem Haidel**. Dies ist bereits der dritte Aussichtsturm an dieser Stelle und aus beständigem Douglasien- und Lärchenholz erbaut. Die Aussichtsplattform liegt 30 Meter über dem Erdboden. Um den Turm gruppieren sich sechs Infopavillons, in denen sich die Gemeinden des Dreiländerecks vorstellen. Das 360°-Panorama auf dem Aussichtsturm ist bei gutem Wetter eine Sensation. Wir befinden uns ja im Naturpark Bayerischer Wald, der sich von der Donau bis zur tschechischen Grenze erstreckt und vom Aussichtsturm aus zu überblicken ist. Ziel eines Naturparks ist es, die Landschaft in ihrer Schönheit, Besonderheit und Unberührtheit zu erhalten. Bei diesem Panorama zeigt sich deutlich, wie wichtig solche Ziele sind.

Auf der Seite des Fernmeldeturms stehen im Westen der Brotjacklriegel (Tour 10), Großer Rachel (Tour 20) und Lusen (Tour 21) im Nordwesten. Von Norden bis Osten breitet sich hinter Haidmühle der weite Böhmerwald mit seinen Bergen aus. Im Osten erheben sich auch der breite Bayerische Plöckenstein und der Dreisessel (Tour 28) am Horizont. Gute Sicht ist nötig, um im Süden die Alpen erblicken zu können. Näher im südlichen Sichtkreis ist links des Fernmeldeturms der

Die alten Säumerzeiten

Im Mittelalter führte der Prachatitzer Säumersteig von Passau über den Haidel in Richtung Prachatitz in Böhmen. In Grainet wird noch heute das bayerisch-böhmische Säumerfest gefeiert, da der Ort seine Entstehung den durchziehenden Säumern (Lastenträgern) verdankt.

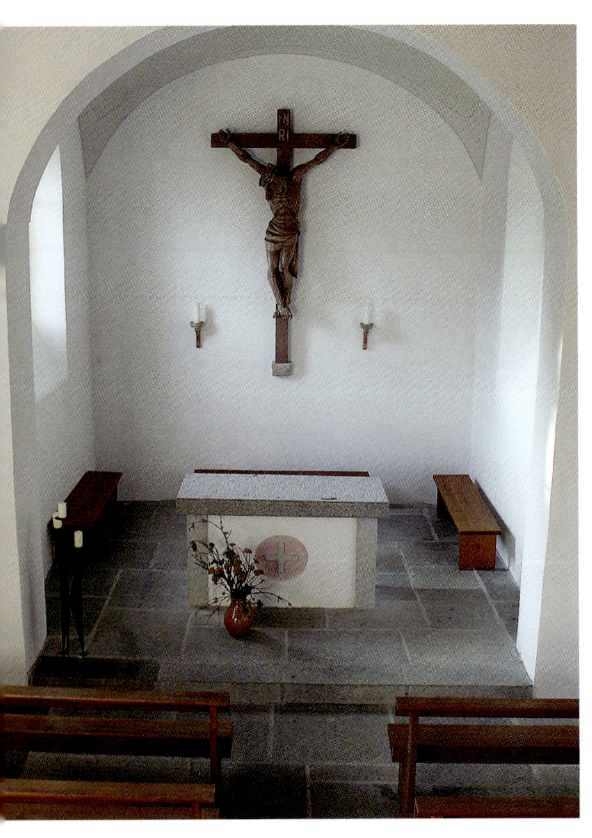

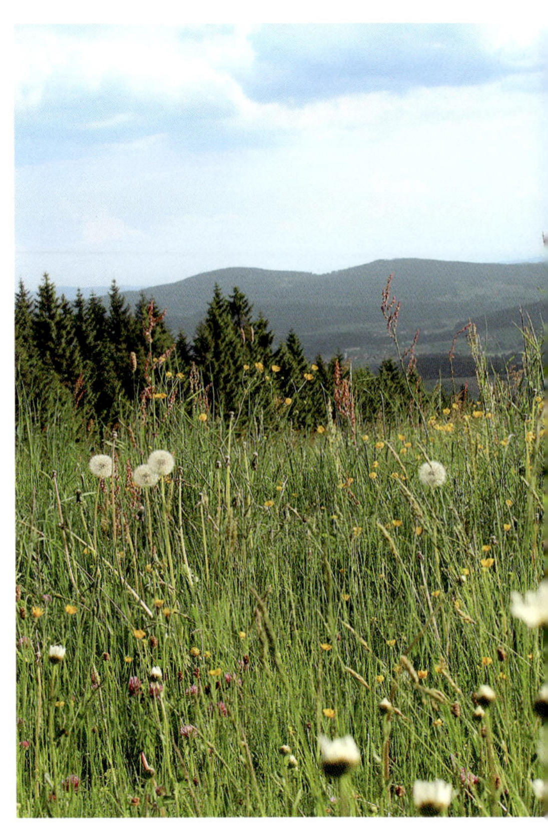

Die Sankt-Nepomuk-Kirche ist ein schlichtes Gotteshaus.

Mitte: Aussicht über das Land um Jandelsbrunn und Frauenwald

Frauenwald (Tour 30) mit seinem Aussichtsturm. Jandelsbrunn, Vorderfreundorf und Waldkirchen sind die Orte im Süden. Hinter Waldkirchen liegt im Tal der drei Flüsse Passau.

Zur Dreieckskreuzung Weiter gehen wir am Fernmeldeturm nach rechts in nördliche Richtung auf dem Goldsteig nach Leopoldsreuth. Eine Forststraße wird überquert und dann kommen wir an eine große ❷ **Dreieckskreuzung** mit Bauminsel.

Zur Kirche Sankt Johannes Nepomuk in Leopoldsreuth An der Dreieckskreuzung wenden wir uns nach links und nach 20 Metern rechts in Richtung Leopoldsreuth. Dann erscheint auf einmal mitten im Wald die ❸ **Kirche Sankt Johannes Nepomuk in Leopoldsreuth**. Die Dorfwüstung Leopoldsreut war im frühen 17. Jahrhundert eine Mautstation am Handelsweg Goldener Steig. Die Mautrechte erhielt sie vom Ort Grainet, dem das Recht entzogen worden war. Als der Salzhandel Ende des 17. Jahrhunderts zum Erliegen kam, starb das Dorf aus und die Häuser wurden abgerissen. Heute stehen hier nur noch die Kirche Sankt Johannes Nepomuk, mit 1108 Metern die höchstgelegene Kirche im Bayerischen Wald, und die ehemalige Schule. Die schlichte Kirche mit ihrer klaren Architektur wurde nach zwei Vorgängerbauten im Jahr 1821 erbaut. Das Holzkreuz im Innern ist aus Balken der abgerissenen Häuser gefertigt. Das noch bestehende Schulhaus aus dem Jahr 1905 ist das zweite, nachdem der erste Bau zu klein geworden war.

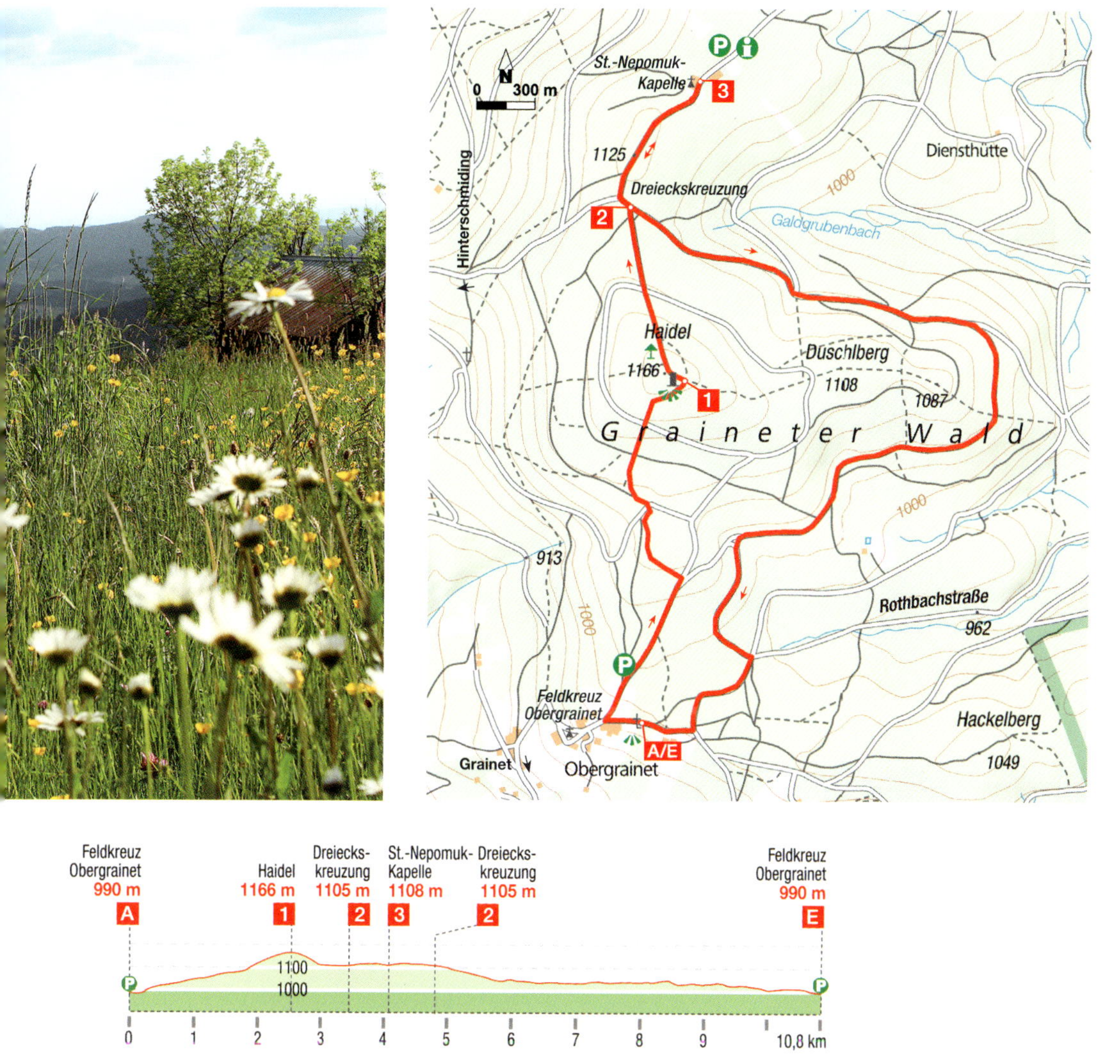

Zur Dreieckskreuzung Von der Wüstung Leopoldsreuth müssen wir wieder zurück in Richtung Haidel bis zur ❷ **Dreieckskreuzung** mit der Bauminsel in der Mitte, an der wir jetzt aber geradeaus in Richtung Duschlberg weiterwandern.

Zum Feldkreuz Obergrainet Die gute Forststraße vereinigt sich nach einiger Zeit mit einer Forststraße, die von links unten heraufkommt. Der Weg ist nun eben und führt an einem Brunnen mit erfrischendem Wasser vorbei. An einer Weggabelung bleiben wir rechts auf dem ebenen Weg in Richtung Obergrainet und wandern in großem Rechtsbogen um den Duschlberg herum. An einer Dreieckskreuzung mit Grüninsel gehen wir links und an der folgenden Kreuzung rechts leicht aufwärts. An der nächsten Kreuzung mit der Aussicht über Vorderfreundorf in das Land um Jandelsbrunn und zum Frauenwald müssen wir nach rechts zum Ⓔ **Feldkreuz Obergrainet** zurück.

Adalbert Stifters Traumberg

Auf den feenhaften Dreisesselberg

Mittel 3:10 Std. 420 m 8,7 km

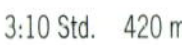 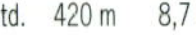

Tourencharakter
Mittelschwere, teils sonnige, teils schattige Rundtour auf Naturwegen und Forststraßen durch Wälder und über freies Gelände, meistens markiert mit der Nummer 10 und mit dem Symbol des Goldsteigs. Im oberen Bereich felsige Pfade, die Trittsicherheit erfordern

Ausgangs-/Endpunkt
Parkplatz in Frauenberg, 920 m

Höchster Punkt
Dreisesselberg, 1332 m

Anfahrt
Pkw: Von der A 3 Ausfahrt Aicha vorm Wald auf der St 2127 und St 2131 nach Osten über Waldkirchen, dort auf der St 2131 über Jandelsbrunn nach Frauenberg. Parkplatz GPS: N48°47‘36“ E013°46‘24“ **Bus:** Linie 6122 von Passau nach Frauenberg (www.bahn.de)

Gehzeiten
Dreisesselalm Frauenberg – Wegkreuzung 1044 Meter 0:30 Std. – Hochstein 0:50 Std. – Dreisesselberghaus 0:15 Std. – Dreisesselbergstraße 0:40 Std. – Wegkreuzung 1044 Meter 0:35 Std. – Dreisesselalm Frauenberg 0:20 Std.

Beste Jahreszeit
Mai bis Oktober

Einkehr
Berggasthof Dreisesselhaus, 94089 Neureichenau, Tel. 08556/350, www.dreisessel.com; Dreisesselalm, Frauenberg 39, 94145 Haidmühle, Tel. 08556/9729966, www.dreisesselalm.de

Karten
Kompass: Bayerischer Wald, Karte 198/3, 1:50 000

Hinweise
Der Dreisesselberg ist an Wochenenden stark frequentiert.

Auf dem Dreisesselberg und dem Hochstein zeigt sich ein fantastischer Gipfelaufbau aus Granitfelsblöcken, wie Mehlsäcke übereinandergetürmt. Von diesen Gipfelfelsen bietet sich ein herrlicher Panoramablick über den Wald bis in die Alpen.

Zur Wegkreuzung auf 1044 Meter Höhe Vom Wanderparkplatz an der **Ⓐ Dreisesselalm** in Frauenberg steigen wir die kurze Treppe in Richtung Dreisessel hoch und gehen links weiter. An der linken Seite der Skipiste folgen wir dem Wegweiser zum Dreisessel links in den Wald hinein. Der Pfad geht in einen Forstweg über, der erst mal wieder leicht abfällt. Nach 170 Metern zieht rechts eine alte Spur ohne Markierung schnurgerade den Berg hoch. Eine neue Forststraße und ein alter Schlepperweg werden überquert und unser Weg trifft auf die **❶ Wegkreuzung auf 1044 Meter Höhe**. Auch in der Wanderkarte steht diese Marke. Hier haben wir auch beim Abstieg wieder ein Zusammentreffen.

Auf den Hochstein Wir überqueren die Forststraße geradeaus hinauf in Richtung Hochstein, nun wieder mit der Wegnummer 10. Eine weitere

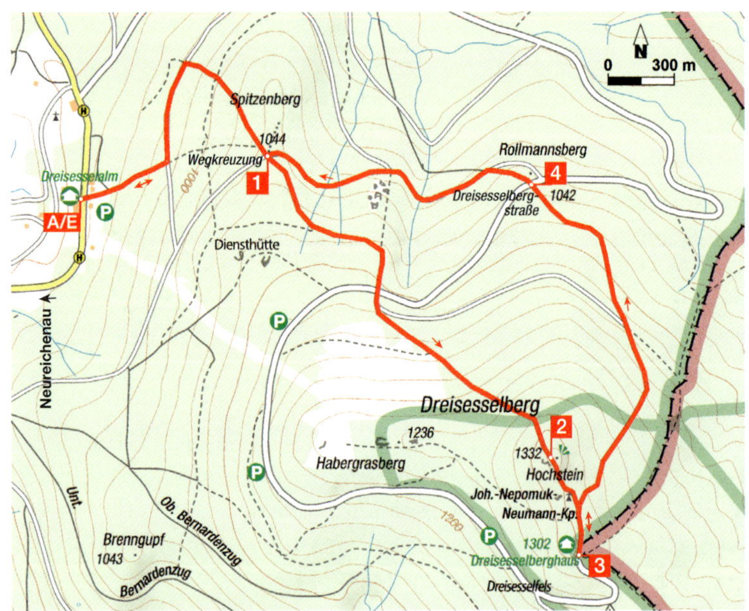

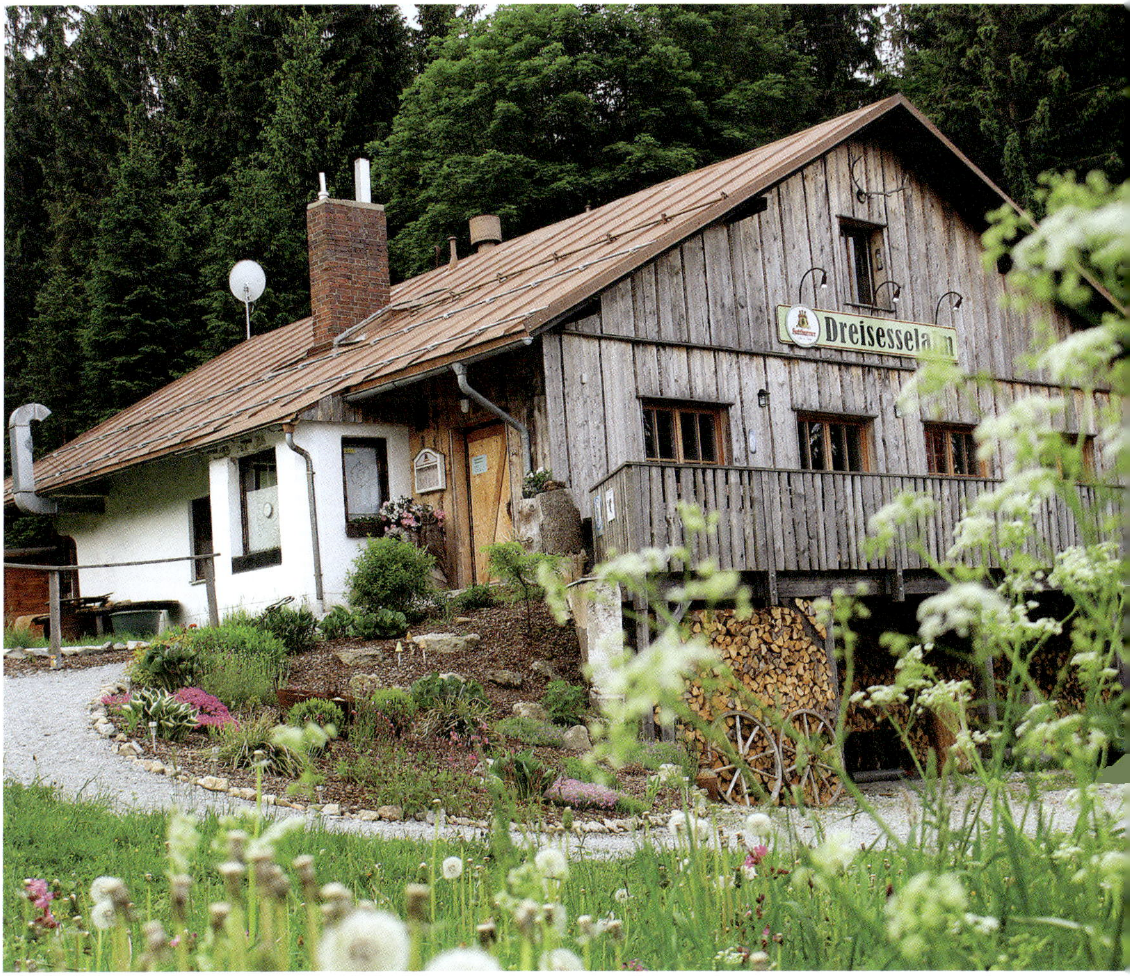

Forststraße überqueren wir ebenfalls auf dem aufwärtsführenden Weg, den wir aber gleich nach rechts auf den Wanderweg mit der Nummer 10 verlassen. Das Gelände wird immer offener. Abgestorbene Bäume und bizarre Felsformationen lassen den Wanderer in einer anderen Welt wähnen. Das einst bewaldete Gebiet wurde infolge Borkenkäferbefalls großflächig zu kahlen Flächen. Links schweift der Blick über die Berge des Böhmerwaldes. Die Verwitterung der Granitfelsen hat hier die merkwürdigsten Formen geschaffen. Auf dem Weg zum Hochstein sieht man Felsgebilde, die mit Tieren zu vergleichen sind. Die Granite am Dreisessel gehören zu den schönsten Geotopen Bayerns. Einige der Felsen zeigen eng aneinanderliegende helle Einschlüsse und gleichen unregelmäßigen Stoffmustern. Es ist sogenannter Punteglias-Granit, der Relikte von

Die Dreisesselalm ist Beginn und Ende der Wanderung.

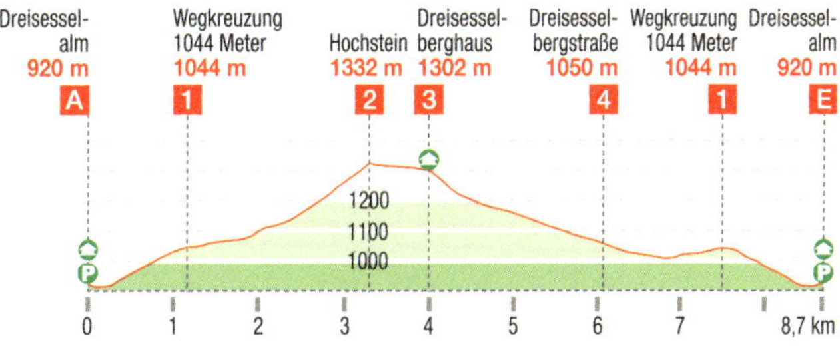

nicht aufgeschmolzenem Gestein, sogenannte Xenolithe (Fremdgestein) enthält. Den tollen ❷ **Hochstein** erklimmen wir auf einer Treppe. Im Westen stehen der Große Arber (Tour 17), Rachel (Tour 20) und Lusen (Tour 21), im Norden auf tschechischer Seite der Schneeberg im großen Meer des Böhmerwaldes. Rechts zeigt sich der Polednik (Mittagsberg) mit seinem auffälligen Aussichtsturm. Auch er befindet sich im Nationalpark Šumava. Unentwegt ist auf der Hochfläche unter dem Hochstein der Schwarzspecht zu hören und zu sehen, wie er die toten Baumstämme anfliegt. Das ist sein Revier und Lebensraum.

Die Sage vom Dreisessel

Laut der Sage vom Dreisesselberg sollen sich einst die Könige von Bayern, Böhmen und Österreich auf dem Berggipfel versammelt haben, um über die Grenzen ihrer Herrschaftsbereiche zu verhandeln. Auch Adalbert Stifter nahm in seinem Roman »Hochwald« darauf Bezug. Der Name »Dreisessel« kam aber nachweislich erst im 17. Jahrhundert wegen der markanten Felsgruppe auf dem Gipfel in Gebrauch.

Zum Dreisesselberghaus Vom Hochstein gehen wir in südliche Richtung in einem Abstecher zum ❸ **Dreisesselberghaus** und überqueren dabei eine Kreuzung der Wanderwege, die wir später für den Abstieg brauchen. Am Dreisesselberghaus steht der Dreisesselfels, von dem sich ein Panorama bis in die Alpen ergibt. Der Dreisesselfels besteht aus drei bizarren, kissenartig geformten Granitfelsen, die aus Wollsackverwitterung hervorgegangen sind. Im Osten erheben sich der Bayerische Plöckenstein mit 1364 Meter Höhe und der Plechý (Plöckenstein) mit 1379 Meter Höhe. Dazwischen liegt das Dreiländereck (Tour 29). Der Dreisesselfels ist ein Grenzpunkt zwischen Deutschland und Tschechien. Adalbert Stifter war seinerzeit oft auf diesem fantastischen Grenzberg und träumte hier sicherlich seine romantischen Novellen und Romane voraus. Er setzte dem Dreisessel in der Erzählung »Hochwald«, im Roman »Witiko« und in der Er-

Das Dreisesselberghaus steht direkt neben dem Dreisesselfelsen.

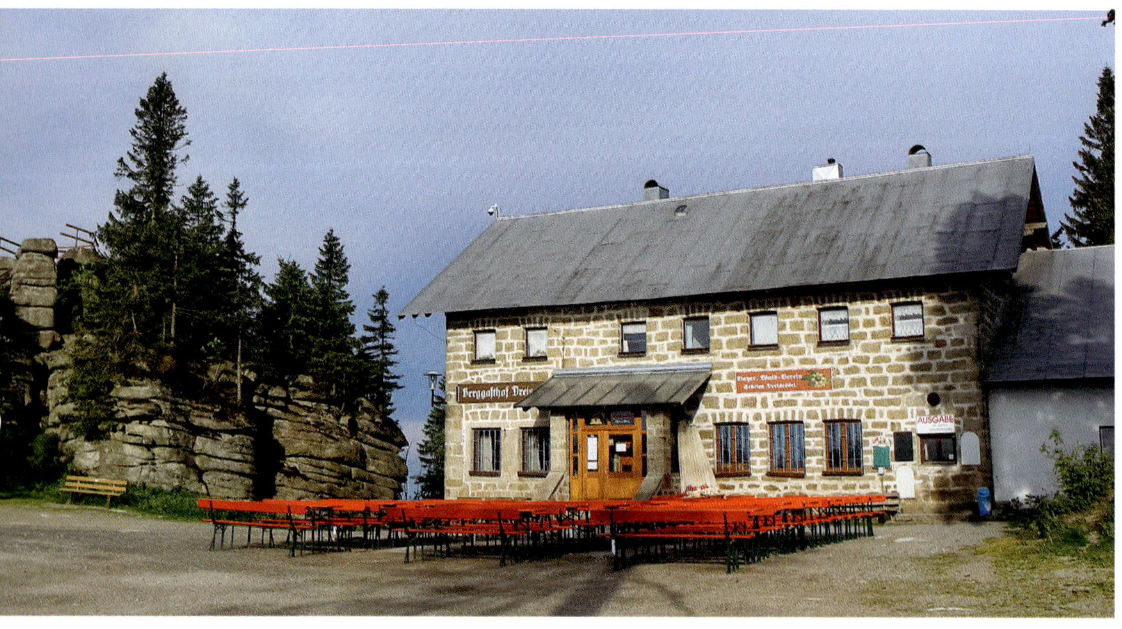

zählung »Aus dem baierischen Walde« ein literarisches Denkmal. Der Dreisessel ist zweifellos der Höhepunkt des Unteren Bayerischen Waldes und es wundert nicht, dass der Berg zuweilen überlaufen ist, zumal auch die Dreisesselbergstraße leichten Zugang verschafft. Schon im 19. Jahrhundert, zu Zeiten Adalbert Stifters, war der Dreisessel bereits ein viel besuchtes Ziel von Wanderern.

Zur Dreisesselbergstraße Nach der Pause am Dreisesselberghaus wandern wir nach Norden zurück in Richtung Hochstein, wenden uns aber auf halber Strecke an der Kreuzung nach rechts auf dem Goldsteig in Richtung Kreuzbachklause. Der Pfad wird zu einem schlechten Fahrweg mit Blick auf den Böhmerwald. Nahe der tschechischen Grenze kommen wir auf dem felsigen Weg tiefer und queren die 4 **Dreisesselbergstraße** in Richtung Frauenberg auf dem Goldsteig mit der Wegnummer 10.

Zur Wegkreuzung auf 1044 Metern Der Pfad endet bald auf einer Forststraße, der wir nach links abwärtsfolgen. Damit verlassen wir den Goldsteig. 150 Meter nach dem Kreuzbach, an dem ein Picknicktisch und ein Brunnen stehen, nehmen wir an einer Forststraßengabelung den linken Weg, der ein wenig aufwärtssteigt. In einer Linkskurve an der höchsten Stelle der Forststraße kommen wir zur vom Aufstieg her bekannten 1 **Wegkreuzung auf 1044 Meter Höhe**.

Zur Dreisesselalm in Frauenberg Nun benutzen wir rechts den zweiten kleinen und älteren Weg in Richtung Frauenberg mit der Nummer 10, der schnurgerade hinunterführt. Eine alte Schlepperspur und ein neuerer Forstweg werden überquert. Auf der Forststraße vor den ersten Häusern von Frauenberg müssen wir nach links leicht aufwärts. Am Ende des Forstwegs führt ein Pfad weiter zur alten Skipiste mit Blick auf die E **Dreisesselalm** in Frauenberg, an der wir gleich zurück sind.

Der Dreisessel ist bekannt für seine bizarren Felsformationen.

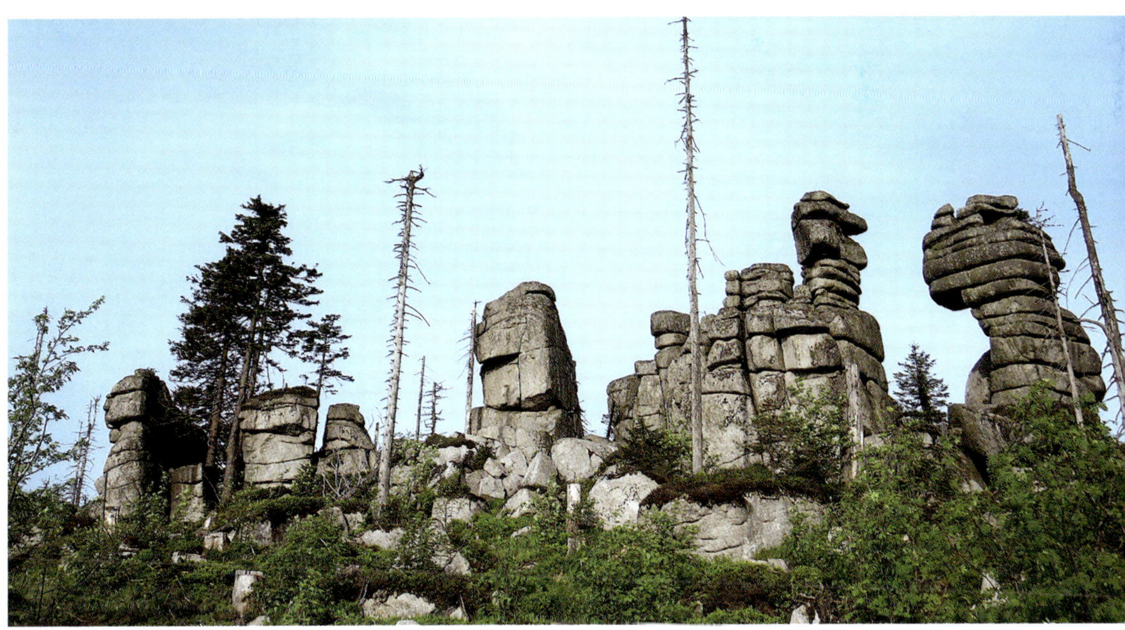

Einst unbetretbares Gebiet

Zum Dreiländereck und Stifterdenkmal

 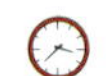    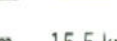

Mittel 5:20 Std. 700 m 15,5 km

Tourencharakter
Mittelschwere, vorwiegend sonnige Tour, größtenteils auf felsigen Pfaden und Forststraßen durch Wälder und Freiflächen, markiert mit Wegweisern zu den Zielen und mit dem Symbol des Goldsteigs

Ausgangs-/Endpunkt
Parkplatz am Böhmerwalddenkmal, 830 m

Höchster Punkt
Plechý (Plöckenstein), 1379 m

Anfahrt
Pkw: Von der A 3 Aicha vorm Wald auf der St 2127 und St 2131 nach Osten über Waldkirchen, dort auf der St 2131 über Jandelsbrunn nach Lackenhäuser. Parkplatz GPS: N48°45'15" E13°49'04"
Bus: Linie 6122 von Passau nach Neureichenau und mit der Linie 6227 nach Lackenhäuser (www.bahn.de)

Gehzeiten
Böhmerwalddenkmal – Dreiländereck 1:50 Std. – Plechý (Plöckenstein) 0:30 Std. – Adalbert-Stifter-Denkmal 0:20 Std. – Plechý (Plöckenstein) 0:20 Std. – Dreiländereck 0:30 Std. – Teufelsschüssel 1:00 Std. – Böhmerwalddenkmal 0:50 Std.

Beste Jahreszeit
Mai bis Oktober

Einkehr
Wirtshaus Zum Rosenberger Gut, Lackenhäuser 147, 94089 Neureichenau, Tel. 08583/9189860, www.wirtshaus-rosenberger-gut.de

Karten
Kompass: Bayerischer Wald, Karte 198/3, 1:50 000

Hinweise
Nehmen Sie Ihren Ausweis mit. Bergschuhe und Trittsicherheit erforderlich

Während des Kalten Krieges war das Grenzland des Böhmerwaldes Sperrgebiet. Heute ist der Bereich um den Plöckenstein allen zugänglich. Vom Adalbert-Stifter-Denkmal auf böhmischer Seite öffnet sich die Sicht auf den glazialen Plešné jezero.

Zum Dreiländereck Vom Wanderparkplatz am **Ⓐ Böhmerwalddenkmal** starten wir links neben dem letzten Haus in Richtung Plöckenstein aufwärts. Das Böhmerwalddenkmal erinnert an die Vertreibung der Böhmerwäldler Landsleute. An einer Weggabel steigen wir links den felsigen Weg hoch und sind nun ein Stück auf dem Goldsteig. Eine Forststraße wird in Richtung Dreiländereck überquert. An einer Kreuzung steht ein alter bayerischer Wegweiser, der den Verlauf der alten Säumerroute markiert. Ganze Kolonnen von beladenen Maultieren und Pferden kamen hier, geführt von den Säumern (Salzhändlern), einst auf dem Weg nach und von Böhmen vorbei. In schwierigem Gelände ist der alte Säumerpfad auf einem Damm befestigt. Der aus groben Steinen und Felsen ge-

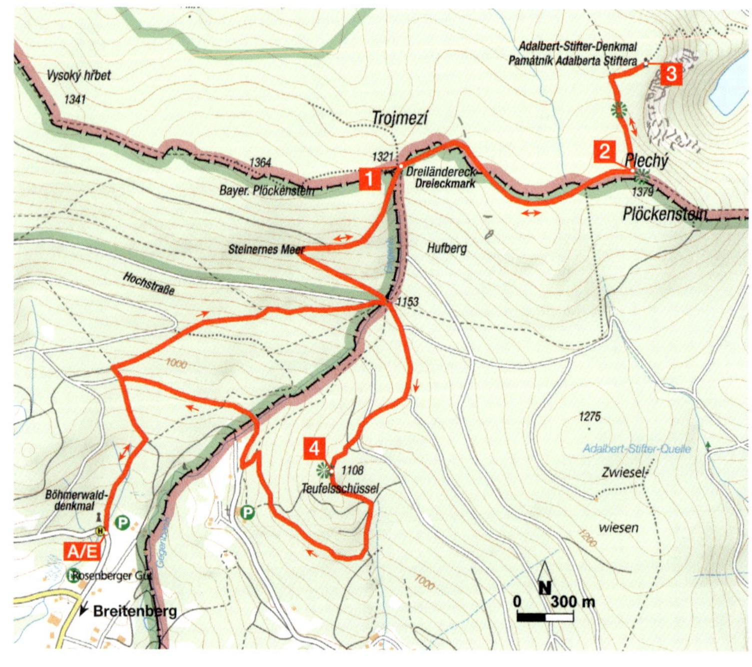

legte Weg erinnert an die Mulattiere (Maultierpfade) in den Bergen des Trentino. Wir folgen dem Säumerpfad am alten Wegweiser nach rechts aufwärts in Richtung Plöckensteinsee und Steinernes Meer. Über eine Wegkreuzung geht es geradeaus weiter. Dann tangieren wir das Ende einer Forststraße mit Aussicht in das Schwarzenberger Land in Österreich. An einer Wegkreuzung kurz vor der österreichischen Grenze auf 1160 Meter Höhe müssen wir in spitzem Winkel nach links weiter bergan in Richtung Dreiländereck. Links öffnet sich bald die Aussicht auf das Rosenberger Gut nahe dem Ausgangspunkt. »Meine ganze Seele hängt an dieser Gegend«, schrieb Adalbert Stifter 1865 an seinen Freund Franz Xaver Rosenberger.

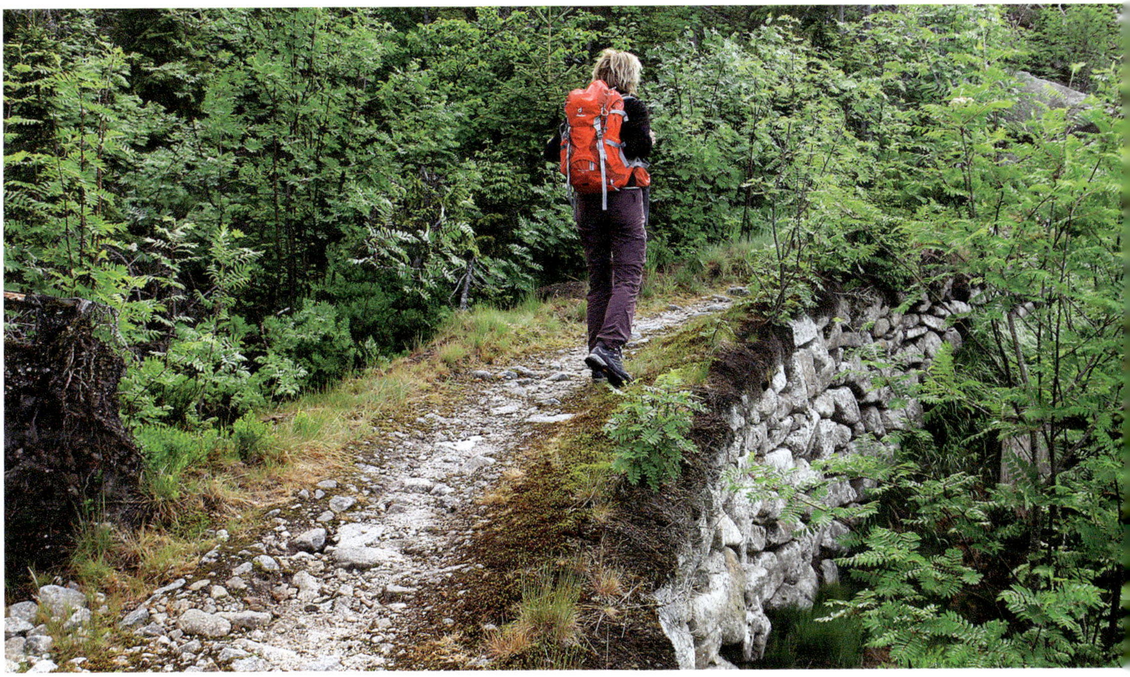

Unterwegs auf dem alten Säumerpfad

In einer Rechtskehre befinden wir uns unterhalb des Steinernen Meeres, dessen Ausläufer bis hierher reichen. An zwei T-Kreuzungen bleiben wir geradeaus in Richtung Dreiländereck. Auf einem Sattel zwischen dem Bayerischen Plöckenstein und dem Plechý (Plöckenstein) liegt das 1 **Dreiländereck**, auch Trojmezí genannt.

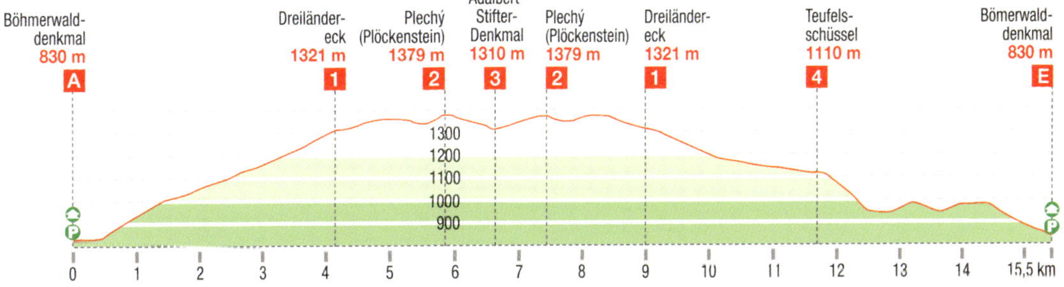

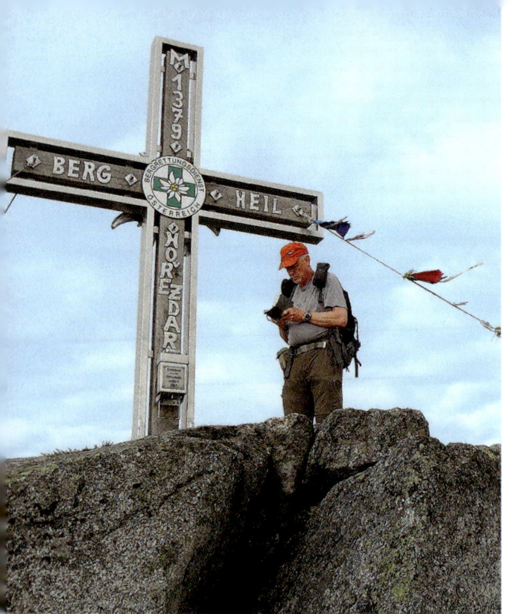

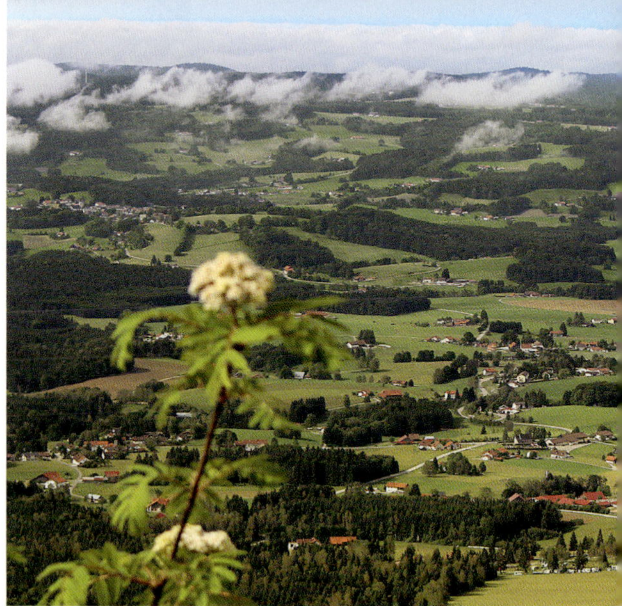

Am Gipfelkreuz des Plechý (Plöckenstein)

Mitte: Aussicht auf das Rosenberger Gut in Lackenhäuser

Auf den Plechý (Plöckenstein) Ein Wegweiser zeigt nach halb rechts in östliche Richtung zum Plöckenstein. Zurückblickend sehen wir rechts neben dem Dreiländereck den Felsaufsatz Hohenstein und das Dreisesselberghaus auf dem Dreisesselberg (Tour 28). Der felsige Grenzweg führt weiter oben am Adalbert-Stifter-Dachl, einer Felsformation mit Dach vorbei. Dann fällt der Weg ab und führt auf Knüppelwegen durch eine moorige Heidefläche mit Wollgrasbeständen auf einem breiten Sattel. Der 2 **Plechý (Plöckenstein)** ist mit einer leichten Kletterei über Felsen zu erreichen. Dieser Gipfel ist der höchste Berg im Böhmerwald und auch der höchste Punkt des Mühlviertels. Adalbert Stifter erzählt in seinen Romanen vom Plöckenstein. Von hier oben schweift der Blick über die schier endlose Weite des Böhmerwaldes, über das Mühlviertel und hinüber zum Dreisessel, bei Föhnlage sogar bis zu den Alpen.

Zum Adalbert-Stifter-Denkmal An der Wegkreuzung unterhalb des Gipfelaufsatzes des Plöckensteins gehen wir nun nach Norden in Richtung Adalbert-Stifter-Denkmal in den Nationalpark Šumava. Heidelbeeren und Preiselbeeren überziehen die wildromantischen Flächen. Weiter unten ist schon der Obelisk des Denkmals zwischen den Bäumen auszumachen. Doch vorher liegt noch ein Aussichtsplatz am Weg, von dem aus der Plešné jezero (Plöckensteinsee) weit unten zu sehen ist. Er entstand einst durch die Vergletscherung in einer Eiszeit. Der See wurde im 18. Jahrhundert um über zwei Meter aufgestaut, um der Holztrift mehr Schwung zu verleihen. Weiter unten am Weg steht der Granitobelisk des 3 **Adalbert-Stifter-Denkmals** für den großen Böhmerwalddichter. Von der Felsenkanzel erfreuen wir uns an der guten Aussicht auf den Plöckensteinsee.
Nun treten wir den Rückweg an, der wiederum über den 2 **Plechý (Plöckenstein)** führt, und auch der Weg zum 1 **Dreiländereck** ist uns vom Anmarsch her bekannt.

Zur Teufelsschüssel Vom Dreiländereck müssen wir links in Richtung Steinernes Meer hinunter und am gleich folgenden Abzweig rechts in Richtung Lackenhäuser. Wieder an den Ausläufern des Steinernen Meeres vorbei, erreichen wir die Weg-

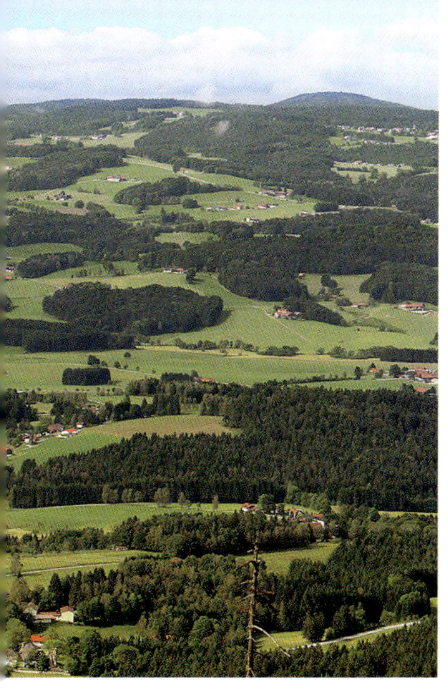

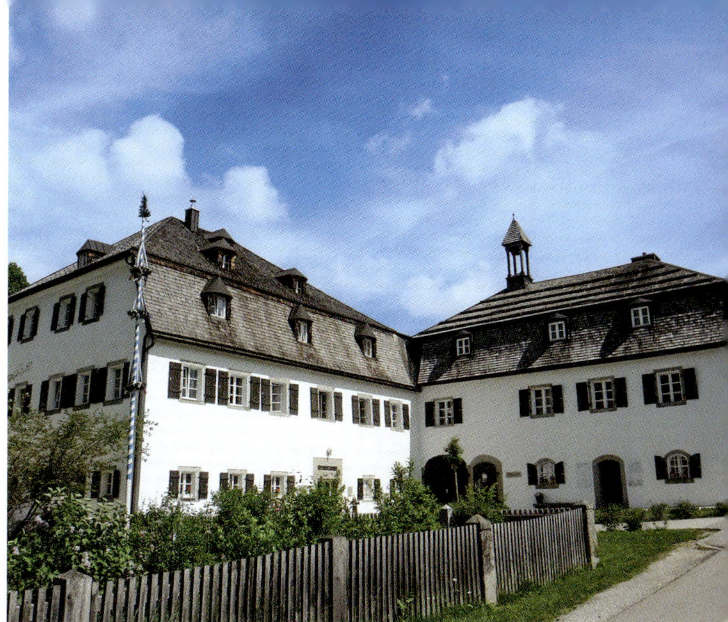

Im Rosenberger Gut verbrachte Adalbert Stifter gute Zeiten seines Lebens.

kreuzung kurz vor der österreichischen Grenze auf 1160 Meter Höhe. An dieser Stelle verlassen wir den bekannten Weg, überschreiten nach links einen Bach und die Grenze nach Österreich. An der Kreuzung auf österreichischer Seite bleiben wir geradeaus in Richtung Teufelsschüssel. Der Pfad endet an einer Forststraße, der wir rechts abwärtsfolgen. Dabei lassen wir Abzweige außer Acht und bleiben auf dem Hauptweg. Erst in einer Linkskurve nehmen wir den Weg nach rechts mit dem Wegweiser zur Teufelsschüssel. Die 4 **Teufelsschüssel** ist ein hohes Felsgebilde, das aber über eine Treppe leicht erklommen werden kann. Im Norden ist das Felsgebiet des Steinernen Meeres zu sehen.

Adalbert Stifter

Adalbert Stifter war einer der beachtenswertesten Autoren und Maler des Biedermeiers. Besonders wurde er als Literat über die Natur bekannt, aber auch als sehr guter Esser und Trinker. Bekannteste Werke sind *Witiko* und *Der Hochwald*. Er verbrachte einige Zeit auf dem Rosenberger Gut in Lackenhäuser, wo es ein Museum für den Böhmerwalddichter gibt. Er nahm sich 1868 das Leben.

Zum Böhmerwalddenkmal Unterhalb der Teufelsschüssel wandern wir nach rechts mit der rot-weiß-roten Farbmarkierung in Richtung Oberschwarzenberg weiter. An einer Kreuzung mit einer Forststraße gehen wir rechts auf dem zweiten Forstweg steil abwärts und bleiben an einem Abzweig auf der Forststraße rechts leicht aufwärts. An einer T-Kreuzung gehen wir links hinab und unten am Parkplatz in spitzem Winkel nach rechts in Verlängerung der Asphaltstraße in Richtung Grenzstraße. In einer Furt überqueren wir einen Bach und die Grenze in Richtung des Rosenberger Gutes. Auf einer neuen und fast ebenen Forststraße geht es dann weiter. An einer Kreuzung mit querendem Wanderweg gehen wir links auf dem bekannten Aufstiegsweg in Richtung Lackenhäuser hinunter. Bei einer Weggabelung bleiben wir rechts und sind bald am Ausgangspunkt am E **Böhmerwalddenkmal** zurück. Weiter unten ist noch ein Besuch des Museums »Stifter und der Wald« im Rosenberger Gut zu empfehlen, ebenso eine Einkehr im Biergarten des Wirtshauses Zum Rosenberger Gut.

30

Aussichtsturm und Badesee

Auf dem Goldsteig bei Hauzenberg

 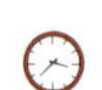   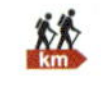

Leicht 3:30 Std. 480 m 10,3 km

Tourencharakter
Steile und anstrengende, teils sonnige, teils schattige Tour, größtenteils auf Naturwegen und Forststraßen durch Wälder, Wiesen und Ortsgebiet, meistens markiert mit dem Symbol des Goldsteigs und den Wegweisern des Granit-Erlebnis-Wanderwegs

Ausgangs-/Endpunkt
Freudensee, 487 m

Höchster Punkt
Aussichtsturm Frauenwald, 945 m

Anfahrt
Pkw: Von Passau auf der St 2132 nach Nordosten bis Hauzenberg/Freudensee. Parkplatz GPS: N48°39'42" E013°38'16"
Bus: Linie 7599 von Passau (www.bahn.de)

Gehzeiten
Freudensee – Neustifter Bach 0:50 Std. – Pension Residenz Oberfrauenwald 1:10 Std. – Aussichtsturm 0:20 Std. – Sonnenalm 0:20 Std. – Freudensee 0:50 Std.

Beste Jahreszeit
April bis Oktober

Einkehr
Berggasthof Sonnenalm, Geiersberg 8, 94051 Hauzenberg, Tel. 08586/4794, www.sonnenalm-liebl.de; Hotel-Restaurant Der Seehof, Freudensee 22, 94051 Hauzenberg, Tel. 08586/1228, www.seehof-freudensee.de; Weinstube und Hofladen Veit-Hof, Seestraße 1, 94051 Raßreuth, Tel. 08586/917581, www.veit-hof.de

Karten
Kompass: Bayerischer Wald, Karte 198/3, 1:50 000

Im Landstrich der Granitsteine und des Grafits gab es einst über zweihundert Steinbrüche. Heute ist die Granitstadt Hauzenberg ein staatlich anerkannter Luftkurort und der Aussichtsturm im Frauenwald ein vortrefflicher Platz für ein gutes Panorama.

Zum Neustifter Bach Vom Parkplatz am Ⓐ **Freudensee** gehen wir auf der westlichen Seite des Sees entlang. In dem natürlichen Badesee fühlen sich auch Biber wohl, wie an manchen Baumstämmen zu erkennen ist. Mit Drahtgeflecht wurden andere Bäume vor ihren scharfen Zähnen geschützt. An der Wegkreuzung nach dem sumpfigen Ende des Sees wandern wir auf dem Forstweg und zugleich Goldsteig rechts hinauf in Richtung Geiersberg. Weiter oben steht auch ein Wegweiser des Granit-Erlebnis-Wanderwegs. Namensgerecht besteht der Belag des Weges aus Granitschotter. In dieser Gegend des Bayerischen Waldes sind die Häuser und Kirchen, Wassertröge, Blumentöpfe und andere Alltagsgegenstände traditionell aus Granit gefertigt. Auf dem Granit-Erlebnis-Wanderweg sind Steinbrüche zu entdecken, in denen die Steingewinnung noch in vollem Gange ist, und andere, die wieder der Natur überlassen und renaturiert wurden. In ihnen haben sich sogar wertvolle Biotope entwickelt, in denen zum Beispiel Raubvögel, Schlangen und wärmeliebende Insekten ihren Lebensraum haben. Auf unserer Wande-

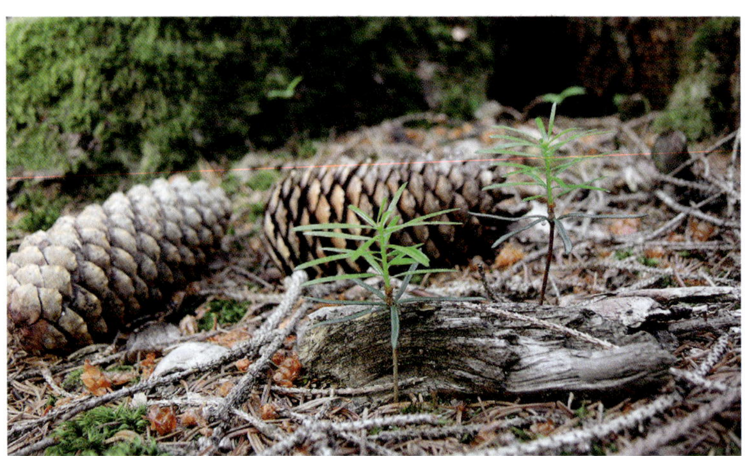

rung marschieren wir allerdings nur auf einem Teil des Granit-Erlebnis-Wanderwegs, denn es sind ja in erster Linie gute Panoramen unser Leitthema.
An möglichen Abzweigen bleiben wir immer geradeaus aufwärts auf dem Goldsteig durch den Fichten-Tannen-Wald. An einer T-Kreuzung überqueren wir rechts ein kleines Bächlein, und bald rechts unten einen größeren Bach im Waldgraben. Es ist der 1 **Neustifter Bach**.

Zur Pension Residenz Oberfrauenwald Gleich nach dem Bach folgen die Höfe von Lindbüchl und wir gehen an der Kreuzung mit dem Granitfindling und einer Infotafel zum Thema Granit auf dem Goldsteig links hinauf. Auf halber Höhe des Berges schwenken wir an der T-Kreuzung nach rechts, an einer weiteren T-Kreuzung nach links, und kurz darauf gehen wir an der Weggabel rechts auf dem Kiesweg am Waldrand aufwärts. Nach 100 Metern halten wir uns rechts in den Wald hinein und nach 30 Metern an der Gabel links. Der Weg wird bald sehr steil und anstrengend. An einer weiteren Weggabel bleiben wir rechts und an der nächsten Gabelung auf dem fast ebenen Weg rechts. Weiter oben wird der Forstweg zu einem Pfad und trifft wieder auf einen ebenen Forstweg. Hier wan-

Das Museum Steinwelten

Das Museum Steinwelten erzählt die Geschichte des Granits und anderer Steine. Gezeigt werden die Entstehungsphasen der Gesteine im Laufe der Erdgeschichte. Die Sonderausstellung »Steinreich« gibt Einblicke in die Kunst der Steinmetze im Bayerischen Wald von der Romanik über die Gotik bis heute. Im Steinbruch befinden sich Schmiede, Steinhauerhütten und die Kantine (www.granitzentrum.de).

Linke Seite: Aus winzigen Fichtensämlingen entsteht der neue Wald.

Der Freudensee ist die Badewanne der Hauzenberger.

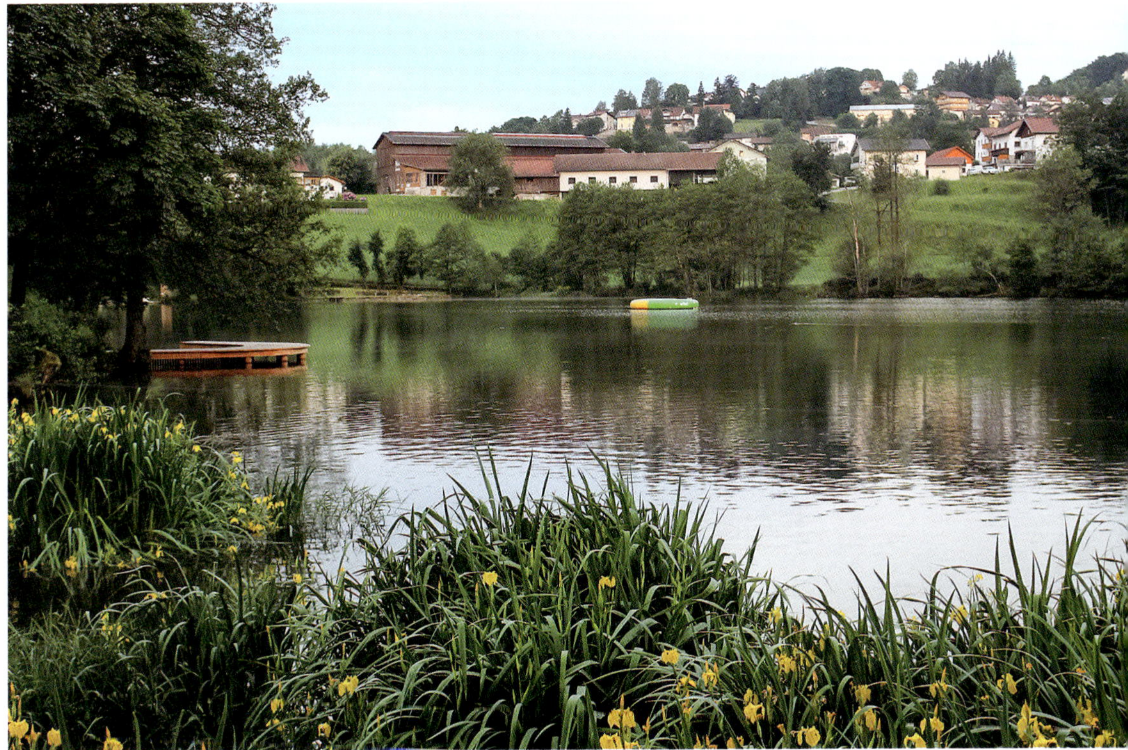

dern wir rechts in Richtung des Aussichtsturmes. An einer Forststraßenkreuzung laufen wir rechts und beachten 60 Meter vor dem Sendemast Oberfrauenwald auf der rechten Seite die gute Aussicht über Hauzenberg. An der Kreuzung in Oberfrauenwald steht die ❷ **Pension Residenz Oberfrauenwald** und links etwas entfernt das Berggasthaus Oberfrauenwald.

Auf den Aussichtsturm Hinter der Residenz Oberfrauenwald wandern wir rechts in Richtung Aussichtsturm hinauf. Teilweise wird der Weg noch einmal steil, dann ist der ❸ **Aussichtsturm** erreicht. Die 27 Meter des Turms sind auch noch zu schaffen. Das 360°-Panorama beginnt im Westen mit dem Brotjacklriegel (Tour 10) und Steinberg. Es folgen Großer Arber (Tour 17), Rachel (Tour 20) und Lusen (Tour 21) im Norden. Genau in Richtung der Skiabfahrt hinunter trifft der Blick nach Nordosten den Ort Jandelsbrunn. Dreisessel und Mühlviertel sind im Osten und Südosten zu sehen und je nach Wetterlage die Alpen über der Donauebene am Horizont.

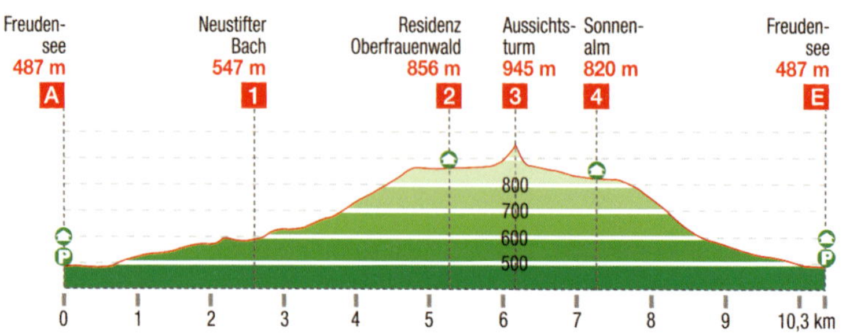

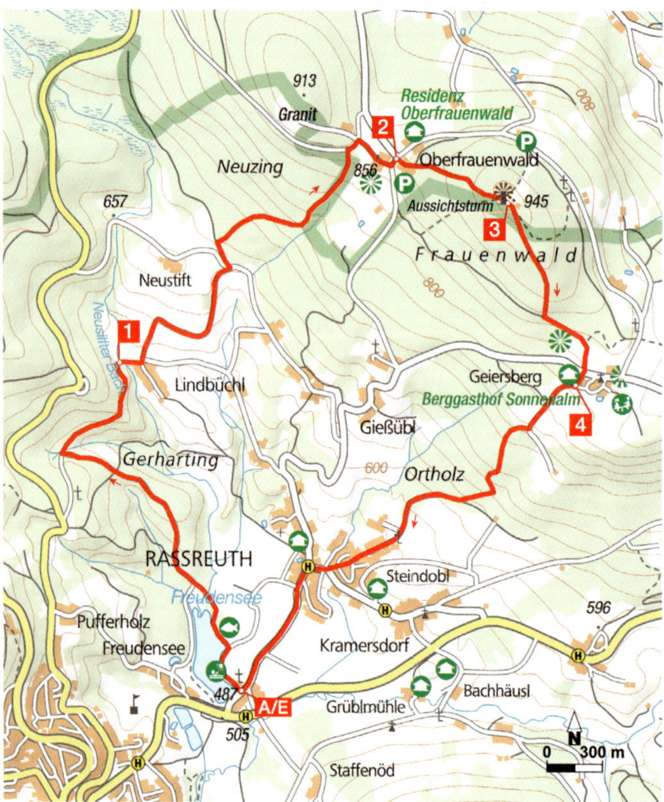

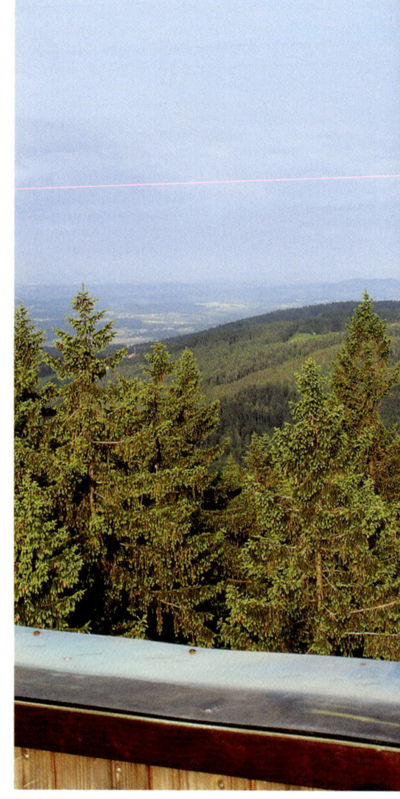

Zum Berggasthof Sonnenalm Vom Aussichtsturm setzen wir die Wanderung am Skilift vorbei nach Osten fort. 200 Meter nach dem Aussichtsturm gehen wir in einer Linkskurve rechts auf der Schlepperspur ohne Markierung über eine frisch geschlagene Kahlfläche weiter und dann durch den Wald hinunter. Der Berghang und auch der Weg sind mit Granitfelsen übersät. An einer T-Kreuzung sind wir wieder auf dem Granit-Erlebnis-Wanderweg mit der Nummer 9 und folgen dem Weg nach links hinunter in Richtung Geiersberg. An der Straße liegt der 4 **Berggasthof Sonnenalm** mit seiner herrlichen Panoramaterrasse und Sicht über Hauzenberg.

Zum Freudensee Am Berggasthof Sonnenalm überqueren wir die Straße nach links versetzt und benutzen den Fußweg über Wiesen hinunter nach Raßreuth. Am Beginn des Weges stehen ein Sperrschild und ein Sackgassenschild. An der T-Kreuzung am Waldrand nehmen wir den rechten Feldweg an der Wiese entlang, der dann im Wald verschwindet. An einer nächsten T-Kreuzung im Wald steigen wir links den steilen Steig hinunter und wieder an einer T-Kreuzung gehen wir links weiter; an Abzweigen vorbei bleiben wir immer geradeaus abwärts. An der T-Kreuzung mit einem Forstweg folgen wir diesem nach rechts und auf der linken Seite öffnet sich das Panorama über Hauzenberg. In Raßreuth laufen wir auf der Hochfeldstraße ein. Ganz unten an der Bushaltestelle schlendern wir rechts an der Weinstube Veit-Hof mit Hofladen vorbei und an der Kreuzung links die Seestraße hinunter bis zum Parkplatz. Der E **Freudensee** lädt noch zu Badefreuden ein.

Mitte: Der nahe Steinberg steht im Nordwesten des Frauenwalds.

Blick über Raßreuth und Hauzenberg

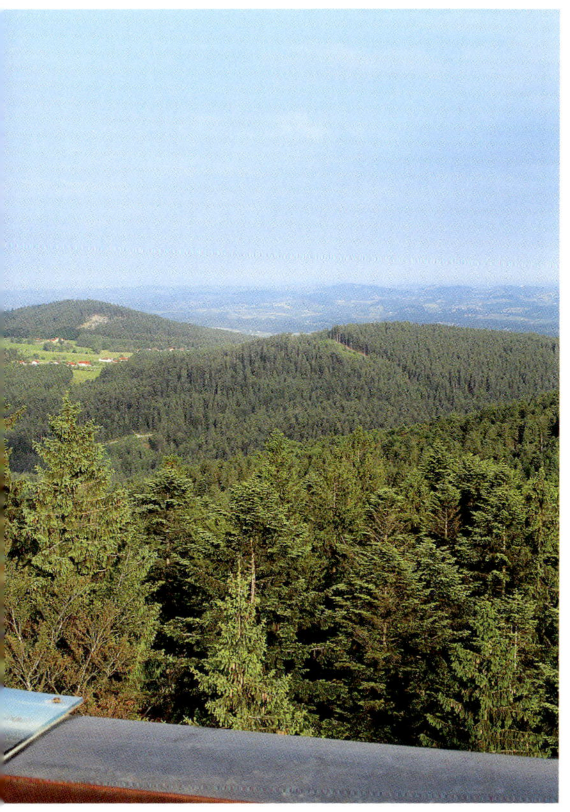

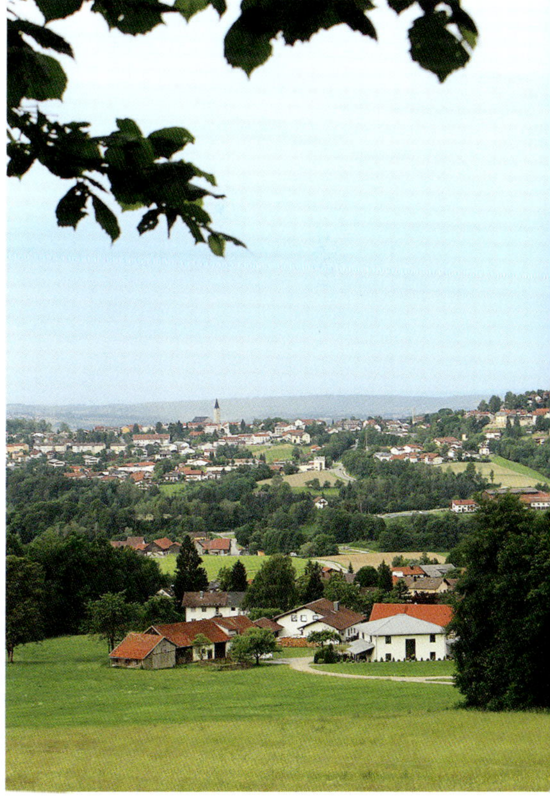

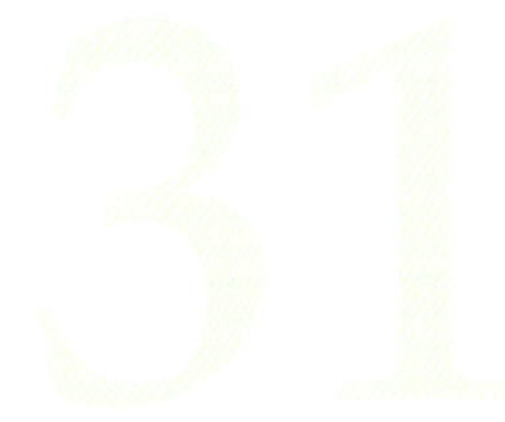

Zur historischen Triftsperre

Auf den Spuren der Holzflößer bei Passau

Leicht 3:50 Std. 300 m 11 km

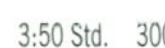

Tourencharakter
Leichte, vorwiegend schattige Rundtour, größtenteils auf Naturwegen und Forststraßen durch Wälder, Wiesen und Ortsgebiet, markiert mit dem Symbol des Goldsteigs und den Wegnummern 23 und 11

Ausgangs-/Endpunkt
Oberilzmühle, 315 m

Höchster Punkt
Panoramaplatz Oberhaus, 400 m

Anfahrt
Pkw: Von der A 3 Ausfahrt Passau Nord auf der St 2125 und B 12 nach Osten über die Ilzbrücke und auf der B 12 nach Oberilzmühle. Parkplatz GPS: N48°36'24" E013°26'51" **Bahn:** Nach Passau und mit dem Citybus zum Rathaus, dann mit dem Oberhausbus zur Veste Oberhaus (Wanderung in anderer Reihenfolge, www.stadtwerke-passau.de/bus-parken/buslinien-netz)

Gehzeiten
Oberilzmühle – Wehrbrücke Hals 1:00 Std. – Ilzbrücke Passau 0:40 Std. – Panoramaplatz Oberhaus 0:30 Std. – Wehrbrücke Hals 0:40 Std. – Triftsperre 0:25 Std. – Oberilzmühle 0:35 Std.

Beste Jahreszeit
April bis Oktober

Einkehr
Gasthof Zur Triftsperre, Triftsperre 15, 94034 Passau, Tel. 0851/51162, www.zur-triftsperre.de; Restaurant Das Oberhaus, Oberhaus 1, 94034 Passau, Tel. 0851/37930657, www.dasoberhaus.com

Karten
Kompass: Bayerischer Wald, Karte 198/3, 1:50 000

Vom Aussichtspunkt an der Veste Oberhaus breitet sich ein schönes Panorama über die Dreiflüssestadt Passau aus. Durch den alten Trifttunnel führt der Weg von der historischen Triftsperre zum Ilzstausee, der vergnüglichen Badewanne der Passauer.

Zur Wehrbrücke in Hals Vom Parkplatz in Ⓐ **Oberilzmühle** am Ilzstausee beginnen wir die Wanderung auf der Straße nach Süden in Richtung Triftsperre. In Unterilzmühle bleiben wir in der Linkskurve geradeaus auf dem Wanderweg aufwärts, mit der Nummer 23 in den Wald hinein. Die Ilz schickt ihr leises Rauschen von tief unten herauf. Bald ist durch die Bäume die Triftsperre zu sehen. An einer Weggabel bleiben wir geradeaus auf dem ansteigenden Weg, weiterhin mit der Nummer 23. Der wildromantische Wanderweg führt an seiner höchsten Stelle am Burgberg der Ruine Reschenstein vorbei. Nach einem Marterl fällt der Weg ab und es geht auf einem Forstweg weiter nach unten. An Abzweigen bleiben wir immer auf dem gut sichtbaren Hauptweg, der dann über weite Wiesen verläuft.

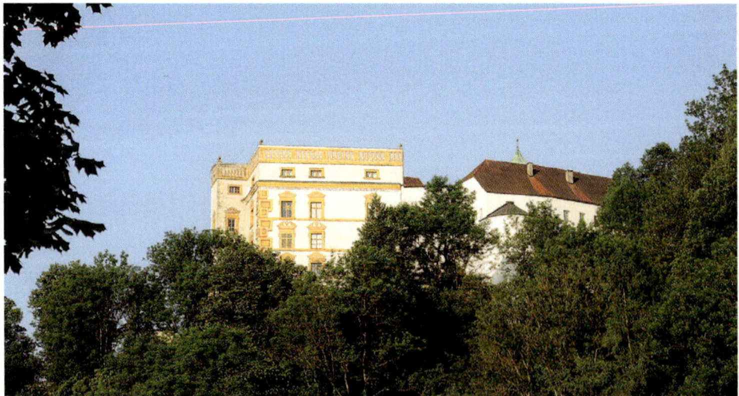

Am frühen Morgen springt mit großen Sätzen ein Rehbock aus der Wiese und ein Fasan sucht das Weite. Dann liegt schon Hals mit seiner Burgruine vor uns im Blickfeld. Rechts unten begleiten Fischweiher die Ilz, aus denen wir bis hier herauf die Frösche quaken hören. An der Wegkreuzung mit den großen Eichen vor Hals wenden wir uns nach rechts und unten an der Ilz mit der Nummer 23 nach links. Am Hofbauerngut wan-

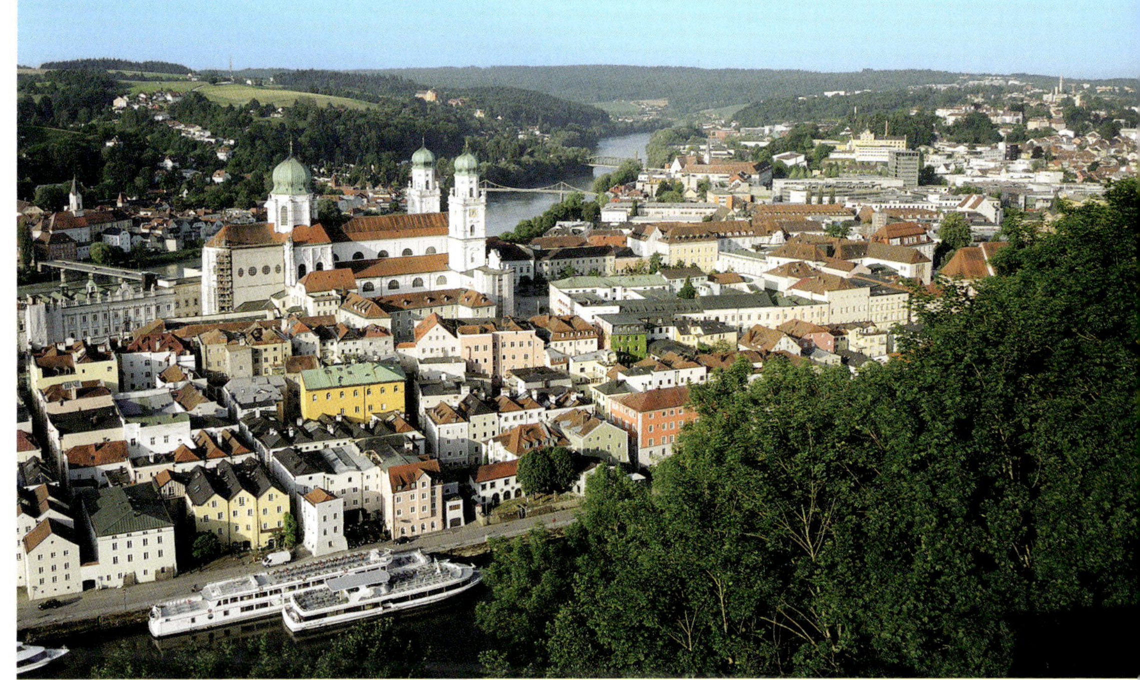

Am Panoramaplatz Oberhaus liegt die Dreiflüssestadt zu Füßen.

Linke Seite: Schon von Weitem ist die Veste Oberhaus über Passau zu sehen.

dern wir rechts über die ❶ **Wehrbrücke in Hals**, die ebenfalls als Triftsperre benutzt wurde. Jetzt sind wir auf dem Goldsteig in Richtung Passau Innenstadt.

Zur Ilzbrücke in Passau Nach der Wehrbrücke müssen wir rechts und gleich auf dem Schmidberg links hinunter zum historischen Marktplatz in Hals. Nach der Hausnummer 7 gehen wir links und noch vor der Ilzbrücke rechts auf dem Fußweg in Richtung Stadtmitte am Kindergarten vorbei. An einer Weggabel wählen wir den rechten Weg, der weiter oben auf einem kleinen Sträßchen weiterführt und direkt zur ❷ **Ilzbrücke in Passau** leitet. Nach 68 Kilometer Flussstrecke mündet die Ilz hier schließlich in die Donau. Natürlich könnte man hier noch einen Rundgang durch die sehenswerte Passauer Altstadt einfügen.

Zum Panoramaplatz Oberhaus Von der Ilzbrücke geht es gleich rechts auf einer gepflasterten Straße steil nach oben auf dem Goldsteig in Richtung der Veste Oberhaus. An einer Straßengabelung nehmen wir die Kehre nach links zur Triftsperre. Nach dem ersten Torbogen unter der Jugendherberge geht es geradeaus in den Burghof mit Museum, wo man eine der größten Festungen Europas besichtigen kann. Die Veste Oberhaus wurde 1219 errichtet und war Residenz der Passauer Fürstbischöfe.

Die Holztrift

Die Triftsperre und der Trifttunnel sind eine Errungenschaft des einst bedeutenden Wirtschaftszweigs der Holztrift des 18. Jahrhunderts. Mit dem aufgestauten Wasser wurde das Holz auf der Ilz heruntergespült. Der Trifttunnel, heute ein Wanderweg, verkürzte den Wasserweg um die Halser Flussschlinge erheblich. Durch den Ausbau der Forststraßen kam die Trift im 20. Jahrhundert zum Erliegen.

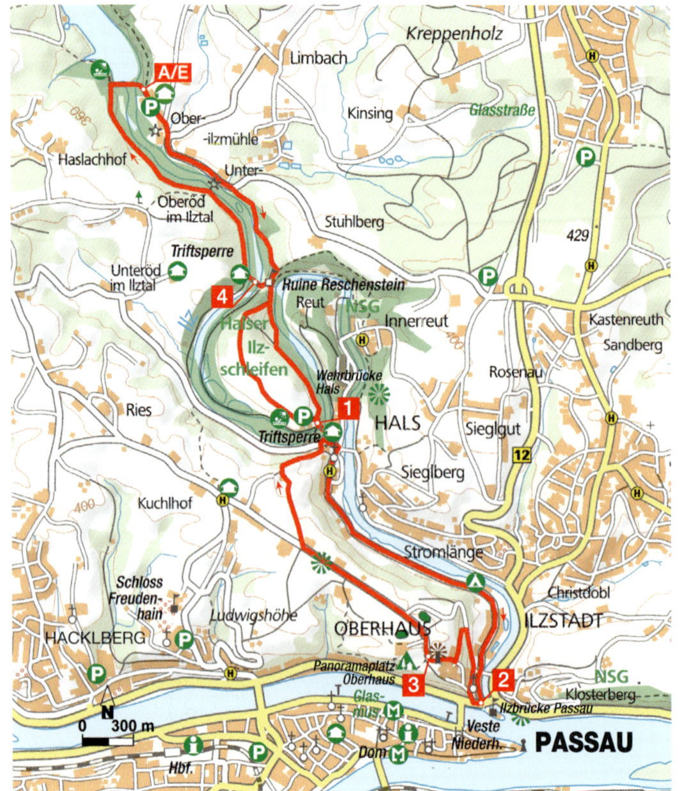

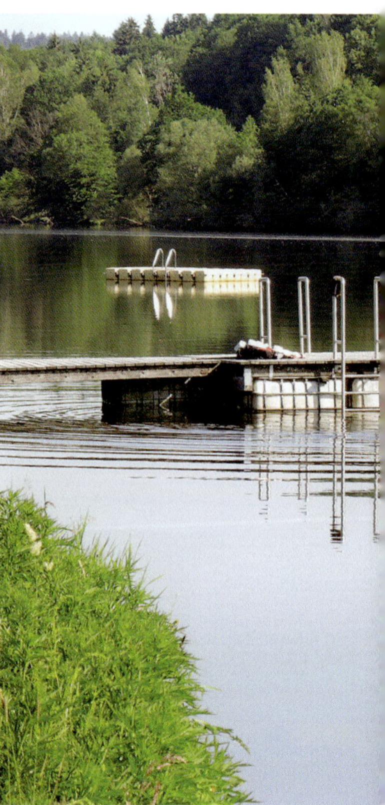

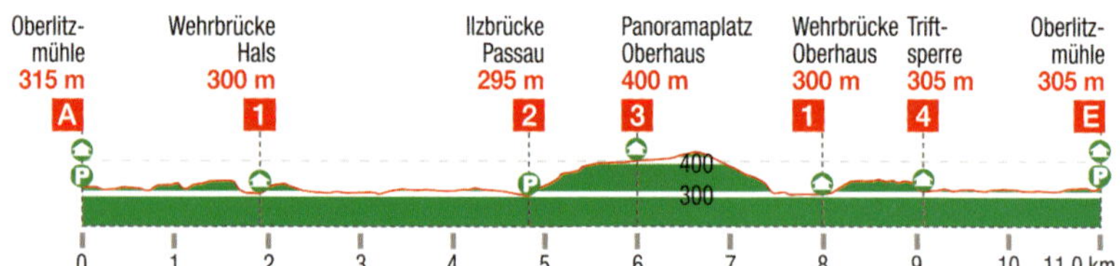

Der eigentliche Weg leitet aber nach dem ersten Torbogen vor der Bushaltestelle rechts hinauf. Durch einen weiteren Torbogen wandern wir unter der Sternwarte hindurch, in der auch ein Aussichtsturm erklommen werden kann. Nach dem letzten Torbogen gehen wir oberhalb des Restaurants Das Oberhaus links zu dem herrlichen ❸ **Panoramaplatz Oberhaus** mit Fernrohren und Bänken. Wunderbar breitet sich die Dreiflüssestadt zu unseren Füßen aus.

Zur Wehrbrücke in Hals Vom Panoramaplatz gehen wir wieder ein Stückchen zurück und wandern auf der Straße Rennweg nach links leicht aufwärts an Sportplätzen vorbei. Bald ergibt sich eine weite Sicht nach rechts über das Passauer Land bis zu den hohen Bergen des Bayerischen Waldes. An der linken Seite reicht der Blick über den Inn nach Österreich. Nach der leichten Straßenkuppe müssen wir rechts auf dem Kiesweg abwärts. Es ist der Goldsteig in Richtung Triftsperre; bald haben wir

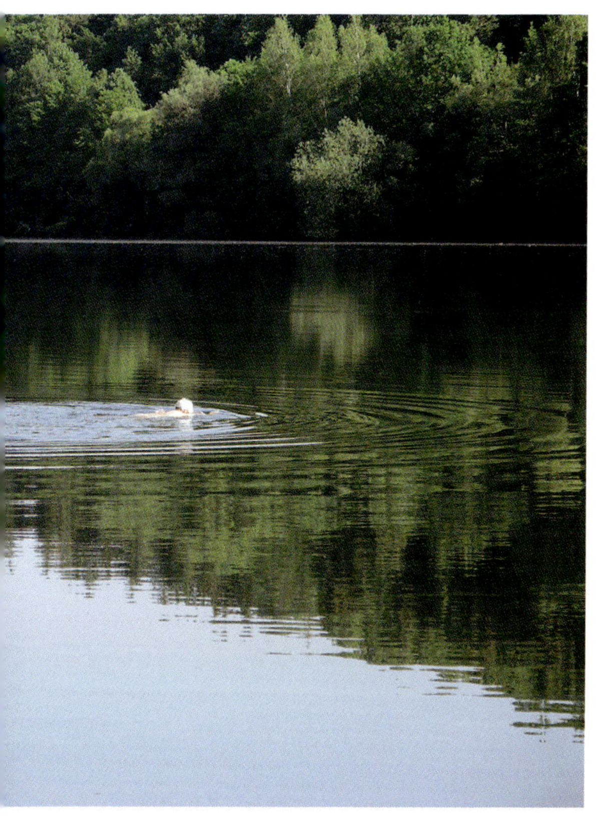

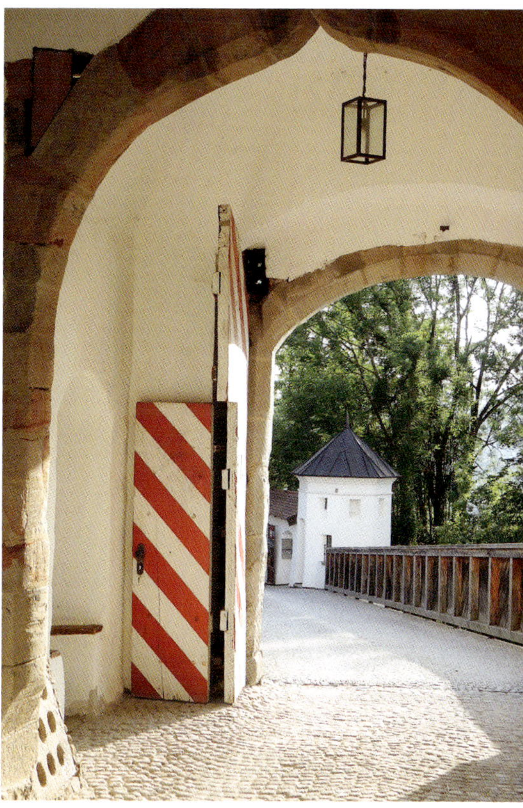

In der Veste Oberhaus über Passau

Mitte: Der Ilzstausee, die vergnügliche Badewanne der Passauer

einen freien Blick über Hals und finden uns an einem Aussichtspavillon auf gleicher Höhe zum Halser Kirchturm. Unten wenden wir uns auf der Triftsperrstraße nach rechts und dann zweimal links wieder über die ❶ **Wehrbrücke in Hals**.

Zur Triftsperre Nach der Wehrbrücke gehen wir vor dem Hofbauerngut nun rechts auf dem Goldsteig in Richtung Triftsperre mit der Wegnummer 11 an der Ilzschleife entlang. An einer Gabelung an einem Wegkreuz bleiben wir der Nummer 11 nach rechts unten treu und erreichen auf dem kuriosen Wanderweg durch den Trifttunnel die historische ❹ **Triftsperre**.

Zur Oberilzmühle Über die Triftsperre hinweg überqueren wir die Ilz. Vor dem Gasthaus Zur Triftsperre müssen wir nach rechts in Richtung Fischhaus, aber der bildschöne Biergarten unter den Kastanien lockt zu sehr und es ist ja nicht mehr weit. Nach der Pause leitet der stille Weg an der Ilz entlang. Gegenüber ist das Hochufer, auf dem wir die Wanderung begonnen haben. Bald zeigen sich auf der Gegenseite die Häuser von Unterilzmühle und voraus die Staumauer des Ilzstausees. Entlang der Fischtreppe geht es nochmals nach oben und dann liegt die schöne Liegewiese am Ilzstausee vor uns.
Außer der Einkehr im Biergarten gibt es nach der Wanderung nichts Schöneres als ein erfrischendes Bad im Ilzstausee. Ein kurzer Weg über die Staumauer und wir sind zurück am Parkplatz in Ⓔ **Oberilzmühle**.

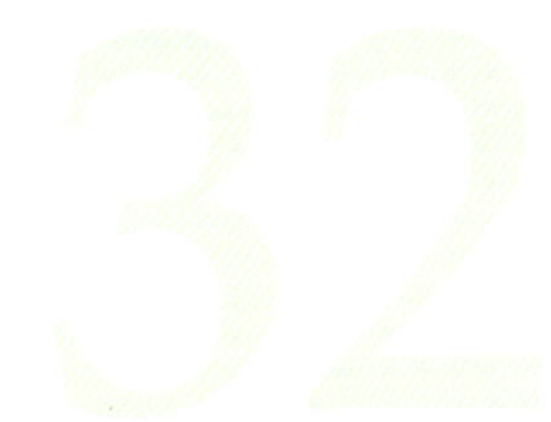

An der schönen blauen Donau

Der Jägersteig von Obernzell nach Erlau

Die Donau ist mit 2850 Kilometern nach der Wolga der zweitlängste Fluss Europas. Das kleine Stück der Donauleite zwischen Obernzell und Erlau zählt zu den attraktivsten Wanderstrecken über dem Fluss mit tollen Panoramen über die blaugrünen Fluten.

Zum Jägersteig Vom Parkplatz am **A Schloss Obernzell** starten wir nach Westen an der Donau flussaufwärts. Die stilisierte Rinne des Wasserspiels gegenüber dem Schloss zeigt den Verlauf der Donau durch zehn Länder symbolisch auf. Die Region um den Markt Obernzell nennt sich selbstbewusst »Das Feriengebiet der Donau-Perlen«. Weiter geht es über den langen Marktplatz mit seinen herrlichen Hausfassaden. Obernzell entstand aus einer Mönchszelle, die im 13. Jahrhundert zum Hochstift Passau gehörte. 1359 erhielt es das Marktrecht. Die doppeltürmige, barocke Marktkirche Obernzell entstand im 18. Jahrhundert.
Am Floriansbrunnen vor der Sparkasse gehen wir rechts in die Tillygasse und queren weiter oben an der Kreuzung die Krankenhausstraße in die

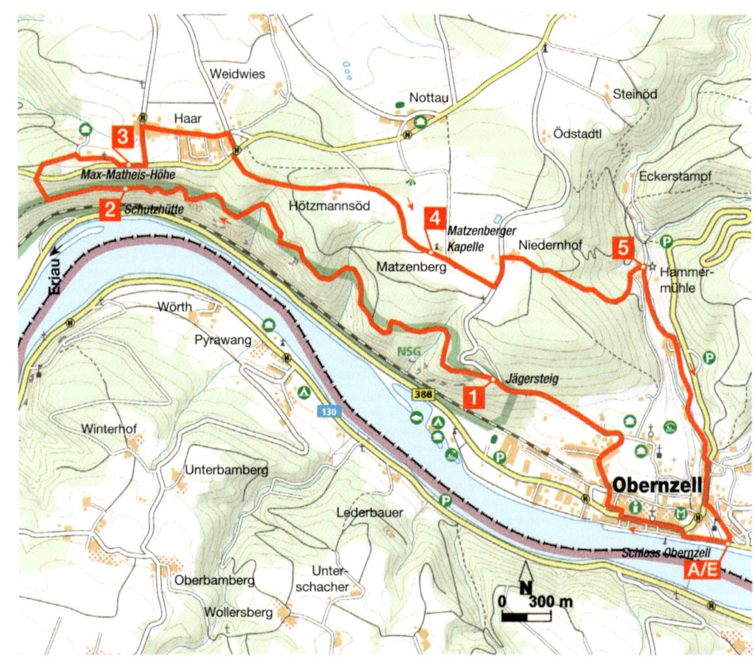

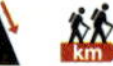
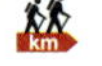

Leicht 4:30 Std. 500 m 13,6 km

Tourencharakter
Leichte, vorwiegend schattige Rundtour auf Naturwegen, Forststraßen und Straßen durch Wälder, Wiesen, Felder und Ortsgebiet, nur teilweise markiert mit der Nummer 33 des Jägersteiges

Ausgangs-/Endpunkt
Schloss Obernzell, 290 m

Höchster Punkt
Matzenberger Kapelle, 530 m

Anfahrt
Pkw: Von Passau auf der B 388 nach Osten entlang der Donau nach Obernzell. Parkplatz GPS: N48°33'13" E013°38'32"
Bahn: Nach Passau und mit dem Bus der Linie 6102 von Passau nach Obernzell (www.bahn.de)

Gehzeiten
Schloss Obernzell – Jägersteig 0:45 Std. – Schutzhütte 1:15 Std. – Max-Matheis-Höhe 0:30 Std. – Matzenberger Kapelle 0:50 Std. – Hammermühle 0:40 Std. – Schloss Obernzell 0:30 Std.

Beste Jahreszeit
März bis Oktober

Einkehr
Hotel Alte Schiffspost, Marktplatz 1, 94130 Obernzell, Tel. 08591/2560, www.hotel-alte-schiffspost.de; Café Konditorei Bauer, Marktplatz 53, 94130 Obernzell, Tel. 08591/553; Gasthof Hotel Zur Post, Hauptstraße 22, 94130 Obernzell, Tel. 08591/91490, www.hotel-zur-post-erlau.de

Karten
Kompass: Bayerischer Wald, Karte 198/3, 1:50 000

Hinweise
Wenn die Bäume kein Laub tragen, besteht die beste Aussicht.

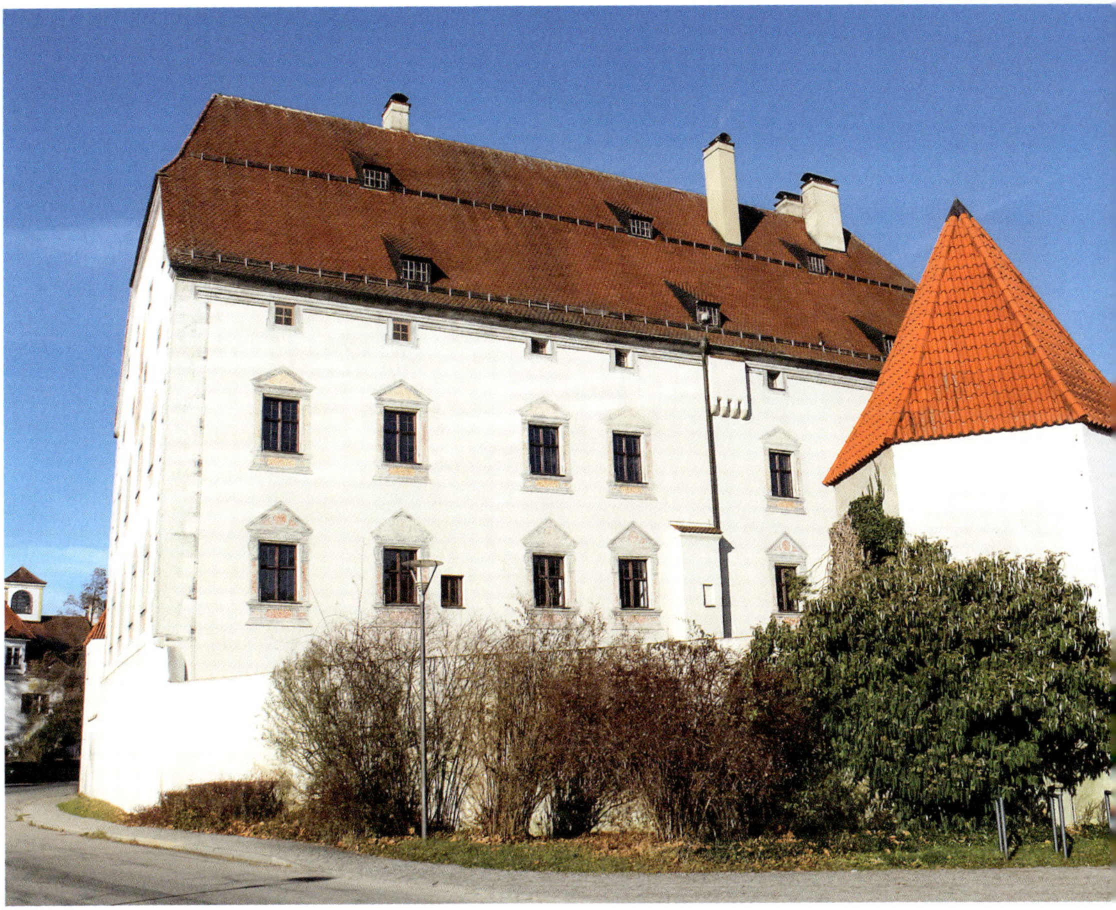

Matzenberger Straße aufwärts am Panoramahotel Fohlenhof vorbei. Vor der zweiten Rechtskurve der Straße wandern wir links auf dem ❶ Jägersteig mit der Nummer 33 in den Wald hinein.

Das ehemalige Wasserschloss Obernzell zeigt sich heute als Renaissanceschloss.

Zur Schutzhütte Hier sind wir auch auf dem Donausteig im Naturschutzgebiet Halde und gleichzeitig in einem Natura-2000-Schutzgebiet unterwegs. Das Schutzanliegen betrifft hauptsächlich sieben Reptilienarten in diesem Gebiet, was in Deutschland einzigartig ist. Das milde Klima erlaubt hier auch Standorte für die mediterrane Smaragdeidechse und die Äskulapnatter. In den steilen Hängen besteht teilweise eine echte Waldwildnis mit uraltem Baumbestand. Der Schwarzspecht

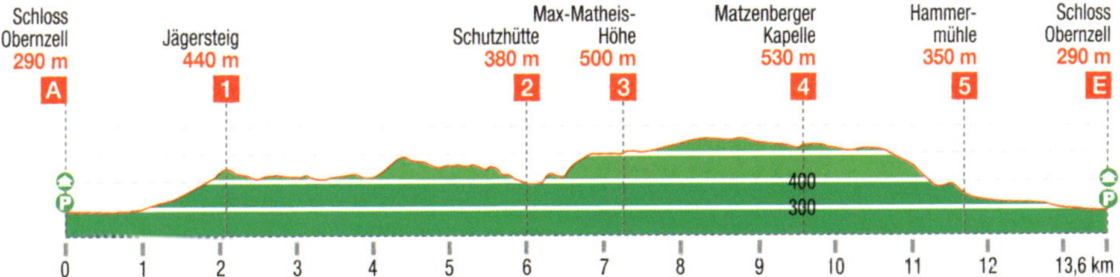

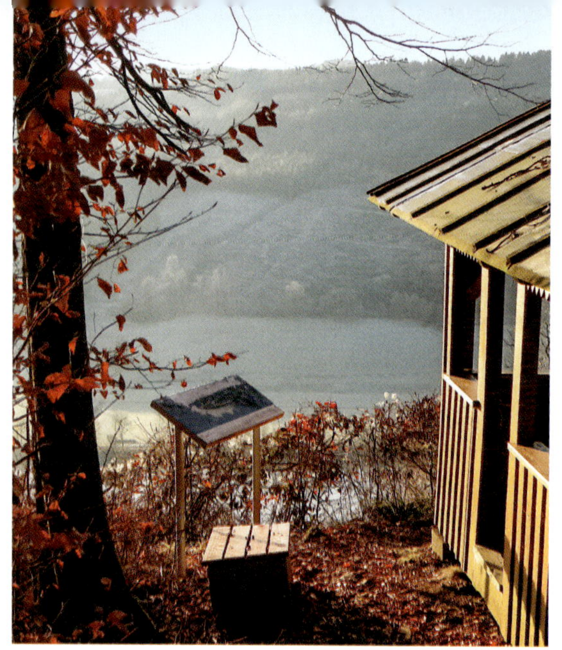

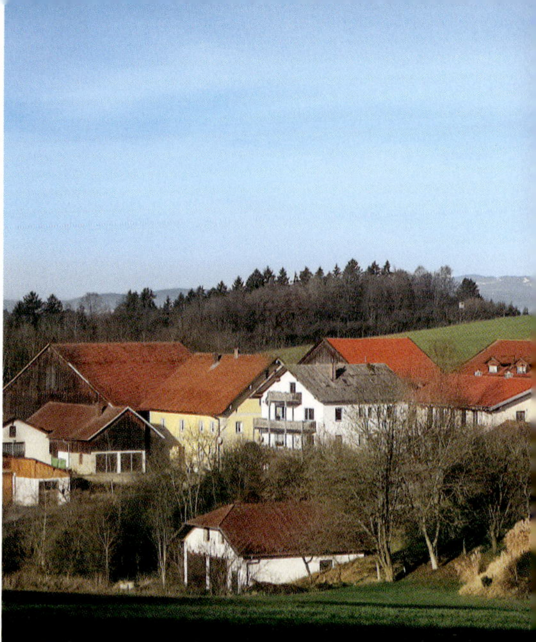

Die Schutzhütte steht an aussichtsreicher Stelle über der Donau.

fühlt sich hier wohl und warnt mit seinem ziehenden Ruf: »kliöööö«. Durch den Wegebau wurden Felsen freigestellt, die einen Einblick in die Geologie erlauben. Dieser Granit gehört zu dem großen Granitsockel des Bayerischen Waldes. Insgesamt gesehen ist das Naturschutzgebiet Halde mit seiner Vielzahl an Tieren und Pflanzen eines der artenreichsten Gegenden Deutschlands.
An der Aussicht Jägersruh steht auch eine Rastbank. An einigen Abzweigen bleiben wir immer auf der linken Route, eng am Abhang, und erreichen so die schöne 2 **Schutzhütte** mit guter Aussicht über die Donau bis Obernzell und hinüber nach Österreich.

Auf die Max-Matheis-Höhe 400 Meter nach der Schutzhütte verlassen wir an einer Weggabelung mit Aussicht nach Erlau den Jägersteig und wandern rechts hinauf. Weiter oben kommen wir zur Haarer Straße, gehen auf dieser 50 Meter nach rechts und dann links ohne Markierung in den Wald hinauf. An einer Kreuzung der Waldwege laufen wir rechts weiter und auf dem Asphaltsträßchen bei der Wiese geradeaus auf die Ansiedlung Haar zu. An einer kleinen Kapelle kommen wir wieder zur Haarer Straße und gehen auf der rechten Seite weiter vorne zur 3 **Max-Matheis-Höhe** mit Blick auf die Donau.

Zur Matzenberger Kapelle Weiter auf der Haarer Straße können wir auch links auf der Wiese neben der Straße gehen. An der Lindenstraße wenden wir uns nach links, dann laufen wir rechts auf der Kugelholzstraße durch das Wohngebiet und noch mal rechts auf dem Weidwiesweg wieder zur Haarer Straße, die wir geradeaus in Richtung Hötzmannsöd überqueren. An einer Gabelung im Wald bleiben wir geradeaus oben, kommen gleich an den zwei Häusern von Hötzmannsöd vorbei und sehen voraus schon den Hof Matzenberg mit seiner Kapelle an den mächtigen Linden. Von der 4 **Matzenberger Kapelle** schauen wir hinüber über die Hügel des Sauwaldes in Österreich.

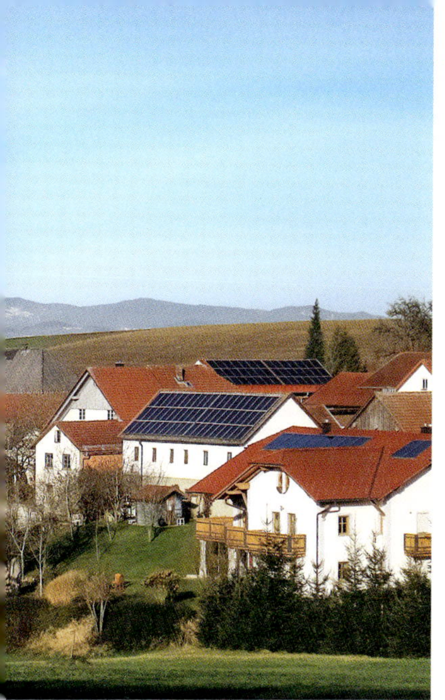

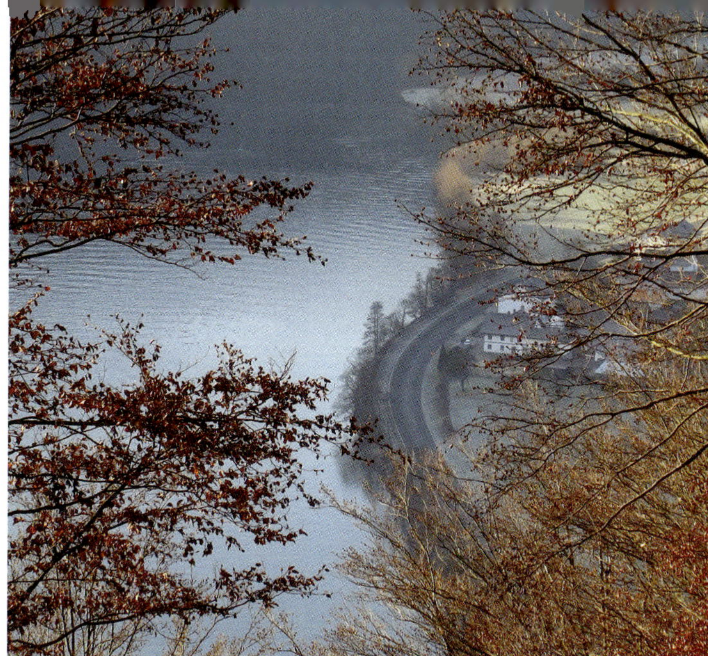

Blick vom Wanderweg auf die Donau hinunter

Mitte: Blick über das Dorf Haar in den Bayerischen Wald

Zur Hammermühle Weiter vorne an der Kreuzung mit der Matzenberger Straße (PA 89) schlendern wir links hinauf und vor dem ersten Haus von Niedernhof rechts auf dem Feldweg auf den Wald zu. An der Kreuzung am Waldrand bleiben wir auf der Forststraße geradeaus abwärts. Nach 300 Metern steigen wir an dem zweiten Abzweig auf der steilen Schlepperspur rechts in der Geländerinne hinunter. Der steile alte Hohlweg wechselt an die rechte Hangseite des Tals. Weiter unten bleiben wir geradeaus auf dem besseren Weg und erreichen nach einer Rechtskehre die Gebäude der ehemaligen 5 Hammermühle.

Zum Schloss Obernzell Auf der Hammermühlstraße folgen wir nach rechts dem Eckerbach. Die Firma Richart Anton KG in der Hammermühlstraße stellt Grafite für Bremsbeläge und Zuschlagsstoffe für Metallgießereien her. Damit knüpft sie ein wenig an die Obernzeller Tradition der Gießtiegelherstellung aus Grafit an. Bereits im 14. Jahrhundert wurde die Verarbeitung von Grafit und Ton zu einem bedeutenden Wirtschaftsfaktor für den Ort. Obernzeller Grafitschmelztiegel für die Goldschmelzen, Alchemisten und Metallgießereien waren fast weltweit bekannt. Obernzell hieß daher auch früher Hafnerzell in Bezug auf den Hafner- oder Töpferberuf.

In Obernzell treffen wir auf die Bachstraße (B 388), der wir nach rechts abwärtsfolgen. Vor dem Ledermodengeschäft können wir links in den Schlossgarten hineingehen, der zu einem modernen Erlebnispark gestaltet wurde. Auf der anderen Seite des Parks kommen wir zum Parkplatz am E Schloss Obernzell hinaus.

Schloss Obernzell

Das Schloss Obernzell ließen die Fürstbischöfe von Passau im 15. Jahrhundert als gotische Wasserburg errichten. Im 16. Jahrhundert wurde es zu einem repräsentativen Renaissanceschloss. Sehenswert ist der Rittersaal mit Kassettendecke im zweiten Stockwerk, in dem heute Konzerte und Feierlichkeiten stattfinden. Die barocken Gartenfiguren im Schlosspark stammen aus Schloss Neuburg am Inn.

Zu Gast bei Isa, Loreleys Schwester

Geheimnisse um den Felsen Jochenstein

 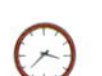  

Leicht 3:50 Std. 420 m 11,3 km

Tourencharakter
Anstrengende Rundtour, vorwiegend schattig, auf Naturwegen, Forststraßen und Straßen durch Wälder und Wiesen, meistens markiert mit den Wegweisern des Schmuggler- und des Sonnenwegs

Ausgangs-/Endpunkt
Haus am Strom, 290 m

Höchster Punkt
Gasthaus Zur alten Schmugglerstub'n, 630 m

Anfahrt
Pkw: Von Passau auf der B 388 und PA 51 nach Osten über Obernzell nach Jochenstein. Parkplatz GPS: N48°31'11" E013°42'44"
Bus: Linie 6101 von Passau (www.bahn.de)

Gehzeiten
Haus am Strom – Gasthaus Zur alten Schmugglerstub'n 1:45 Std. – Gasthaus Riedler-Hof 0:40 Std. – Ebensteinkapelle 0:20 Std. – Ruine Neujochenstein 0:15 Std. – Haus am Strom 0:50 Std.

Beste Jahreszeit
April bis Oktober

Einkehr
Landgasthaus Zum Lang, Alte Dorfstraße 29, 94107 Untergriesbach, Tel. 08593/93300, www.landgasthof-lang.de; Bistro Haus am Strom, Am Kraftwerk 4, 94107 Untergriesbach, Tel. 08591/912890, www.hausamstrom.de; Gasthaus Kornexl, Am Jochenstein 10, 94107 Untergriesbach, Tel. 08591/1802, www.gasthaus-kornexl.de

Karten
Kompass: Bayerischer Wald, Karte 198/3, 1:50 000

Einer der schönsten Aussichtspunkte an der Donau ist die Ebensteinkapelle auf dem Panoramaweg oberhalb des berühmten Jochensteins in der Donau. Die Burgruinen Altjochenstein und Neujochenstein passen zur Sagengestalt der Donaunixe Isa.

Zur alten Schmugglerstub'n Vom Parkplatz am Kraftwerk Jochenstein beginnen wir die Wanderung nach Osten, links am futuristisch gestalteten **A Haus am Strom** vorbei, das ein Museum zum Thema Wasser ist. Das Kraftwerk Jochenstein besitzt einen Übergang nach Österreich, von dem aus der Schleusenvorgang beobachtet werden kann.

Nach dem Umspannwerk gehen wir rechts und an der Donau links am Gasthaus Kornexl vorbei. An der T-Kreuzung müssen wir links, statten jedoch zuerst der Nixe Isa 100 Meter weiter geradeaus vor dem Felsen Jochenstein einen Besuch ab.

Nach der Werkssiedlung gehen wir auf der Landstraße PA 51 nach links und nach 100 Metern folgen wir nach rechts dem Schmugglerweg steil

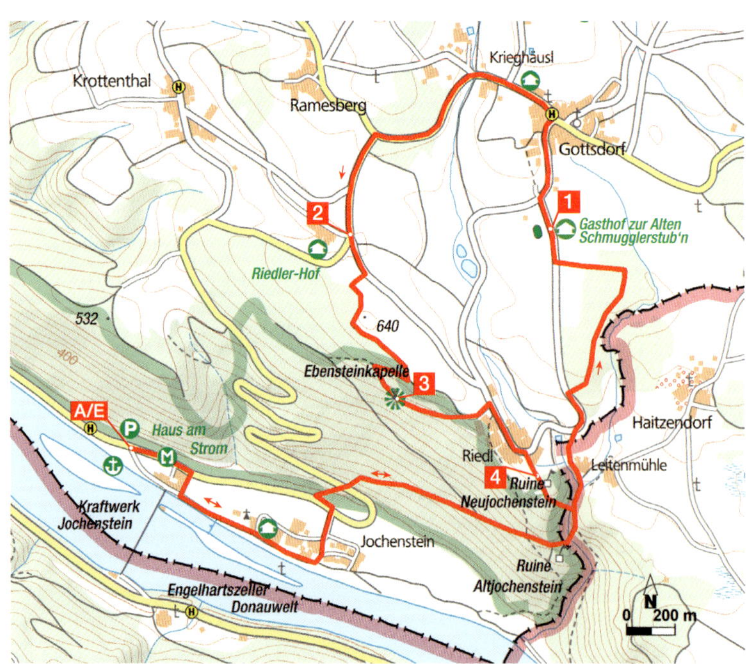

die Donauleite in Richtung Gottsdorf hinauf. An einem Abzweig mit Picknicktisch und Aussicht über die Donau bleiben wir geradeaus aufwärts. In einer Linkskurve ist rechts die Ruine der Burg Altjochenstein zu sehen, die 1222 erbaut wurde. Weiter oben finden sich am Dachtlbach die noch übrig gebliebenen Mauerreste der Leithenmühle aus dem Jahr 1324.

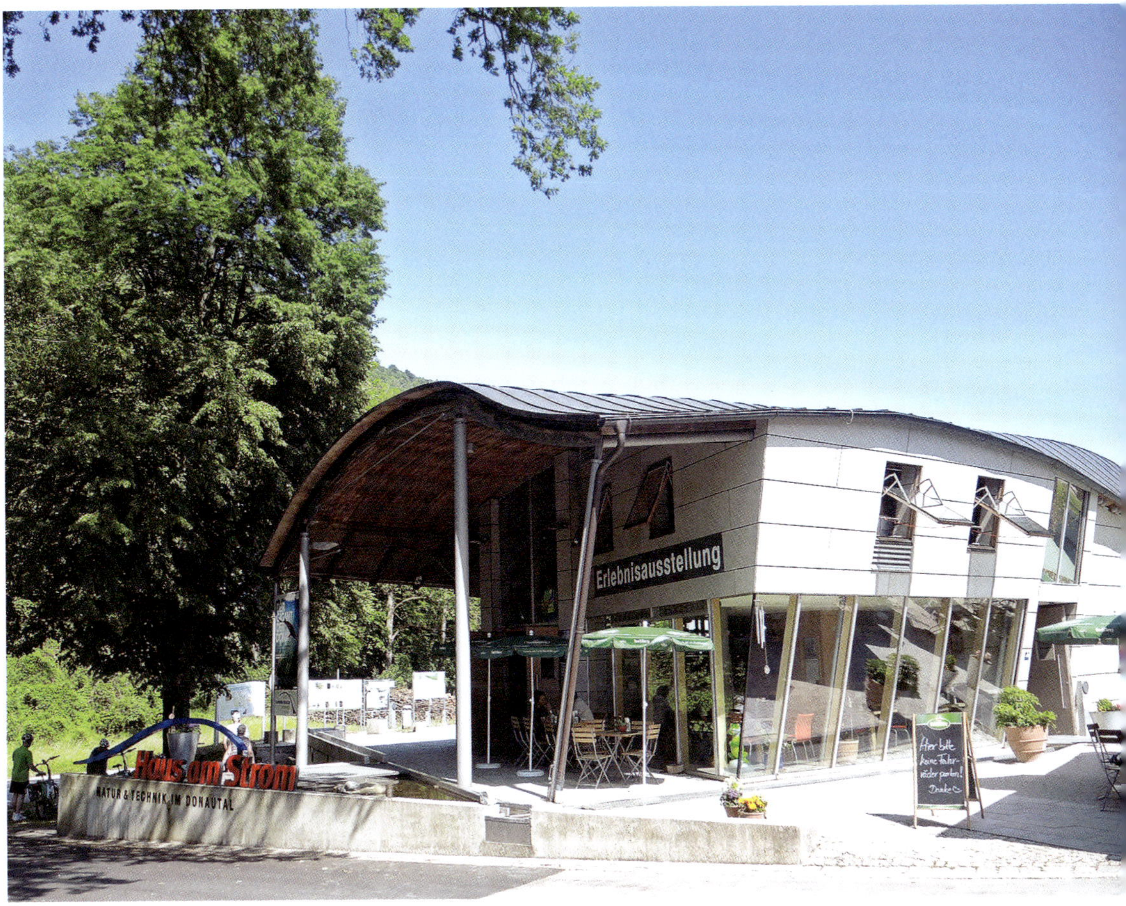

Wir bleiben geradeaus bergan auf dem breiten Weg und verlassen auf einem Asphaltsträßchen den Wald. Hier wandern wir rechts hinauf und am Waldrand wieder rechts in den Wald hinein in Richtung Gottsdorf. Im Wald müssen wir an einer Weggabel nach links. Am Sportplatz wenden wir uns rechts und kommen am Gasthaus

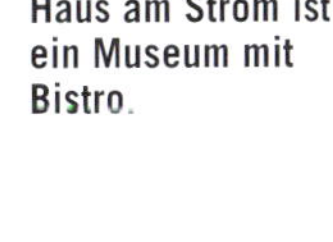

Das futuristische Haus am Strom ist ein Museum mit Bistro.

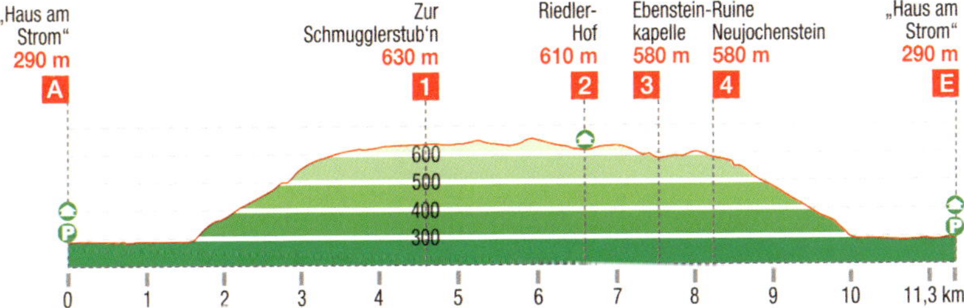

Die Nixe Isa

Auf dem Jochenstein, einem aus der Donau aufragenden Felsblock, stand einst ein prächtiges Märchenschloss. Die verführerische goldhaarige Nixe Isa, eine Schwester der Loreley am Rhein, herrschte in diesem Schloss. In hellen Mondnächten zeigt sie den Schiffsleuten bei dichtem Nebel den Weg um den Felsen. Aber wehe dem Unseligen, der ihr verfällt! Er muss für ewig in diesem Felsenschloss bleiben.

mit dem vielsagenden Namen ❶ **Zur alten Schmugglerstub'n** vorbei.

Zum Gasthaus Riedler-Hof An der T-Kreuzung vor Gottsdorf schlendern wir rechts und am Dorfbrunnen links. An der T-Kreuzung nach dem Wald lenken wir links in Richtung Riedl hinab. Am ❷ **Gasthaus Riedler-Hof** gehen wir auf der zweiten Straße links aufwärts in Richtung Riedl.

Zur Ebensteinkapelle 60 Meter nach dem Gasthaus Riedler-Hof wandern wir rechts und am Waldrand nach links. An einem Abzweig laufen wir in spitzem Winkel nach rechts hinunter und kommen nach einer Kehre zu dem Aussichtsplatz an der ❸ **Ebensteinkapelle**.

Zur Ruine Neujochenstein In Riedl gehen wir an der Kreuzung rechts und an der Gabelung geradeaus auf dem Kiesweg zur ❹ **Ruine Neujochenstein** aus dem Jahr 1299 hinunter.

Zum Haus am Strom Nun führt ein steiler Pfad hinunter zur Leithenmühle. Auf dem Aufstiegsweg geht es nun wieder hinab zum Parkplatz am Ⓔ **Haus am Strom**.

Rechte Seite oben: Die zwei Schleusen am Kraftwerk bedienen vier Schiffe zur gleichen Zeit.

Rechte Seite unten: Die Nixe Isa lässt heute ungehindert die Schiffe passieren.

In der Donauleite leben viele Feuersalamander, die besonders nach Regen zu sehen sind.

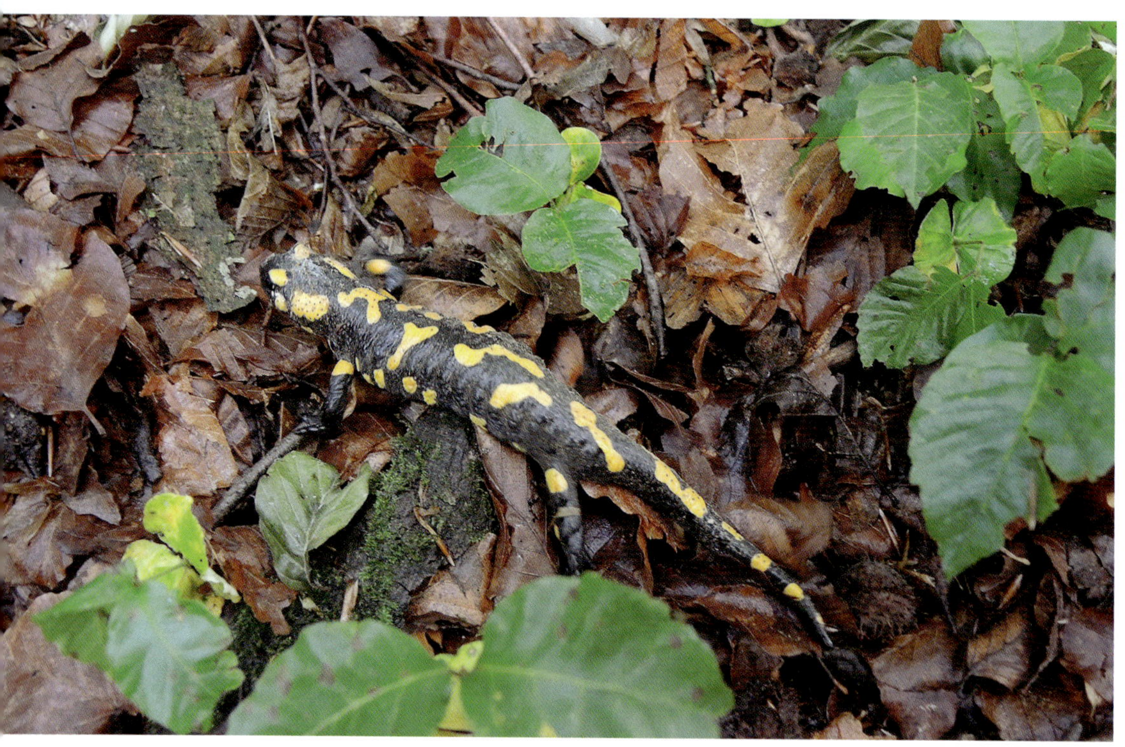

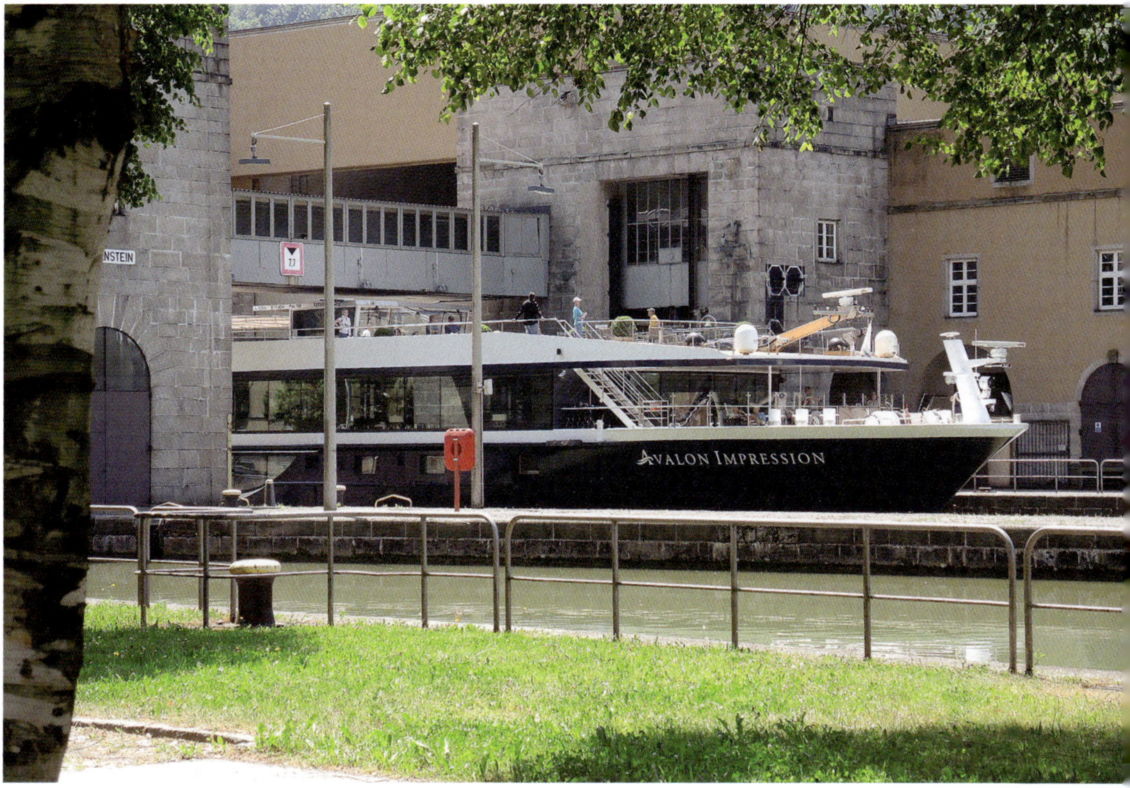
NSTEIN
AVALON IMPRESSION

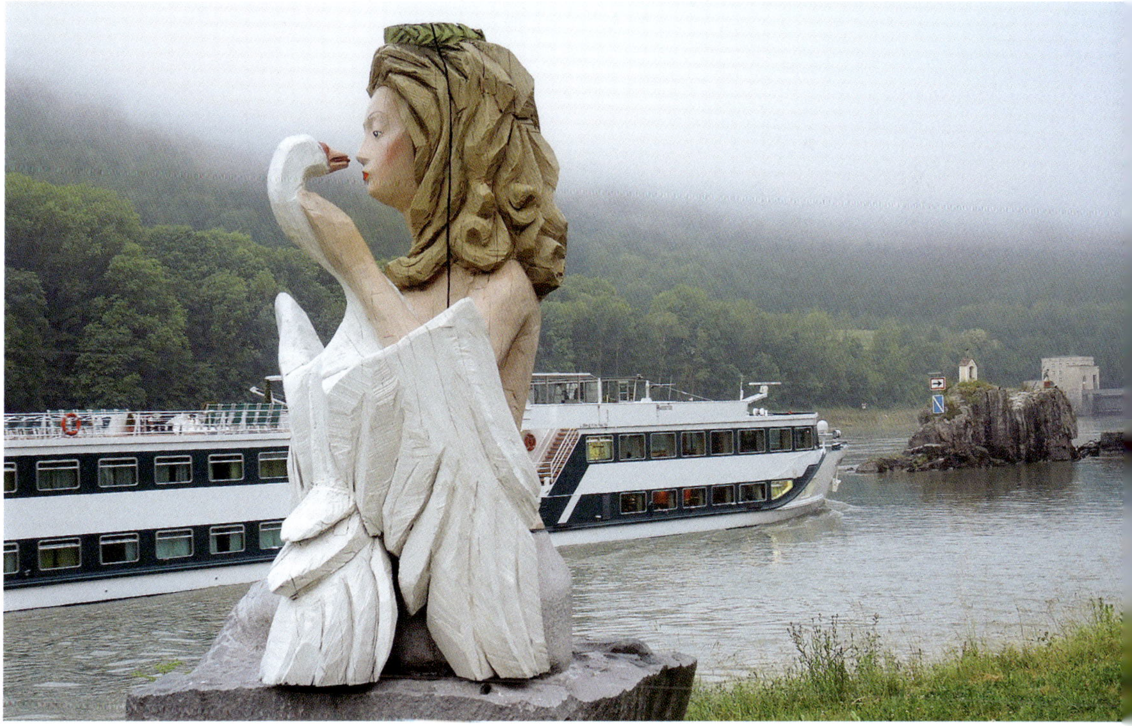

Für jeden Tag die richtige Tour

Nr.		Tour												
1	●	Bezaubernde Felsen und Aussichten	2:50 h	280/280 m	8,5 km	●	●	●	●	●		●	●	
2	●	Vom Schloss zum Wallfahrtsberg	5:00 h	440/440 m	15,0 km	●	●	●	●		●		●	
3	●	Sanfte Hügel und ferne Welten	3:40 h	410/410 m	11,0 km	●	●	●			●		●	
4	●	Auf dem Rücken des Drachen	3:00 h	290/290 m	9,3 km	●	●	●	●		●	●		●
5	●	Schnelles Gipfelglück am Pröller	3:30 h	310/310 m	10,5 km	●	●	●			●		●	
6	●	Höchster Berg der Region Schwarzach	4:10 h	330/330 m	12,5 km	●	●	●			●		●	
7	●	Aussichten im Deggendorfer Land	3:30 h	430/430 m	11,0 km	●	●	●	●	●		●	●	
8	●	Teufelstisch und Wallfahrtsort	3:20 h	310/310 m	9,7 km	●	●	●		●			●	
9	●	Gläserner Wald und Burgruine	2:20 h	210/120 m	7,5 km	●	●	●	●	●				●
10	●	»Broada Jagariegel«-Schau	2:20 h	300/300 m	6,5 km	●	●	●			●		●	
11	●	Zum gläsernen Gipfelkreuz	3:00 h	410/410 m	8,7 km	●		●			●			●
12	●	Drachensee und Aussichtsturm	2:20 h	310/310 m	7,7 km	●	●	●			●	●		●
13	●	Vier Tausender auf einen Streich	2:40 h	330/330 m	7,5 km	●		●			●		●	●
14	●	Bizarre Felsformationen im Gneis	3:20 h	540/540 m	9,1 km	●		●			●			●
15	●	Panorama über dem Böhmerwald	2:30 h	410/410 m	5,2 km	●					●			●
16	●	Stiller Tausender Gipfel	3:10 h	310/310 m	8,5 km	●		●			●		●	●
17	●	Eiszeitlicher See und Waldkönig	3:50 h	550/550 m	9,0 km	●		●			●		●	●

Nr.		Tour	Gehzeit	Höhenunterschied	Länge	Einkehr	kindergeeignet	Sehenswürdigkeit	wintergeeignet	viel Sonne	schattiger Weg	Bademöglichkeit	Busverbindung	Bahnverbindung
18	🔴	Im Nationalpark-Urwald	4:20 h	600/600 m	12,2 km	●		●		●			●	●
19	🔵	Ausflug zu den einsamen Schachten	4:20 h	480/480 m	12,7 km	●	●	●		●	●		●	●
20	🔴	Mystischer See im Nationalpark	4:10 h	520/600 m	9,7 km	●		●		●	●		●	●
21	🔴	Über Himmelsleiter und Blockmeer	4:00 h	480/480 m	11,2 km	●				●	●		●	●
22	🔵	Grafenauer Brudersbrunn-Wallfahrt	2:40 h	250/250 m	7,0 km	●	●	●	●		●	●		●
23	🔵	Auf den Spuren des »Ritters Allein«	3:10 h	290/290 m	8,4 km	●	●	●	●	●		●	●	
24	🔵	Herrliche »Schwarze Perle« Ilz	4:10 h	300/300 m	10,7 km	●	●		●	●		●	●	
25	🔵	Einzigartiges Wildflusspanorama	3:30 h	210/210 m	10,5 km	●	●		●		●		●	●
26	🔵	Hügel mit Aussicht im Abteiland	3:50 h	340/340 m	11,6 km	●	●		●	●	●		●	
27	🔵	Aussichtsturm und Wüstung	3:50 h	230/230 m	10,8 km	●	●	●	●		●		●	
28	🔴	Adalbert Stifters Traumberg	3:10 h	420/420 m	8,7 km	●	●	●		●	●		●	
29	🔴	Einst unbetretbares Gebiet	5:20 h	700/700 m	15,5 km	●		●		●			●	
30	🔵	Aussichtsturm und Badesee	3:30 h	480/480 m	10,3 km	●	●	●	●	●	●	●	●	
31	🔵	Zur historischen Trifftsperre	3:50 h	300/300 m	11,0 km	●	●	●	●		●	●	●	●
32	🔵	An der schönen blauen Donau	4:30 h	500/500 m	13,6 km	●		●	●		●		●	●
33	🔵	Zu Gast bei Isa, Loreleys Schwester	3:50 h	420/420 m	11,3 km	●		●	●		●		●	

Piktogramme erleichtern den Überblick

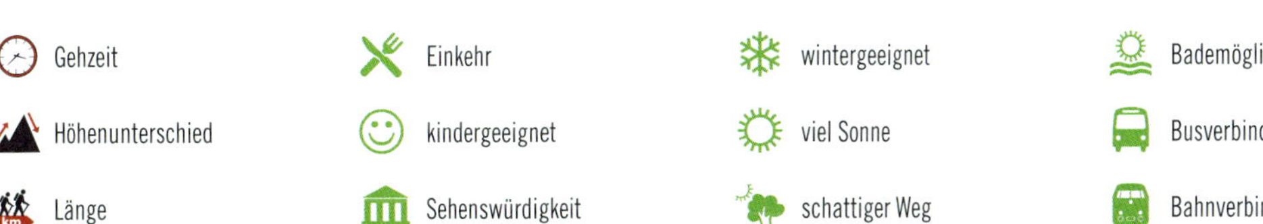

PS: Da erinnere ich mich an etwas!

Muss ich auf diesen Berg wirklich dreimal hinauf?

Es war im Herbst am Großen Osser (Wanderung 15), einem der schönsten Aussichtsberge im Bayerischen Wald. Der Morgennebel löste sich zäh auf. Der Wetterbericht verhieß freie Sicht. Also bin ich los. Aber es zog nicht auf. Egal, dachte ich, und dass ich am nächsten Tag noch mal hochgehen würde. Da war kein Morgennebel. Also wieder los. Bis ich oben war, machte es wieder zu. Wieder kein Foto für das Buch. Dann also im nächsten Jahr noch mal hoch, dachte ich mir. Im ersten Moment war das frustrierend. Nach dem langen Winter freute ich mich dann aber wieder drauf, und im Sommer ist es dann doch noch etwas geworden mit den Fotos vom Großen Osser.

Vorbereitung ist das halbe Leben (zu viel)

Der Winter ist grau und viel zu lang, da bleibt Zeit für die Vorbereitung der Touren für das Buch. Wanderungen ausdenken und auf den Karten vorbereiten, Reiseführer lesen, Fotos und Berichte anschauen, schon mal Texte vorschreiben, die Struktur des Buches entwickeln und vieles mehr. Dann wird vor Ort in der Natur manchmal fast alles ganz anders. Neue Sichtweisen raten zu anderen Wegen, besseren Aussichten und urigeren Wirtshäusern. Hätte ich doch im Winter lieber noch einen Roman gelesen oder … oder …

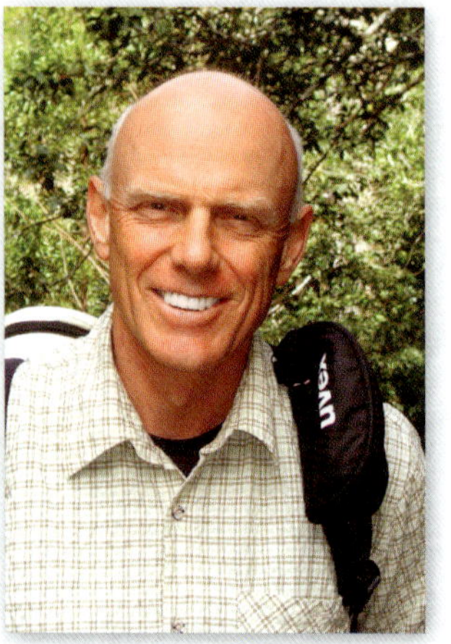

Rainer D. Kröll

Die »blaue Stunde«

Die schönsten Bilder machen Fotografen in der »blauen Stunde«, das ist die Zeit nahe Sonnenaufgang oder Sonnenuntergang. Als Frühaufsteher starte ich meist um fünf Uhr, bin dann um sieben oder acht Uhr am Gipfel und meistens vor dem Mittag wieder zurück. Deshalb sind auf meinen Fotos auch auf stark besuchten Bergen wenig oder keine Menschen zu sehen.

Hinter so einem Buch steckt manchmal mehr Zeit und Arbeit als gedacht, aber es macht riesigen Spaß!

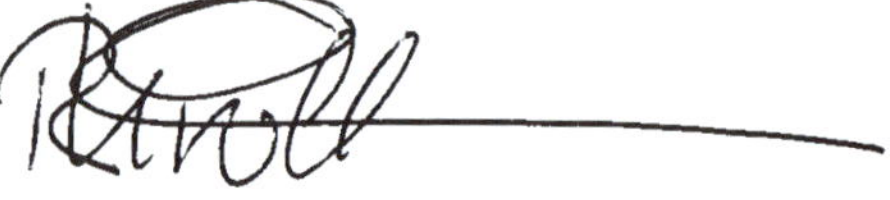

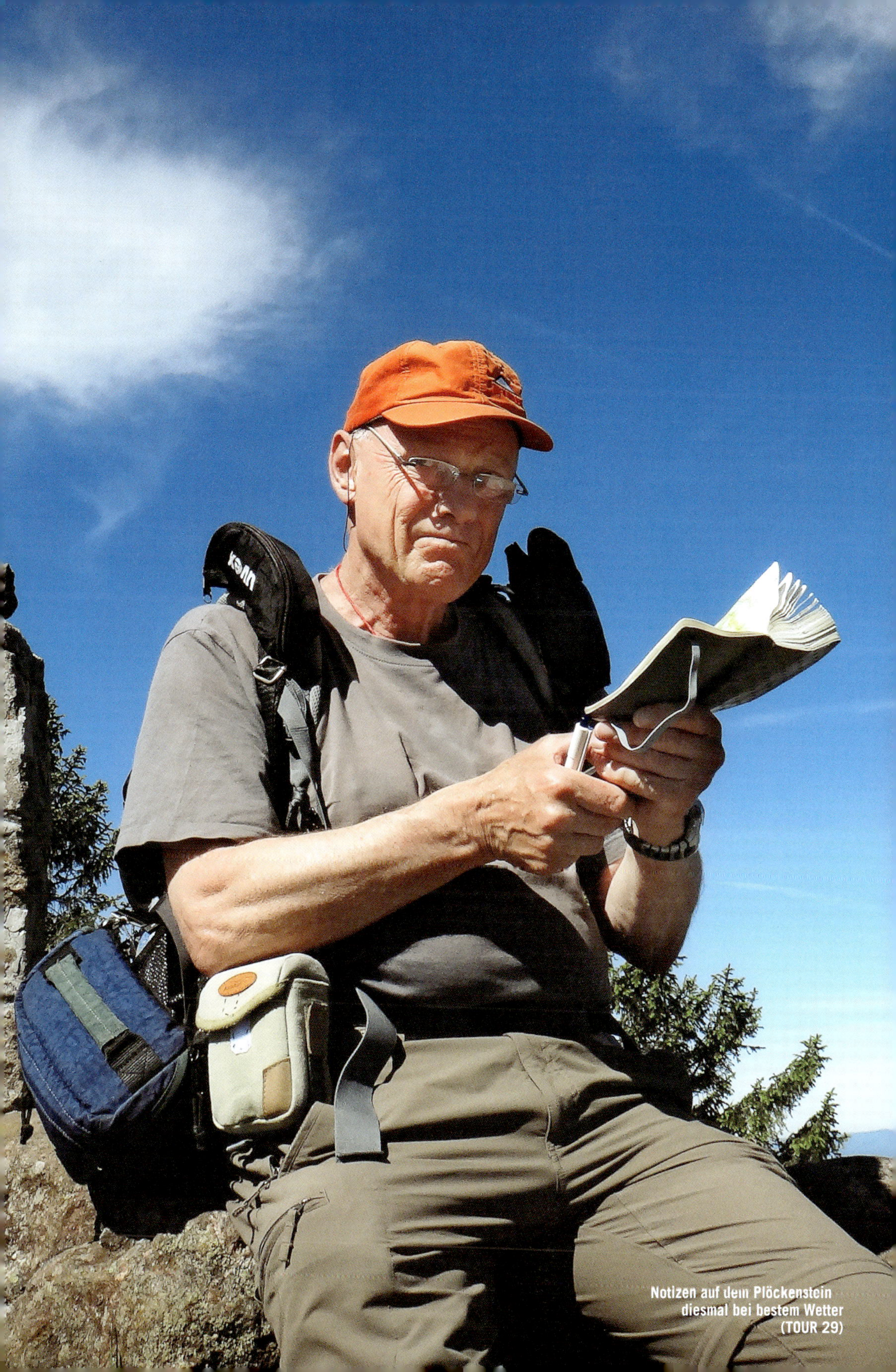

Notizen auf dem Plöckenstein
diesmal bei bestem Wetter
(TOUR 29)

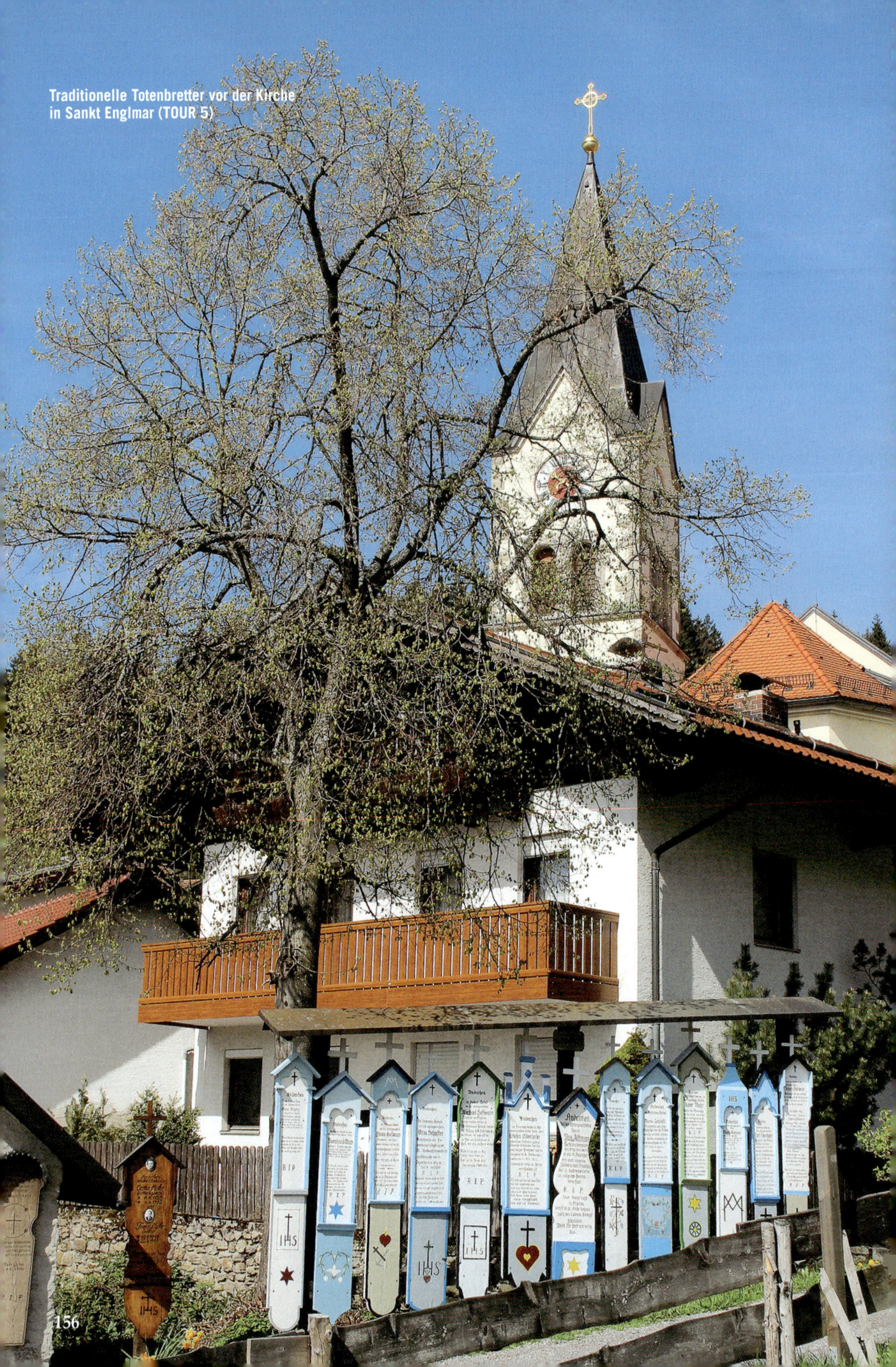

Traditionelle Totenbretter vor der Kirche in Sankt Englmar (TOUR 5)

Register

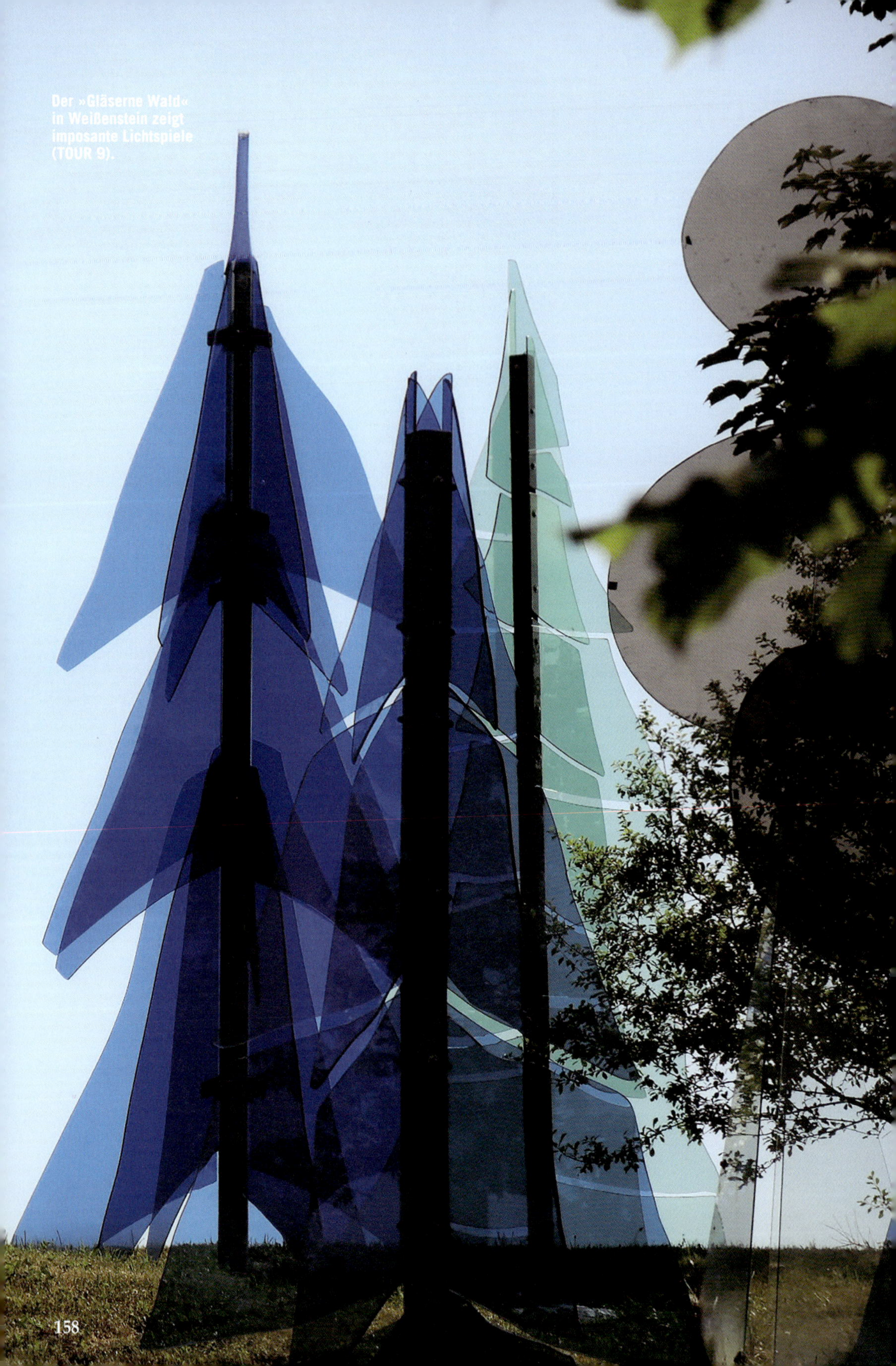

Der »Gläserne Wald« in Weißenstein zeigt imposante Lichtspiele (TOUR 9).

Ebenfalls erhältlich ...

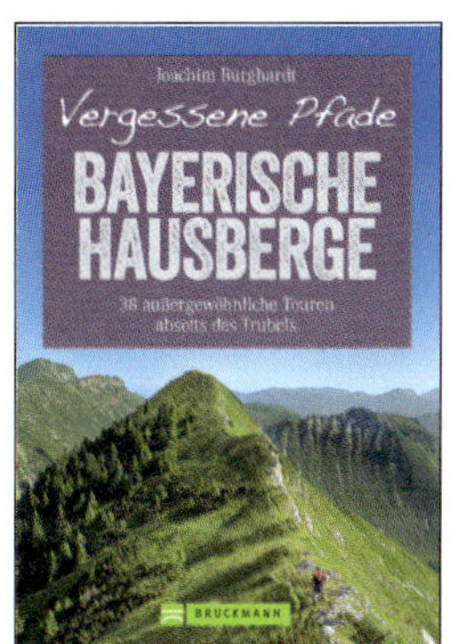

ISBN 978-3-7343-1210-6

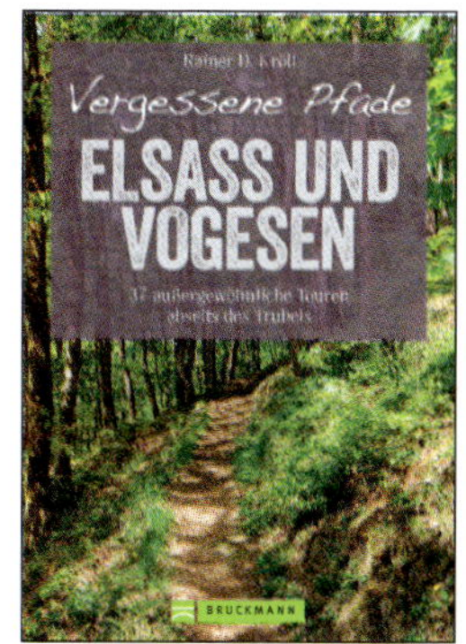

ISBN 978-3-7654-6024-1

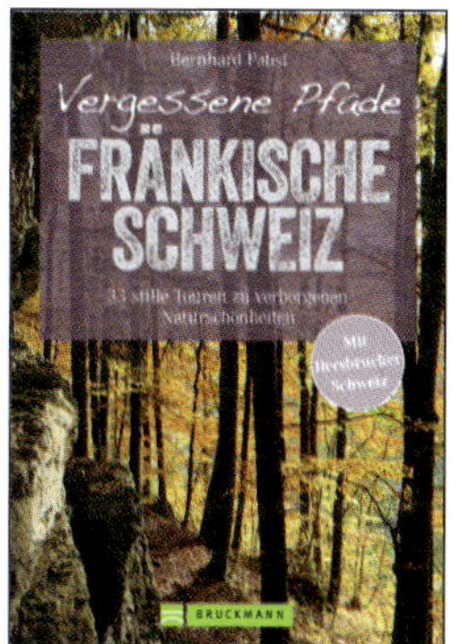

ISBN 978-3-7654-5205-5

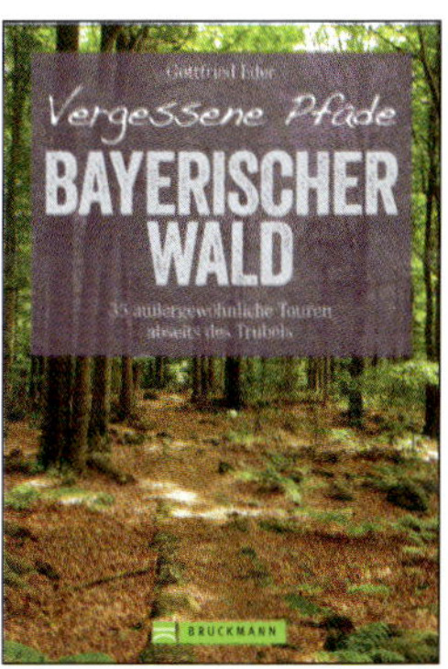

ISBN 978-3-7654-8391-2

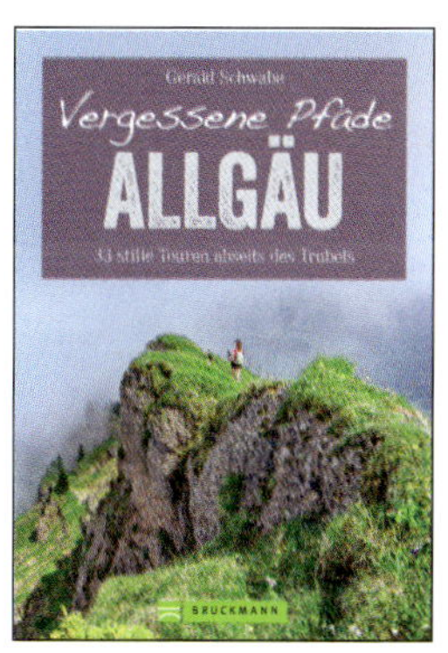

ISBN 978-3-7654-5275-8

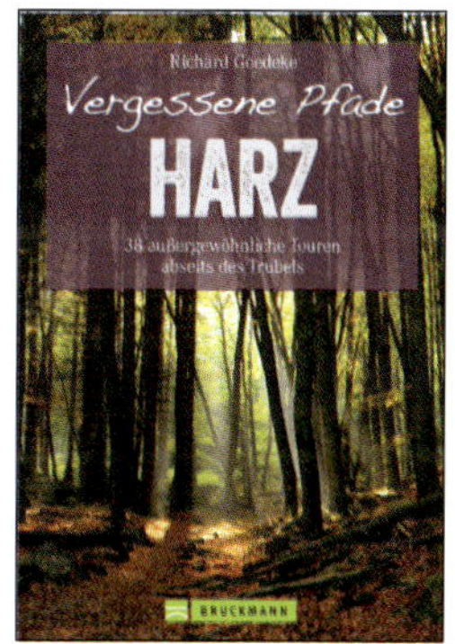

ISBN 978-3-7654-6819-3

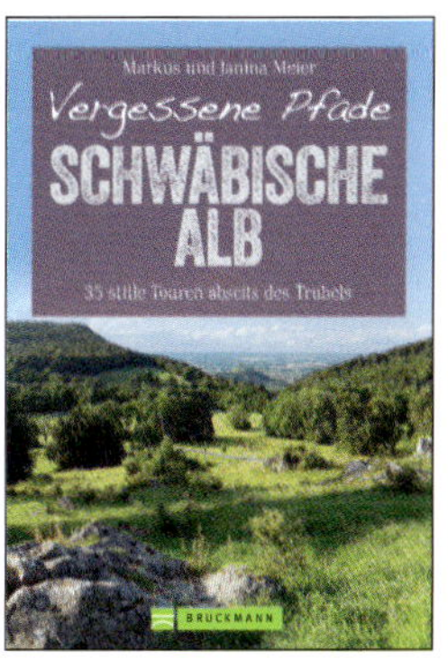

ISBN 978-3-7654-6070-8

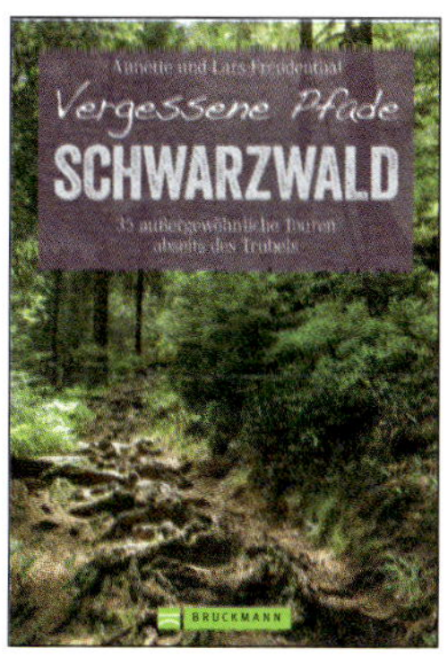

ISBN 978-3-7654-6803-2

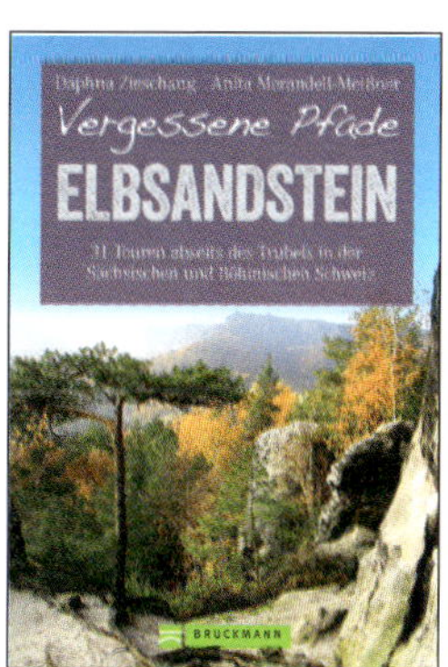

ISBN 978-3-7343-1063-8

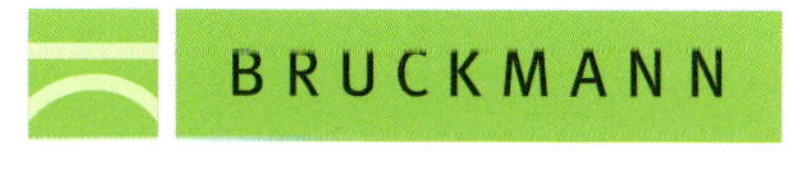

www.bruckmann.de

Impressum

Verantwortlich: Sabine Klingan, Stefanie Krüger
Lektorat: Dr. Gotlind Blechschmidt
Layout: Eva-Maria Klaffenböck
Repro: Cromika, Verona
Kartografie: Bruckmann Kartografie, Heidi Schmalfuß
Herstellung: Alexander Knoll
Printed in Slovenia by Florjancic

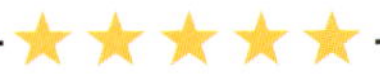

Sind Sie mit diesem Titel zufrieden? Dann würden wir uns über Ihre Weiterempfehlung freuen.
Erzählen Sie es im Freundeskreis, berichten Sie Ihrem Buchhändler, oder bewerten Sie bei Onlinekauf. Und wenn Sie Kritik, Korrekturen, Aktualisierungen haben, freuen wir uns über Ihre Nachricht an Bruckmann Verlag, Postfach 40 02 09, D-80702 München oder per E-Mail an lektorat@verlagshaus.de.

Unser komplettes Programm finden Sie unter 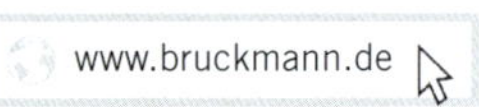

Alle Angaben dieses Werkes wurden von den Autoren sorgfältig recherchiert und auf den neuesten Stand gebracht sowie vom Verlag geprüft. Für die Richtigkeit der Angaben kann jedoch keine Haftung übernommen werden, weshalb die Nutzung auf eigene Gefahr erfolgt. Insbesondere bei GPS-Daten können Abweichungen nicht ausgeschlossen werden.

Sie sind auf der Suche nach weiterführender Literatur? Dann empfehle ich Ihnen den Titel »Zeit zum Wandern Bayerischer Wald« von Chris Bergmann im Bruckmann Verlag (ISBN 9 783734 309090) und »Vergessene Pfade Bayerischer Wald« von Gottfried Eder im Bruckmann Verlag (ISBN 9 783765 493912). Oder Sie werfen einen Blick in die Zeitschrift »Bergsteiger«. Hier werden Sie bestimmt fündig.
Ihr Rainer D. Kröll

Bildnachweis: Alle Aufnahmen auf dem Umschlag und im Innenteil stammen vom Autor, mit Ausnahme des Titelbildes.
Umschlagvorderseite: Großer Arber (mauritius images/Peter Borek/Alamy)
Umschlagrückseite: Blick vom Falkenstein auf Zwiesel unten im Tal (Tour 18)

Die Deutsche Nationalbibliothek verzeichnet diese Publikation in der Deutschen Nationalbibliografie; detaillierte bibliografische Daten sind im Internet über http://dnb.d-nb.de abrufbar.

ISBN 978-3-7343-1069-0